本书获西安石油大学优秀学术著作出版基金资助

荀子『群居和一』的政治哲学研究

孙旭鹏　著

中国社会科学出版社

图书在版编目(CIP)数据

荀子"群居和一"的政治哲学研究/孙旭鹏著.—北京:中国社会科学出版社,
2021.1

ISBN 978 – 7 – 5203 – 7757 – 7

Ⅰ.①荀… Ⅱ.①孙… Ⅲ.①荀况(前313—前238)—政治哲学—哲学
思想—研究 Ⅳ.①B222.65

中国版本图书馆 CIP 数据核字(2021)第 024395 号

出 版 人 赵剑英
责任编辑 郝玉明
责任校对 张爱华
责任印制 王 超

出 版 中国社会科学出版社
社 址 北京鼓楼西大街甲 158 号
邮 编 100720
网 址 http://www.csspw.cn
发 行 部 010 – 84083685
门 市 部 010 – 84029450
经 销 新华书店及其他书店

印 刷 北京君升印刷有限公司
装 订 廊坊市广阳区广增装订厂
版 次 2021 年 1 月第 1 版
印 次 2021 年 1 月第 1 次印刷

开 本 710×1000 1/16
印 张 17.5
字 数 278 千字
定 价 98.00 元

目　　录

引　论

一　何为政治哲学

在展开对荀子政治哲学的系统研究之前，我们首先要对政治哲学的学科性质做一个必要的阐述，而要理解何为政治哲学，就有必要对哲学、政治哲学、政治学及政治思想这四个相关概念的关系进行必要的梳理。

首先，我们来看一下政治哲学与哲学之间的关系。"哲学"英文为Philosophy，词源是希腊文 philosophia，即为"爱智慧"之意，19 世纪日本学者西周（にしあまね）将其译为"哲学"，沿用至今。所谓的"爱智慧"就是一种对真理探求的精神，列奥·施特劳斯（Leo Strauss）也说："在根本上讲，哲学并不拥有真理，而是探求真理。"① 那么什么是政治哲学呢，施特劳斯紧接着说："政治哲学就是以这种方式来理解事物的哲学的一个分支。政治哲学是用政治事物的本性的知识取代关于政治事物的本性的意见的尝试。……政治哲学是一种尝试，旨在真正了解政治事物的本性及正当的或好的社会秩序。"② 任剑涛则说："政治哲学跟一切部门哲学（如法哲学、社会哲学、经济哲学）一样，它不针对事实世界发言，而针对价值世界讲话。"③ 杰弗里·托马斯（Geoffrey Thomas）同样认为政治哲学属于哲学的一个分支："政治哲学不同于政治科学和历史学，它与哲学不是相互隔离或不相关联的，而是哲学的一个分支，与哲学研究具有共同

① ［美］施特劳斯：《什么是政治哲学》，李世祥等译，华夏出版社 2014 年版，第 2 页。
② ［美］施特劳斯：《什么是政治哲学》，李世祥等译，华夏出版社 2014 年版，第 3 页。
③ 任剑涛：《政治哲学讲演录》，广西师范大学出版社 2008 年版，第 21—22 页。

的特性。"① 陈来认为:"政治哲学是用哲学的方法论述政治价值及其基础、根源。"② 因此我们可以这样讲,政治哲学是对构建理想社会秩序的一种哲学思考,其必然属于哲学的有机组成部分。

既然政治哲学是哲学的一个组成部分,那么政治哲学与政治学又是一种怎样的关系呢?政治学一词英文为 Politics,词源是希腊文 Polis,意思是城邦。我们知道,在古希腊时期,政治学并没有演化成为一门独立的学科,而是属于哲学这一范畴之内,当时的自然科学也同归于哲学这一门类。后来随着自然科学的发展,自然科学渐渐从哲学中独立出来,此时的政治学也渐渐运用自然科学的研究方法对政治生活进行研究,直到 19 世纪末 20 世纪初,政治学才逐渐成为一门独立的学科,此时的政治学英文名称是 Political Science,更确切地应该称为政治科学,只不过由于中文翻译的原因,科学二字并没有得以凸显,任剑涛也讲:"现代西方政治学界基本上不用政治学(Politics)这个词。……名字就直接叫'政治科学'(Political Science)。"③ 因此我们现在经常使用政治学这一概念,其实就是和政治科学同义的,而并非与古希腊时期的政治学(Politics)同义,古希腊时期的政治学既包含政治哲学的成分,也包含政治科学的成分,且同归于哲学这一门类,因此,政治哲学与政治学(政治科学)显然不能同日而语。韩水法认为:"政治学是对人的行为从权力关系或善品分配角度所做的实证研究或考察,而政治哲学探讨人的社会行为的基本规范,并且旨在营造和确证某种被认为是正当的规范。前者重在分析和考察人的政治行为是如何的,当然也会关涉人的政治行为的规范是如何的问题,而后者重在关切人的政治行为的规范应当是如何的。"④ 施特劳斯则持有一种更为坚决的态度:"科学——自然科学和政治科学——坦白说都是非哲学的。它们只需要一种哲学:方法论或逻辑。但这些哲学学科显然与政治哲学没有什

① [英]杰弗里·托马斯:《政治哲学导论》,顾肃,刘雪梅译,中国人民大学出版社 2006 年版,第 18 页。
② 陈来:《论"道德的政治"——儒家政治哲学的特质》,《天津社会科学》2010 年第 1 期。
③ 任剑涛:《政治哲学讲演录》,广西师范大学出版社 2008 年版,第 19 页。
④ 韩水法:《什么是政治哲学》,《中共中央党校学报》2009 年第 1 期。

么共同之处。'科学的'政治科学实际上与政治哲学水火不相容。"① 因此，我们也可以更为明确一点，政治哲学始终归属于哲学的领地，而非归属于政治学（本书后面出现的政治学都是在政治科学这一意义上使用的）。

我们上面对哲学、政治哲学与政治学之间的关系做了一个简要的梳理，那么政治哲学与政治思想又是怎样的关系呢？对此，施特劳斯也做出了自己的陈述："所有的政治哲学都是政治思想，但并非所有的政治思想都是政治哲学，政治思想对意见与知识的差别漠不关心；但政治哲学则有意识地、连贯并不懈地努力用有关政治基本原则的知识取代有关政治基本原则的意见。……一位并非哲人的政治思想家主要对一种特定的秩序或政策感兴趣，或者依附于这种秩序或政策；政治哲人主要对真理感兴趣，或依附于真理。"② 对此，我们可以这样理解，政治哲学与政治思想的主要差别在于对待真理的态度问题，政治哲学始终追求的是一种终极性真理，而政治思想则对真理与意见的差别漠不关心，由此，我们可以清楚地看出政治哲学与政治思想的分野。与此同时，政治哲学追求真理的旨趣再次印证了政治哲学属于哲学的领域，因为哲学本身就是一个探求真理的过程。

二　中国传统政治哲学

中国哲学中是否存在政治哲学，以及具有怎样的政治哲学，这也是我们在本书展开之前需要做一简要说明的问题。

中国哲学中是否存在政治哲学？这一问题的答案无疑是肯定的。梁启超先生认为，中国学术就是由人生哲学和政治哲学两大部分构成的，他讲道："中国学术，以研究人类现实生活之理法为中心，古今思想家皆集中精力于此方面之各种问题。以今语道之，即人生哲学及政治哲学所包含之诸问题也。"③ 周桂钿认为："中国哲学则是紧密联系现实社会的，它与现实政治的结合尤其密切。它是政治的指导与参谋，因此可以称它为政治哲

---

① 〔美〕施特劳斯：《什么是政治哲学》，李世祥等译，华夏出版社 2014 年版，第 5—6 页。
② 〔美〕施特劳斯：《什么是政治哲学》，李世祥等译，华夏出版社 2014 年版，第 3—4 页。
③ 梁启超：《先秦政治思想史》，东方出版社 2012 年版，第 3 页。

学。"① 林存光认为中西古典思想有着相似性，那就是哲学与政治的统一，并认为对中国古典思想的政治理念做哲学化的重新表述是可能的。② 郭齐勇也指出，"儒家有没有政治哲学，有没有关于政治正义的看法？……我们的回答是肯定的"③。中国哲学的一个重要特点便是其思想旨趣总是指向现实的人间，也就是社会政治生活，而与古希腊哲学的为知识而知识的"爱智"传统不同。因此，太史公司马谈在《论六家要旨》中讲道："夫阴阳、儒、墨、名、法、道德，此务为治者也，直所从言之异路，有省不省耳。"（《史记·太史公自序》）司马谈认为各家的最终目标都是"务为治"，只不过解决的方法不同而已，这确实是很有见地的。因此，我们可以这样讲，政治哲学是中国哲学的重要组成部分。

既然中国哲学思想中确实存在着政治哲学，而且在某种程度上是最为核心的组成部分，那么中国传统政治哲学中又有哪些核心议题呢？刘泽华认为："先秦诸子在开列具体的政治处方的同时，深入探究了政治原理，力图在哲学上阐明问题，从而把政治认识推向高峰。在探究政治原理时，他们不囿于政治本身，而是从各种事物对政治的制约关系和客观事物的运动规律中寻求政治指导原则，把政治思想的理性提高到一个崭新的阶段。具体而论，主要是从天人关系、人性、历史与现实关系以及事物的矛盾规律等方面来寻求政治指导原则，这些就属于通常说的政治哲学问题。"④ 刘先生在这里重点提到了天人关系和人性，这两个方面都是与人有关的，确实如此，先秦诸子对建立良好社会秩序的思考无不是以人为中心的，对人性的探讨则更是其政治理论的起点，因此，人性论应该算作一个核心议题。那么紧接着的第二个问题便是，基于不同的人性论，社会政治制度的设计也必然是不同的，儒家认为人具有向善的可能性，因此主张采取以教化为主的德治，道家认为人性应该顺应于自然，所以主张"无为而治"，法家则认定人性是趋利避害的，因此力主法治。当然儒家内部的人性论也并非完全一致，甚至有些看起来是对立的，比如荀子和孟子，这也决定了

① 周桂钿：《中国传统政治哲学》，河北人民出版社 2001 年版，第 21 页。
② 参见林存光《政治的境界——中国古典政治哲学研究》，中国政法大学出版社 2014 年版。
③ 郭齐勇：《再论儒家政治哲学及其正义论》，《孔子研究》2010 年第 6 期。
④ 刘泽华：《中国政治思想通史·先秦卷》，中国人民大学出版社 2014 年版，第 3 页。

二者政治哲学思想的差异性，有关的论述我们会在本论中呈现。那么，顺理成章地，如何进行社会治理便应该是另一个核心议题，其实也就是所谓的"治道"。"治道"的不同又在某种程度上影响着社会各阶层的关系，因为既然是社会治理，那必然就存在由谁治理，谁被治理的问题，中国传统政治哲学中理想的政治主体一致地指向"圣王"，也就是理想中的"圣人"取得实际统治权，从而成为国家的君主。然而君主又无法靠一己之力来治理整个社会，因此他又需要任用贤能，这便是臣，从广义来讲，君和臣都是治理者，然而无疑君占有绝对主导的地位。刘泽华认为"王权主义"是中国传统政治思想的中心，这是很有见地的。与此同时，中国传统思想中更有源远流长的"民本主义"，这就涉及君与民的关系，周桂钿认为"民本论"是中国政治哲学的中心，其实，不管是"王权主义"，还是"民本论"，都只是一个问题的两个不同侧面，因为没有民就不需要"圣王"，而民又期待"圣王"来治理社会。因此，君臣关系和君民关系成为中国传统社会中最为主要的组成部分。因此，我们可以这样认为，对人性的看法、社会治理方式的选择及社会各阶层（主要指君、臣和民）的关系应该包含在中国传统哲学探讨的主要议题之内，当然这些探讨都是围绕着哲学家各自的政治理想而展开的。

三　研究现状

　　荀子作为先秦儒家最为重要的代表人物之一，在历史上曾因其持"性恶论"而被排除在儒家正统之外，导致对荀子的关注度远不及孔孟，荀子哲学研究也远远地滞后。然而近年来，荀子哲学研究却呈现出一种复兴之势，国内外产生了大量研究荀子政治思想的专著和论文，这为我们客观地认识荀子政治哲学的价值及其历史地位打下了坚实的基础。纵观众多有关荀子研究的著作和论文，其中最为集中的两个视角便是荀子的人性论和礼学思想，并从人性论和礼学思想入手涉及对荀子政治思想的探讨，且对荀子的政治思想也多有独到的阐发。除了人性论和礼学之外，也有从"群分""圣王"等角度对荀子政治哲学进行探讨的学术论文。近期又涌现出了大量从"君道""臣道""富国"等更为微观的视角对荀子政治哲学进行研究的论文，全面丰富了荀子政治哲学的研究视域。下面分别就国内外的荀子及荀子政治哲学研究的现状予以阐发。

（一）国内的研究现状

首先，国内有关荀子的研究大部分是围绕其人性论而展开的。宋明理学家之所以将荀子排除在儒家正统之外，主要是因为荀子持"性恶"思想，程颐认为荀子"极偏驳，只一句'性恶'，大本已失"①；朱熹则主张，不必理会荀子，只须关注孟子的性善②，由于宋明理学家的影响极大，从而造成了在一段时期内，"性恶"成为对荀子人性论的普遍共识。然而，随着后期研究的深入，学界渐渐跳出了荀子"性恶"的一元论思维，而认识到荀子人性论的复杂性，出现了针对荀子人性观的不同看法，目前对荀子的人性问题存在三种不同的观点。

1. 荀子是"性恶论"者。大部分学者坚持荀子持有"性恶论"这一看法，而往往将其"性恶"与孟子的"性善"相对照，牟宗三基本沿袭宋明儒学家对荀子的看法，认为荀子的"性恶"与孟子的"性善"相对立。徐复观则认为，荀子主张"性恶"的论证虽然不是十分严密，然而其"性恶论"的主要目的是便于进行社会治理。台湾的周绍贤在其《荀子要义》一书中，也认为荀子为"性恶论"者，认为荀子的"性恶"就是主张人性中并不存在善性，而只有恶性。郭沫若在其《十批判书》一书中也认为，荀子的"性恶"是其最有特色的一项学说。当前，主张荀子持"性恶论"的学者更是很多，廖名春认为荀子的"性恶论"是一种先天的"性恶论"。德效骞、陈大齐、陈光连等学者认为，荀子的"性恶"主要是指人性趋向于恶。当前，从荀子"性恶"的视角来对荀子人性论进行阐发的主要论文有：陈林的《荀子"性恶"论辩证》（《道德与文明》2010 年第 5 期）、张炳尉的《荀子"性恶"说重估》（《孔子研究》2011 年第 1 期）、杨英法的《荀子"性恶论"与孟子"性善论"比较研究》（《北方论丛》2012 年第 6 期）等。

---

① （宋）程颢、程颐：《二程集·河南程氏遗书》卷 19《伊川先生语五》，中华书局 1981 年版，第 262 页。

② （宋）黎靖德编：《朱子语类》卷 137《战国汉唐诸子》，中华书局 1994 年版，第 3254 页。

2. 荀子是"性朴论"者。与大多数坚持荀子是"性恶论"者的观点相对立，一部分学者认为，荀子并非"性恶论"者，而是"性朴论"者，这主要以周炽成、林桂榛、颜世安等几位学者为代表。周炽成在《荀韩人性论与社会历史哲学》一书中，明确地提出荀子"性恶"与"性朴"是矛盾的，荀子不可能是"性恶论"者，而是"性朴论"者，他认为《性恶》一篇并非荀子所作，而是荀子后学的作品。林桂榛也认为，荀子是坚定的"性朴论"者，荀子之所以讲"性恶"是从"性不善"之讹，可以将"性恶"改为"性不善"，来恢复荀子思想的原貌。颜世安同周炽成一样，认为荀子《性恶》篇为荀子后学所作，荀子政治哲学的基础并不是"性恶论"，而是儒家一以贯之的性善意识。总之，这几位持荀子为"性朴论"的学者都认为，荀子人性论的核心观点是"性朴"而非"性恶"，认为荀子是"性恶论"者是对荀子的一种误读。

3. 荀子的"性朴"与"性恶"并不矛盾，只是审视人性维度不同。除了一大部分认为荀子持"性恶论"的学者外，还有一部分认为荀子持"性朴论"的学者，除此以外，其他学者则认为荀子的"性朴"与"性恶"并不矛盾，只是从不同的视角来看待人性。林宏星认为，荀子的"性恶"并不是指"人性本恶"，可以说已经重视了荀子"性朴"的一面。这方面主张主要以蔡仁厚、路德斌、许建良、王军等几位学者为代表。台湾的蔡仁厚在其《孔孟荀哲学》（台湾学生书局1984年版）一书中，认为从荀子人性的"自然义"来看，人性是"朴"的，而从人性的实质内容来看，人性则是恶的。路德斌认为"性朴"与"性恶"在荀子的人性论中无主次之分，共同构成了荀子的人性观，都是荀子哲学不可或缺的组成部分。许建良则认为，荀子的"性朴"与"性恶"只是在不同的维度，不同的价值判断出发所产生的结果，二者并不矛盾。王军也认为，荀子的"性朴"与"性恶"只是在不同层次上而言，二者并不存在矛盾。

可以讲，之前学者对荀子人性论的研究，为我们进一步研究荀子政治哲学打下了坚实的基础，因为人性问题始终是作为政治哲学产生的根基而存在的，对人性的不同看法，往往会导致不同的政治哲学思想。

其次，国内荀子研究的另一个重点便是荀子的礼学思想。很多学者注意到了荀子礼学思想与其政治哲学的内在关联，认为荀子实现了儒家的礼治,其政治哲学是以礼治为中心的,牟宗三在《名家与荀子》中就认为荀子哲学的核心为"礼义之统",胡可涛就从"礼义之统"的视角对荀子政治哲学进行了研究,其著作为《"礼仪之统":荀子政治哲学研究》(花木兰文化出版社 2013 年版),另外,谭绍江在《荀子政治哲学思想研究》(华中科技大学出版社 2014 年版)一书中,也认为"礼义之统"是荀子的政治理想。从礼学及礼治的视角研究荀子思想的著作和论文还有很多,从礼学视角进行研究的主要著作和论文有:张奇伟的《荀子礼学研究》(北京师范大学出版社 2000 年版)、高春花的《荀子礼学思想及其现代价值》(人民出版社 2004 年版)、吴树勤的《礼学视野中的荀子人学——以"知通统类"为核心》(齐鲁书社 2007 年版)、曹兴江的《荀子礼学思想研究》(中国社会科学出版社 2017 年版)、陆建华的《荀子礼学之价值论》(《学术月刊》2002 年第 7 期)、梅珍生的《论荀子礼学的深度结构》(《江汉论坛》2004 年第 8 期)、赵法生的《荀子礼学新论》(《中国哲学史》2015年第 3 期)等。从礼治的视角进行研究的主要论文有:卞修全、朱腾的《荀子礼治思想的重新审视》(《哲学研究》2005 年第 8 期)、刘岸挺的《"隆礼尊贤"而王——荀子礼治论》(《孔子研究》2008 年第 2 期)、张春林的《荀子礼治思想解析及其当代启示意义》(《兰州学刊》2015 年第1 期)等。综上所述,学界普遍非常重视荀子的礼学思想,并进一步从荀子的礼学上升为礼治思想,也尝试从"礼仪之统"的视角来对荀子政治哲学展开系统研究。

除了以荀子的人性论及礼学思想为研究中心,而关涉荀子政治思想之外,其他涉及荀子政治思想研究的著作大体分为三类。第一类是从宏观对荀子哲学思想进行研究,其中夹杂着对荀子政治思想的介绍和评论,例如韦政通的《荀子与古代哲学》(台湾商务印书馆 1977 年版)、孔繁的《荀子评传》(南京大学出版社 1997 年版)、郭志坤的《荀子评传》(中国社会科学出版社 2010 年版)、方尔加的《荀子新论》(中国和平出版社 1993年版)、徐克谦的《荀子:治世的理想》(上海古籍出版社 2009 年版)、惠吉星的《荀子与中国文化》(贵州人民出版社 1996 年版)、向仍旦的《荀子通论》(福建教育出版社 1987 年版)、陈文洁的《荀子的辩说》(华夏出版社 2008 年版)等,这些著作都在整体梳理荀子哲学思想的基础上,对荀子的政治思想做了阐发，有利于我们正确地认识荀子政治哲学思想在其整个哲学体系中的作用。第二类是在介绍中国政治思想史的过程中，对荀子政治思想作为其中的一个部分予以关注，此类著作主要包括梁启超的《先秦政治思想史》（东方出版社 2012 年版）、韦政通的《中国思想史》（吉林出版集团有限公司 2009 年版）、萧公权的《中国政治思想史》（中国人民大学出版社 2014 年版）、刘泽华的《中国政治思想通史》（中国人民大学出版社 2014 年版）等，这些著作都为我们进一步对荀子政治哲学进行研究打下了坚实的基础。第三类是在西方政治思想的影响下，自觉地从儒家内部发掘可以与西方政治思想相融通的资源，从而必然涉及荀子政治思想。此类研究的优点是目标性比较明确，此类著作包括牟宗三的《名家与荀子》（吉林出版集团有限公司 2010 年版）、储昭华的《明分之道——从荀子看儒家文化与民主政道融通的可能性》（商务印书馆 2005 年版）等，此类著作为我们打开了一个新的视角，引入了西方哲学的思维与荀子哲学进行比较研究，适应时代的发展要求，也有利于做出一定的学术创新。

与此同时，也存在着大量研究荀子政治哲学思想的论文，这些论文主要分为两类：第一类是从宏观研究荀子政治哲学的论文，此类论文的优点是有利于我们整体上把握荀子的政治哲学。例如宋志明的《荀子的政治哲学》（《中国人民大学学报》1999 年第 3 期）、沈顺福的《荀子的政治哲学》（《山东社会科学》1995 年第 2 期）、王杰的《荀子政治哲学的理论诠释》（《理论学刊》2000 年第 5 期）、张路园的《"群分"视野下的治道——荀子政治哲学解读》（《管子学刊》2006 年第 2 期）、朱学恩的《"隆礼至法"还是"隆礼""重法"——荀子政治哲学观探讨》（《社会科学家》2009 年第 3 期）、马飞和蔡杨的《圣王的秩序：荀子政治哲学解读》（《北京行政学院学报》2013 年第 6 期）等，纵观这几篇论文的特点，它们的研究重心都是荀子的政治哲学，然而后期的几篇文章比前期的几篇文章视角更加突出，分别从"群分""礼法""圣王"的视角对荀子政治哲学进行了深入研究。而对荀子政治哲学思想的某一方面进行研究由于其针对性较强，这方面的论文也相对较多，例如有张杰的《荀子"法先王""法后王"思想新探》〔《陕西师范大学学报》（哲学社会科学版）1996 年第 3

期]、王天海和宋汉瑞的《荀子富民强国思想阐释》(《现代哲学》2014 年第 1 期)、杨铮铮和胡可涛的《荀子的"臣道"思想探析》(《求索》2009年第 4 期)、谭绍江的《论荀子的"民本"政治哲学》[《武汉大学学报》(人文科学版) 2011 年第 5 期]等,这些论文都从更加微观的视角,对荀子政治哲学思想进行了细致的研究,为我们进一步研究打下了坚实的基础。

当前,对荀子政治哲学进行系统研究的主要博士论文有:彭岁枫的《荀子的礼法君子思想及其现实启示》(首都师范大学 2008 年)、卢永凤的《社群主义视野下的荀子政治哲学研究》(山东大学 2011 年)。彭岁枫主要以荀子的"礼法"思想为线索,以荀子的君子人格为中心,力求实现礼治与法治的统一,认为荀子礼治与法治相结合的思想特征对于当前社会也具有积极意义,有助于促进当代社会的民主法治。卢永凤则主要从社群主义的视角对荀子政治哲学进行深入研究,认为荀子政治哲学与现代化并不抵触,从社群主义社会本位的特征入手,努力发掘荀子政治哲学的现代价值,进而实现荀子政治哲学与西方社群主义的融通,从而完成荀子政治哲学的现代转化。

(二) 国外的研究现状

英语世界的荀子研究大约开始于 19 世纪后期,1893 年,荀子的《性恶》篇由 James Legge 翻译介绍给西方世界,自此以后西方的荀子研究便始终保持着良好的态势,《荀子》一书的英译本在 1988 年由美国的 John Knoblock 翻译而出。

除了对《荀子》的文本进行翻译之外,英语世界的荀子研究者普遍采用比较分析的方法,将荀子哲学与中国的其他学派进行比较,同时也进行中西比较,以求将荀子思想更好地融入西方世界。例如 Aaron Stalnaker 在其 *Aspect of Xunzi's Egagemengt with Early Daoism* 一文中,阐发了荀子思想与早期道家思想之间的关联。Eric Schwitzgebel 在其 *Haman Nature and Moral Education in Mencius,Xunzi,Hobbes,and Rousseau* 一文中,在人性与道德层面对荀子与霍布斯及卢梭做了比较研究。同时,有的西方学者也注意到了荀子政治思想对中国政治历史的影响,如 Paul R. Goldin 在 *Xunzi and Early Han Philosophy* 一文中,阐明了荀子对汉代董仲舒思想的影响,揭示了荀子哲学在中国历史中的地位和作用。

日本的荀子研究在德川时期（1603—1867 年）开始进入一个高峰时期，1738 年荻生徂徕的《读荀子》刊行后，很多研究荀子的著作相继产生，例如桃井白鹿所著的《荀子遗秉》、久保爱的《荀子增注》等，对荀子思想进行了系统的考据与注疏。到了明治时期（1868—1911 年），很多具有西方学术背景的日本启蒙知识分子开始自觉地将荀子思想与西方思想相沟通，这其中以哲学家蟹江义丸为典型代表，他从西方哲学的视角出发来对荀子进行研究，比如运用功利主义、经验论与荀子哲学思想相融通。20 世纪以来，日本学界对荀子哲学的研究更加深入细致，集中关注荀子的人性论，并从政治、逻辑语言等各个方面来对荀子思想进行具体阐发。其中最为著名的是重泽俊郎所著的《荀子研究》，这是一部专门研究荀子思想的著作。

韩国的荀子研究远远晚于日本，直到 1954 年，李相殷的《荀子的人心道心论》才成为韩国第一篇研究荀子的论文，韩国的学者主要从荀子的人性论、"天论"等方面来对荀子加以研究，并且也顺应韩国迈入现代化国家的行列，积极地将荀子思想与西方科学精神相贯通。同样，朝鲜的荀子研究也主要是以"性恶论"为中心展开，其主要目的是给现实社会确立道德规范。① 总之，韩国、朝鲜由于深受朱子学的影响，对荀子并不是太重视，从而导致其荀子研究远远落后于其邻国——日本。

（三）研究的成果与不足

综上所述，目前国内外对荀子及荀子哲学的研究呈现出一种良好的态势，不管是著作还是学术论文都呈现出一种数量逐年增长的趋势。既有从宏观层面对荀子哲学进行系统阐发的著作，也有从微观层面对荀子哲学进行深入挖掘的学术论文。从宏观层面对荀子哲学进行阐发的著作，同时也兼顾了对荀子政治思想的研究，对荀子的君臣关系、富国之道、民本思想等都有涉及，这都为我们做进一步的研究奠定了基础。而从微观层面对荀子哲学进行研究，则主要从人性论与礼学这两个主要切入点入手。由人性论入手展开了对荀子人性观的深入发掘，而人性问题正是政治哲学思想产

---

① 参见郑宰相《朝鲜儒者之荀子观——以性恶论为中心》，《邯郸学院学报》2012 年第 4 期。

生的根基，因为对人性如何看待直接决定了采用何种方式来结成社会、组建国家；从礼学入手进一步探讨了荀子的礼治思想，从而揭示出礼在荀子政治哲学思想中的重要地位，同时也察觉到了荀子礼治与君主专制之间的微妙关系。不管是从人性论入手，还是从礼学入手，其实都间接地涉及对荀子政治哲学的研究，因为人性问题是荀子政治哲学产生的根基，而礼义之道则是荀子政治哲学的展开方式。

总体上来讲，目前对荀子政治哲学的研究仍然存在泛化的倾向，进行专题研究的著作和论文并不是很多，并且主要从两个层面来展开：其一是从"礼义之统"的视角对荀子政治哲学进行一种体系化的研究；其二是引入西方哲学的视角来对荀子政治哲学进行一种创新式的阐发。可以说，这些研究都取得了十分重要的成果，填补了荀子政治哲学专题研究的空白，也为我们进一步对荀子政治哲学进行研究做出了有益的铺垫。首先，从"礼义之统"的视角来对荀子政治哲学进行研究，其实是不自觉地受到了前人思想的影响，也就是以荀子礼治为研究重点的学术氛围。礼学思想固然是荀子思想的重点，并且"礼义之统"也确实是荀子政治哲学的展开方式，然而，"礼义"只是一种方式，而不是目标，也就是说荀子政治哲学的目标不是"礼义"，而是构建一种和谐稳定的社会，这便是他"群居和一"的社会理想。因此，从"群居和一"的视角来对荀子政治哲学进行研究，更有利于清楚地阐发荀子哲学的目标。其次，引入西方哲学的视角来对荀子政治哲学进行研究，为我们提供了一种研究的新方法，有利于实现荀子政治哲学的现代转化，促使荀子政治哲学融入当前的时代，然而缺点是存在着过度解读的倾向，无法真切把握荀子政治哲学的原始全貌，稍有支离破碎之感。正确的做法应该是，在借鉴使用西方哲学视角优点的基础上，努力克服其过度解读的倾向，以期使荀子政治哲学研究具有新意而不失原貌。

四　研究思路和研究方法

前面我们已经提到政治哲学是对社会正当秩序的追寻，这种追寻是先于社会现实的，带有鲜明的理想性，包含着丰富的价值内涵，这种追寻其实就是一种政治理想，姚大志认为："政治哲学不仅是否定的——揭示现存社会的各种缺点和不正义，而且也是肯定的——提出一种令人憧憬的政治理想。"① 因此，我们在研究一种政治哲学时，无疑最需要弄明白这种政治哲学的理想是什么，或者说它追寻的最终目标是什么，本书的研究正是着眼于荀子的政治哲学，因此我们首先关心的问题便是荀子政治哲学的理想是什么。在搞清楚荀子政治哲学的理想之后，以荀子的政治理想为中心，对荀子政治哲学的理论体系进行一种整体上的把握，于是本书的总体思路也就得以呈现。

那么，荀子政治哲学的理想是什么呢？笔者认为是"群居和一"，荀子讲"人生不能无群"（《荀子·王制》），这里的"群"就是指人的社会性，也就是说人不能脱离社会生活而存在，赵明认为，"'群'相对于现代人所谓的'政治'，是人之生存现实展开的真实场景"②，而"群居和一"正是荀子政治理想的明确表述。在以往的研究中，往往以礼治作为中心来把握荀子政治哲学，礼治确实是荀子政治哲学的重要部分，然而"礼义"仅仅是荀子实现其政治理想的手段，而非目标。其实，荀子在文本中已经很明确地表述了这种政治理想："故先王案为之制礼义以分之，使有贵贱之等，长幼之差，知愚、能不能之分，皆使人载其事而各得其宜，然后使谷禄多少厚薄之称，是夫群居和一之道也。"（《荀子·荣辱》）这里表述得很明确，是政治主体——先王用"制礼义"的方式，实现"群居和一"之道，道无论在儒家还是道家都是一种最高意义上的追求，荀子在这里已经明确地将"群居和一"提升到了道的高度，我们还有什么理由质疑"群居和一"是荀子的政治理想呢。与此同时，荀子将"群居和一"与道等同，也暗含着另一层意蕴，那就是荀子哲学的终极追求是指向社会的，也就是他讲的"群"，荀子哲学从本质来讲就是一种政治哲学。

荀子的政治理想是"群居和一"，政治哲学追求的是一种价值的应然，而不是对实然的描述，由此我们也可以推论荀子当时生活的社会远没有达

① 姚大志：《当代西方政治哲学》，北京大学出版社 2011 年版，第 4 页。
② 赵明：《先秦儒家政治哲学引论》，北京大学出版社 2004 年版，第 2 页。

到"群居和一"的状态，情况也确实如此，荀子生活在战争更加频繁和惨烈的战国后期，他借舜对答尧之语发出了"人情甚不美"的感慨①，并提出了"性恶"的主张，"性恶"便是荀子对人性的基本看法，并在此基础上发展出自己独特的政治哲学。那么紧接着如何化解"性恶"来实现"群居和一"的社会理想，便成为一个亟待解决的问题，于是荀子提出了"礼义之统"，荀子讲："推礼义之统，分是非之分，总天下之要，治海内之众，若使一人，故操弥约而事弥大。"（《荀子·不苟》）"礼义"的作用就是通过"化性而起伪"的方式来治"性恶"，从而实现社会的"正理平治"，荀子讲："凡古今天下之所谓善者，正理平治也；所谓恶者，偏险悖乱也。是善恶之分也矣。"（《荀子·性恶》），由此可见，荀子的"性恶"完全是从社会的治乱层面来讲的。那么礼又是如何产生的呢？荀子认为是"圣人"，投射到现实政治的层面便是作为统治者的君主，君主通过礼来教化普通百姓，实现社会的"群居和一"，因此君和民的关系无疑是荀子政治哲学中最重要的社会关系。与此同时，君主不可能仅靠一己之力来实现社会的治理，他还需要"尚贤使能"，也就是任用臣子共同完成社会的治理，因此君与臣的关系也成为重要的一极。荀子认为的理想社会中各阶层是一种什么的关系呢？荀子认为是"维齐非齐"，也就是社会阶层的差等不仅是必要的，而且是必需的，荀子说："分均则不偏，势齐则不一，众齐则不使。有天有地而上下有差，明王始立而处国有制。夫两贵之不能相事，两贱之不能相使，是天数也。势位齐而欲恶同，物不能澹则必争，争则必乱，乱则穷矣。先王恶其乱也，故制礼义以分之，使有贫富贵贱之等，足以相兼临者，是养天下之本也。《书》曰：'维齐非齐。'此之谓也。"（《荀子·王制》）贵贱有等、各安其职是荀子政治理想中社会阶层关系的具体呈现，也就是只有遵循"维齐非齐"才能实现"群居和一"。因此，本书的研究思路就是以荀子的政治理想"群居和一"为中心，具体按照"'性恶'的社会原初状态——'礼义之统'的治理方式——'维齐非齐'的社会阶层"的思路来展开论述，力求对荀子政治哲学进行一种系统的把握，并在此基础上对荀子政治哲学理论的价值和局限做

---

① （清）王先谦撰：《荀子集解》，沈啸寰、王星贤点校，中华书局 2013 年版，第 525 页。

出自己的解读，这种解读当然是面向当今社会的，任何伟大的思想总是跨越时代的，荀子政治哲学既是他所生活时代的回应，同时也是当今社会可供借鉴的宝贵理论资源。首先第一章介绍荀子政治哲学产生的时代背景及其思想来源，因为我们只有了解了一种哲学产生的时代背景以及思想来源，才能够更好地理解何以会产生如此的哲学形态。第二章到第五章是本书的核心部分，具体展开对荀子政治哲学体系的论述。第二章点明荀子的政治理想是"群居和一"；第三章阐发从"性朴"到"性恶"是荀子"群居和一"政治哲学的人性论基础；第四章论述"圣王"制礼是"群居和一"的实现路径；第五章论述"维齐非齐"是"群居和一"社会阶层的呈现形态，主要体现为"君主、民本、臣辅"；第六章是在系统把握荀子政治哲学的基础上，发现荀子政治哲学的理论难题，发掘荀子政治哲学的当代价值，并积极促进荀子政治哲学与西方政治哲学的对话交流，以发挥出其当代意义。

以上简要介绍了本书的研究思路，其中也包含了研究方法的成分，具体地讲，本书主要采用三种研究方法。第一，采用文献分析的方法，本书的研究是在深入把握《荀子》文本的基础上进行的，必须忠实于文本来展开相应的研究，脱离了文本原意的研究将会成为"空中楼阁"。也就是必须通过研读文本，准确地把握荀子到底在"说"些什么，首先要让荀子"说话"，而不能是作者自己的"自说自话"。第二，采取"从理论到重构"的方法，对荀子政治哲学进行一种较为明晰的体系上的把握。荀子政治哲学尽管有自己思维上严密的内在逻辑，然而由于中国哲学的文献都普遍缺乏一种自觉的体系构建，这是与西方哲学著作的不同之处，但是没有形式上的逻辑不代表没有思维上的逻辑。在深入《荀子》文本的研读之后，才发觉荀子的论证是极其严密的，而我们要做的工作就是，将其内在隐而不显的思维逻辑呈现出来，只有在形式上予以呈现出来，我们才会更加直观地认识到荀子不是在诉说自己只言片语零碎的政治思想，而是在构建自己经过严密论证的政治哲学。这种"重构"是在完全尊重荀子文本的基础上进行的，这是在阐发荀子"说"些什么的同时，对荀子言说的方式或者说是言说的次序做一个调整，目的只有一个，那就是更好地理解荀子想要"说"些什么。第三，采用比较研究的方法。荀子是一个融汇各个学派思想的大家，他是在吸收和借鉴当时很多优秀思想家学说的基础上，创造出了属于自己独特的政治哲学。那么，在对荀子政治哲学进行阐发的过程中，与其他思想家的比较就显得尤为必要，并且这种比较也不应该仅仅局限在中国文化的视域之中，而是应该充分扩大视野，与西方主要的政治哲学思想流派进行对话与沟通。只有如此，我们才能够加深对荀子政治哲学的认识，也才能够对荀子政治哲学做出顺应时代的发展和创新，以期为我国当今的社会建设提供有益的思想资源和理论支撑，促进社会的和谐稳定。

第一章　荀子政治哲学的时代
背景及思想渊源

第一节　荀子政治哲学的时代背景

一　礼崩乐坏之社会现状

任何一种政治哲学的形成都有其特定的社会背景，政治哲学就是哲学家在对特定社会现状反思的基础上，进而设计出一种应然的社会秩序，表述出其想要实现的政治理想。荀子政治哲学的形成也无法脱离一定的社会背景，因此要了解荀子的政治哲学，就必须了解其所生活的时代的社会状况。

礼乐制度主要是在西周时期得以形成并逐渐完备的，是西周统治者为了维护自己的统治地位而采取的一种制度，因此礼乐制度从根本来讲是一种政治措施，其目的就是要使在宗法制、分封制下的各个阶层固守各自的职责和本分不得逾越。[①] 周礼在一定时期内起到了维护社会秩序的关键作用，然而到了西周末年和春秋时期，这种礼乐制度逐渐出现了松动的情形，而出现了礼乐不兴的局面。孔子就对当时违背礼乐的情形表达了强烈的斥责："八佾舞于庭，是可忍也，孰不可忍？"（《论语·八佾》）佾是当时的舞蹈音乐，八个人为一行叫一佾，季氏作为大夫，按照礼用四佾就足够了，八佾是只有天子才能够使用的，而季氏"八佾舞于庭"，显然是对礼的一种违背。孔子一生以恢复周礼为己任，他讲："克己复礼为仁。一日克己复礼，天下归仁焉。"（《论语·颜渊》）而同时又感叹："道不行，

---

① 参见李辑《中国远古及三代思想史》，人民出版社 1992 年版。

乘桴浮于海。从我者，其由与？"（《论语·公冶长》）孔子的"道不行"很显然就是指当时社会的礼乐不兴，孔子讲："礼乐不兴，则刑罚不中；刑罚不中，则民无所措手足。"（《论语·子路》）与此同时，各诸侯国已经开始公然违背礼乐制度，周王朝对诸侯的掌控力也在变弱，甚至出现了叛乱，《史记》记载："管、蔡、武庚等率淮夷而反。周公乃奉成王命，兴师东伐，作《大诰》。"[1] 尽管周王朝依然在名义上维持着一种天下共主的地位，然而春秋时期开始酝酿的这场社会变革已经不可避免，旧的礼乐制度注定逐步地走向瓦解，社会如何治理也注定成为哲学家们关注的首要问题。

如果说春秋时期还只是礼乐不兴的话，那么战国时期其实则完全是礼崩乐坏，各诸侯国之间的战争不论在规模上还是数量上都远远超过了以往。而荀子正是生活在战争频仍的战国末期，此时天下统一的大势也正逐步显现，几个主要大国通过不断的兼并战争，势力已经远远超出了其他国家。例如秦国通过商鞅变法国力大增，荀子打破了之前儒者不入秦的传统，对秦国做了考查并客观地描述道："其固塞险，形势便，山林川谷美，天材之利多，是形胜也。入境，观其风俗，其百姓朴，其声乐不流污，其服不挑，甚畏有司而顺，古之民也。及都邑官府，其百吏肃然，莫不恭俭、敦敬、忠信而不楛，古之吏也。入其国，观其士大夫，出于其门，入于公门；出于公门，归于其家，无有私事也；不比周，不朋党，偁然莫不明通而公也，古之士大夫也。观其朝廷，其间听决，百事不留，恬然如无治者，古之朝也。故四世有胜，非幸也，数也。是所见也。"（《荀子·强国》）由此可见，当时秦国的势力已经非常强盛了。此时各国追求的是在短时间内实现国家富强，而这种富强主要体现在军事力量上，以期在各国的战争中取得有利地位，这在荀子的学生李斯对仁义的质疑上便可见一斑："秦四世有胜，兵强海内，威行诸侯，非以仁义为之也，以便从事而已。"（《荀子·议兵》）"以便从事"也就是对国家地位的提升能够起到立竿见影的效果，显然仁义无法实现这一点。从荀子专门做《议兵》一篇，我们也可以看出当时军事战争的频繁，在荀子之前的儒家，孔子和孟子尽

---

① （汉）司马迁：《史记》，岳麓书社 2012 年版，第 496 页。

管都反对不正义的战争，然而都没有拿出专门的篇章来讨论战争问题，孔子甚至回避谈论："卫灵公问陈于孔子。孔子对曰：'俎豆之事，则尝闻之矣；军旅之事，未之学也。'明日遂行。"（《论语·卫灵公》）荀子之所以如此重视对战争的探讨，其根本原因在于战国后期的社会几乎完全处于战争的状态之中，以至于韩非子一语道破天机："上古竞于道德，中世逐于智谋，当今争于气力。"（《韩非子·五蠹》）西汉刘向在《战国策书录》中写道："仲尼既没之后，田氏取齐，六卿分晋，道德大废，上下失序。……晚世益甚，万乘之国七，千乘之国五，敌侔争权，盖为战国。贪饕无耻，竞进无厌；国异政教，各自制断；上无天子，下无方伯；力功争强，胜者为右；兵革不休，诈伪并起。"① 荀子生活的战国后期正是这样一个群雄逐鹿的时代，原有的礼乐制度已经完全无法遏制各国君主相互争夺的野心，完全是一种"礼崩乐坏"的状态，而礼崩乐坏恰恰是孔子所担忧的："君子三年不为礼，礼必坏；三年不为乐，乐必崩。"（《论语·阳货》）不幸的是，礼崩乐坏在后来成为一种现实，社会处于了一种完全失序的状态。在这样一种以战争为主导的社会背景之下，以苏秦、张仪等为代表的纵横家显贵一时，如宋代洪迈所讲"七国虎争天下，莫不招致四方游士"②，此类游士主要是指在军事战争上能给国家带来利益的谋士，目的是"争天下"，而以仁义学说游说于诸侯的儒者并不被重用，我们从司马迁对孟子的记载和评述中可见一斑："道既通，游事齐宣王，宣王不能用。适梁，梁惠王不果所言，则见以为迂远而阔于事情……天下方务于合纵、连衡，以攻伐为贤，而孟轲乃述唐、虞、三代之德，是以所如者不合。"③ 司马迁的"以攻伐为贤"一语中的地刻画出了当时的社会状态，以及儒者的尴尬地位，孟子的学说被司马迁认为是"迂远而阔于事情"，也就是说孟子的主张并不为任何的诸侯国君所采纳，对现实没有任何的效果可言。

在这样一个"争于气力"的时代中，各国的国君以及那些合纵连横的谋士唯一的出发点便是利益，就是"弱肉强食"，如何建立一个合理的社

① （汉）刘向：《战国策》，上海古籍出版社1998年版，第1196页。
② （宋）洪迈：《容斋随笔》，中华书局2005年版，第23页。
③ （汉）司马迁：《史记》，岳麓书社2012年版，第1074页。

会秩序，这些人是不去思考的。然而以继承孔子思想自居的荀子却不得不去思索这样的终极问题，尤其在这样一个礼崩乐坏的时代背景下，为社会提供一种理想秩序的时代要求也更为紧迫，坚守儒家立场的荀子毫不犹豫地挑起了这一重担。

二　百家争鸣之思想交汇

与礼崩乐坏的社会局面相对应的是，思想领域也呈现出异彩纷呈的景象，儒、墨、法、道等各个学派纷纷表述自己对社会政治的态度，出现了百家争鸣的局面。百家争鸣的出现究其根本原因就在于这是一个大变局的时代，旧的礼乐秩序正在逐步瓦解，而新的社会秩序尚未形成，冯友兰认为："上古时代哲学之发达，由于当时思想言论之自由；而其思想言论之所以能自由，则因为当时为一大解放时代，一大过渡时代也。"[①] 确实如此，面对如此混乱不堪的社会局面，每一家都持有不同的政治主张，正如《庄子·天下篇》所讲："天下大乱，贤圣不明，道德不一……道术将为天下裂。"每一家都持有道之一端而不能彼此说服对方。于是在这个被德国思想家雅斯贝尔斯称作文明"轴心时代"的社会中，出现了一种非常奇特的历史景象，那就是一方面是各诸侯国武力上的频繁争斗，另一方面则是哲学家思想上的各持己见。各国争斗的日益剧烈越发呈现出一种即将走向统一的前兆，而各家思想上的争执与分歧也在某种程度实现了一种交汇，陈荣庆认为："到战国中晚期，学术由'将为天下裂'的分崩离析呈现出融合趋势，各家各派都在坚持自身学说的基础上，批判百家而又兼容百家，相争又相融，吸收别家学说来丰富自己的理论，使之对社会发展更有发言权。"[②] 但这种融合绝对不是彼此妥协，而是借用别人的理论为己所用，在荀子思想中可以经常发现这种情况，我们在后面会展开深入论述。

在当时的社会背景下，各国的统治者一方面希望通过战争谋求对外扩张，另一方面希望通过变法改革来增强国力并加强统治，因此同统治者关

---

① 冯友兰：《中国哲学史》，华东师范大学出版社 2000 年版，第 23 页。
② 陈荣庆：《荀子与战国学术思潮》，中国社会科学出版社 2012 年版，第 19—20 页。

系最为紧密的当属法家。在秦国，秦孝公任用商鞅进行变法，在较短时期内使国力大大增强，许建良认为"以刑去刑"是商鞅治理国家的方式①，而刑的实行最终依靠法制的保障，商鞅讲："故明主慎法制。言不中法者，不听也；行不中法者，不高也；事不中法者，不为也。"（《商君书·君臣》）商鞅希望通过法制来谋求国家的富强，并稳固君主的统治地位。申不害则以"主刑名"之学，同样在一定程度上增强了韩国的国力："十五年，终申子之身，国治兵强，无侵韩者。"②另外一位法家的代表人物慎到则非常重视"势"，认为君主治理国家必须依靠"势"的作用，韩非子在《难势》篇中引用到慎子的观点："贤智未足以服众，而势位足以屈贤者也。"慎到认为治理国家不能依靠"贤智"而要依靠"势位"，这与儒家推崇德在政治中的重要地位是相反的。总之，在法家那里更侧重于对如何富国强兵、如何巩固统治者地位的探讨，这与当时"争于气力"的社会环境是相一致的，因此其学说在现实政治中往往被统治者采纳而付诸实践。与之相反的是，当时的儒家思想却不被重用，当孟子去见梁惠王宣扬自己的仁义学说时，梁惠王质问孟子的第一句话便是："叟！不远千里而来，亦将有利于吾国乎。"（《孟子·梁惠王上》）梁惠王开口便言利，也由此可见这是当时统治者的共同价值取向，孟子的学说很难被采用也就可想而知了。与儒家思想同样不被统治者重视的还有墨家、道家的思想，以墨子为代表的墨家思想崇尚"兼爱非攻"，墨子认为当时社会之所以战争频繁，其根本原因就在于人与人不能相爱，墨子讲："藉为人之国若为其国，夫谁独举其国以攻人之国哉？为彼者犹为己也。"（《墨子·兼爱下》）墨子认为如果像对待自己的国家一样来对待其他国家，那么就不会有战争了，墨子提倡"兼爱"的根本出发点是反对战争，他甚至亲自阻止楚国攻打宋国。③墨家学说在当时也风行一时，具有很强的社会影响力，孟子讲："天下之言不归杨，则归墨。"（《孟子·滕文公下》）墨子的学说从根本来讲，是代表平民阶层的一种反对战争的社会愿望，尽管其有很强的社会基础和

---

① 参见许建良《先秦法家的道德世界》，人民出版社 2012 年版。
② （汉）司马迁：《史记》，岳麓书社 2012 年版，第 945 页。
③ 参见吴毓江撰《墨子校注》，孙启治点校，中华书局 2006 年版。

生命力，然而由于其无法得到统治阶层的重视，也无法为社会秩序提供有建设性的思想，其在后来走向衰落也成为一种必然。道家思想则充满了对当时社会的批判精神，幻想回到一种遵循自然的"至德之世"，认为儒家的仁义思想并不能够真正救世，如，老子讲："故失道而后德，失德而后仁，失仁而后义，失义而后礼。夫礼者，忠信之薄，而乱之首。"（《老子·第三十八章》）《庄子·天地》中讲："至德之世，不尚贤，不使能；上如标枝，民如野鹿；端正而不知以为义，相爱而不知以为仁，实而不知以为忠，当而不知以为信，蠢动而相使，不以为赐。"道家思想如同西方的卢梭一样，对人类的文明始终保持着高度的警惕，希望人类与自然、人与人之间都能够和谐相处，然而这也仅仅是一种社会理想而已，道家并没有提出实现这种社会的具体方案和措施。

总之，在荀子生活的战国中后期，各家学派之间的争锋更加激烈，交流也更加频繁。荀子哲学就是在坚持儒家立场的基础上，吸收借鉴其他学派的思想而成的，然而就如我们前面所讲荀子只是利用其他学派的某些观点为自己的儒家立场服务，而并不能因为他的思想中有其他学派思想的成分，就将其排除在儒家之外，荀子作为儒家代表人物是毋庸置疑的。

第二节　荀子政治哲学在儒家内部的思想渊源

一　荀子对孔子的继承和发展

荀子自觉地以继承孔子思想为己任，在《荀子》一书中多次将孔子与"圣人"并举，孔子在荀子的政治哲学中无疑也是作为一种理想的化身而出现的，如他讲："仲尼无置锥之地，诚义乎志意，加义乎身行，著之言语，济之日，不隐乎天下，名垂乎后世。"（《荀子·王霸》）在荀子政治哲学中，孔子在某种程度上就是作为"圣人"而出现的。荀子政治哲学以孔子为宗，还有一个很明显的例证，那就是在《荀子》文本中出现孔子的称呼多达82次，而《孟子》文本中出现孔子的称呼仅68次，并且《荀子》一书中出现仲尼的称呼也有12次之多。那么，荀子主要继承和发展了孔子的什么思想呢？应该讲荀子对孔子礼的思想推崇备至，然而同时又将礼进行了一种外向性的发展，提出了"礼义之统"，也就是将"礼义"进一步地制度化，从而推向了社会治理的层面。

孔子虽然非常重视礼，如孔子讲："君子博学于文，约之以礼，亦可以弗畔矣夫。"（《论语·雍也》）但是孔子的礼更多的是依靠一种自我道德上的约束，这里的"约之"，只是自己来约束自己，而并不是外在的制度制约。从某种程度来讲，孔子讲礼更多的是为了实现仁，仁才是孔子关注的核心，从他讲的"克己复礼为仁"中，我们可以看出礼只是实现仁的方式。那么，孔子的仁是依靠外在条件得以实现的吗？显然不是，他讲："仁远乎哉？我欲仁，斯仁至矣。"（《论语·述而》）仁在孔子看来完全属于个人的领地，仁既然完全依靠个人内在的修为，很显然实现仁的礼也便依靠个人的道德修养，而不依靠外在的强制力量。孔子讲："人而不仁，如礼何？人而不仁，如乐何？"（《论语·八佾》）孔子认为没有了内心的仁，外在的礼乐制度也就失去了意义，仁相对于礼来讲更具有根本性。孔子的礼更侧重于人的内在道德修为，而不是外在的制约，并且以仁来统礼，强调礼的内在的道德性。在荀子那里，继承了孔子礼的思想，并进一步将礼提高到了"道德之极"的高度，他说："礼者，法之大分、类之纲纪也，故学至乎礼而止矣。夫是之谓道德之极。"（《荀子·劝学》）礼在荀子那里成为一种最高的道德标准，这种道德标准并不是靠个人内心体悟出来的，而是要靠学习而得来，所以他讲"学至乎礼而止"。并且，荀子讲的礼已经具备了明显的制度色彩，这从他把礼定义为"法之大分、类之纲纪"可以看出，礼似乎又蕴含着法的影子。与孔子相比，荀子明显赋予了礼一种外向性的色彩，也就是礼不仅仅是人的内在道德觉醒，更是一种外在的对人的制度约束，李桂民认为荀子的礼学思想与孔子相比，更加突出了礼的政治意义从而实现了从礼学到礼治的发展①，总之，荀子将礼进一步向制度化的层面推进，认为礼就是社会治理的中枢。

荀子对孔子的礼做出了一种外向性的转化，更注重礼的制度层面，这一点比较容易发现，可是究竟是什么原因促成了这种转化，或者说荀子为什么要如此推崇礼并赋予其如此高的地位，这个问题还是需要我们认真加

---

① 参见李桂民《荀子思想与战国时期的礼学思潮》，中国社会科学出版社 2012 年版。

以对待的。孔子强调的核心概念是仁，仁确切地来讲是一种理想和目标，是不是每一个人都能实现仁呢？答案显然是否定的，连孔子自己也讲："我未见好仁者，恶不仁者。"（《论语·里仁》）既然仁并不是那么轻而易举就能实现的，依靠每一个人的自觉来实现仁几乎是不可能的，那么孔子仁的思想就存在一种内在的矛盾，那就是仁如何可能的问题。孔子的仁明显带有一种道德理想主义的色彩，孔子认为即使是在国家治理层面也应该用德，不主张用刑，他讲："为政以德，譬如北辰居其所而众星拱之。"（《论语·为政》）其实孔子的德就是仁的显现，仁与德基本上是同义的。我们知道政治的对象是全体的人民，既然并不是每个人都能自觉实现仁，仁只是极个别人才能达到的，那么政治如何得以实现呢？对此孔子并没有给出具体的解答。美国汉学家本杰明·史华兹（Ben Jamin l. Schwartz）这样评价《论语》中的政治："在理想的儒家社会中，即使在行政管理的意义上，统治阶级的先锋队也不是一个'政治阶级'，而是一种通过'神圣仪式'和充分体现在他们行为中的'仁'德精神来把社会团结到一起的牧师。"[1] 确实是这样，仁很难在制度层面来加以实现，只能依靠一种道德精神的力量来进行感召。因此，荀子没有对孔子仁的思想进行深入的阐发，而是对孔子礼的思想进行了创造性的发展。可以这样讲，荀子与孔子的政治理想是相同的，都是为了实现一种和谐的社会政治秩序，而其实现方式又是不尽一致的，孔子希望依靠道德的内在约束来实现，因此孔子的礼更多强调的是一种内在的道德，而荀子则主张通过外在的制度约束来实现，因此荀子的礼侧重的便是外在的制度。

从某种程度来讲，荀子继承孔子更多的是一种对道德的推崇，二者都将道德放在第一位，而不是如法家一样将事功置于道德之前，如荀子讲："君子养心莫善于诚，致诚则无它事矣，唯仁之为守，唯义之为行。"（《荀子·不苟》）可见，荀子同样十分注重仁。然而不同的是荀子对道德如何可能进行了更进一步的探索，孔子将希望完全寄托在个体的道德自觉上，也就是依靠个体的自身修养来实现道德的挺立；而在荀子看来，道德

---

① ［美］本杰明·史华兹：《古代中国的思想世界》，程刚译，江苏人民出版社 2008 年版，第 137 页。

的自觉实现固然可贵，然而现实却是并不是每个人都能够自觉地进行个人修养，只有"圣人"和君子才能够自觉地实现道德，而对于不能自觉的大部分人来讲，就必须依靠一种外在的强制来实现道德的进步，因此礼便具备了法的特性，这从荀子经常"礼法"并称中也可以看出端倪。总之，荀子政治哲学继承了孔子政治哲学重视道德的特性，而不同的是，荀子对孔子的礼进行了一种外向性的发展，将礼与法在某种程度上关联起来，从而使儒家的政治哲学获得了新的发展。

二　荀子对孟子的批判

荀子与孟子同样以继承孔子思想自居，而为什么荀子会对孟子提出严厉的批评，这不是一个简单的问题，其中反映出二者对孔子思想不同的发展路向。我们先来看一下荀子是如何批评孟子的，荀子重点针对孟子的"性善"进行了批判："今孟子曰：'人之性善。'无辨合符验，坐而言之，起而不可设，张而不可施行，岂不过甚矣哉！故性善则去圣王，息礼义矣；性恶则与圣王，贵礼义矣。故隐栝之生，为枸木也；绳墨之起，为不直也；立君上，明礼义，为性恶也。用此观之，然则人之性恶明矣，其善者伪也。"（《荀子·性恶》）荀子的眼光可谓犀利，一语中的地点出了孟子与自己差异的根本所在。从根本来讲，荀子与孟子思想分歧的焦点就在人性问题上，而对人性的看法不同，其政治哲学必然也就呈现出不同的特点，因为政治、经济、社会政策中的许多争论来源于人性思想的冲突。①

孔子自己并没有对人性做出善恶的判断，他只是讲："性相近也，习相远也。"（《论语·阳货》）孔子只是讲人作为同一族类，其性必然是相近的，这里带有一些经验的不证自明的成分，进而孔子似乎更强调的是"习"，也就是个体内在的道德修为，道德修为的不同使个体产生了很大的差异。其实，在荀子与孟子那里都在不自觉地寻找"性相近"的依据。荀子认为性是"天之就，不可学，不可事"的，这便是他的"性朴说"，他讲："性者，本始材朴也；伪者，文理隆盛也。"（《荀子·礼论》）在荀子那里，作为"天之就"的性是没有善恶之分的。而在孟子那里，则是在努

---

① 参见雷焕文《谁是现代人》，陈永禹译，长河出版社1977年版。

力寻找人性之异于禽兽之处，他说："人之所以异于禽兽者几希，庶民去之，君子存之。"（《孟子·离娄下》）而人之所以异于禽兽就是因为人性中有"善端"，孟子认为人之所以"性相近"是因为都具有此种"善端"，他说："由是观之，无恻隐之心，非人也；无羞恶之心，非人也；无辞让之心，非人也；无是非之心，非人也。恻隐之心，仁之端也；羞恶之心，义之端也；辞让之心，礼之端也；是非之心，智之端也。人之有四端也，犹其有四体也。"（《孟子·公孙丑上》）这与荀子从"性朴"来看待人性是截然不同的，孟子将"善端"置于人性之中，使其成为人类区别于禽兽之根本。

既然荀子认为人性中并不天然存在"善端"，那么人性在现实中就是可善可恶的，因此就必须依靠外在的礼来对人性进行教化与制约，而不是像孟子那样寻求人性内在的"善端"，于是，二者对社会如何进行治理必然产生很大的分歧。如果说孟子政治哲学以"仁政"为核心的话，那么荀子政治哲学就可以说是以礼治为核心，"仁政"和礼治从根本来讲就是源于他们对人性的看法。承认人性中存在"善端"的"仁政"则主要寄希望于每一个人的道德自觉，不承认人性中存在"善端"的礼治则主要依靠外在的制度约束。我们知道，个体的道德修养是一种内在的体悟与觉醒，能否实现完全靠个人的自觉，这就如同孔子所讲的"为仁由己"，因此道德觉悟既然根植于每个人的内心，而不依靠外在的制度约束，就给了每个人充分的道德自由，实现社会治理层面的"仁政"就不是一种必然。美国汉学家狄百瑞（Wm. Theodore de Bary）就认为："作为美德的典范，'仁'在严格意义上讲是一个开放（open-ended）从而无法定义的概念。"① 正是因为仁的开放性，因此荀子才批评孟子的"性善论"："无辨合符验，坐而言之，起而不可设，张而不可施行，岂不过甚矣哉！"（《荀子·性恶》）荀子可以说是一针见血地指出了孟子以"性善"为基础而实行"仁政"的局限性。与孟子"仁政"的"无辨合符验"不同，荀子的礼治则是有标准可依的，这就是他讲的"礼法"，荀子说："国无礼则不正。礼之所以正国也，譬之犹衡之于轻重也，犹绳墨之于曲直也，犹规矩之于方圆也，既错

---

① ［美］狄百瑞：《儒家的困境》，黄水婴译，北京大学出版社 2009 年版，第 33 页。

之而人莫之能诬也。"(《荀子·王霸》)荀子这里的礼显然与孔子讲的礼有所不同,孔子讲礼主要侧重内在的道德性,而荀子这里讲礼更倾向于法,具有一种外在的制度强制性。由于荀子的礼在本质上讲等同于外在的法,因此荀子的礼治必然是"有辨合,有符验"的,他讲:"凡论者,贵其有辨合,有符验,故坐而言之,起而可设,张而可施行。"(《荀子·性恶》)荀子的"礼法"本身就是其进行社会治理的一条准绳,从而具有现实操作性。

在本质上讲,荀子与孟子同为儒家的代表人物,其政治理想本身并没有很大的差异,都是为了实现良好的社会秩序。然而差异就在于如何实现这种良好的社会秩序,孟子认为只要每一个人都保存自己本有的"善端",那么社会自然就很好治理了,这在荀子看来恰恰是荒谬的而不可施行的,荀子认为只有依靠外在的礼来对人民进行教化,并在某种程度上赋予礼一种制度上的强制力,社会才有可能实现"正理平治"。因此荀子与孟子政治哲学的主要差异并不在最终的目标,而是实现这种目标的方式,荀子对孟子的"性善"进行激烈批评的原因就在于荀子对孟子政治哲学实现方式的不认可。荀子这样质问孟子,如果人性本来具备"善端"的话,为什么还需要"圣王礼义":"凡古今天下之所谓善者,正理平治也;所谓恶者,偏险悖乱也。是善恶之分也矣。今诚以人之性固正理平治邪?则有恶用圣王,恶用礼义哉!虽有圣王礼义,将曷加于正理平治也哉!"(《荀子·性恶》)既然需要"圣王礼义",那么很显然,依靠"善端"来实现"仁政"就是"张而不可施行"的。

荀子对孟子的批判究其根本原因在于,二者代表了儒家不同的发展路向。我们知道,在孔子死后儒家内部也发生了分裂,韩非子在《显学》一篇这样描述道:"自孔子之死也,有子张之儒,有子思之儒,有颜氏之儒,有孟氏之儒,有漆雕氏之儒,有仲良氏之儒,有孙氏之儒,有乐正氏之儒。"这里的"孙氏之儒"便是指荀子,荀子的姓氏究竟为"荀"还是"孙",学界也有不同的看法,我们这里暂且不论,我们从中可以得到确证的是,韩非子也认为这几种不同的"儒"代表了儒家不同的发展方向。从孔子到孟子我们可以看到一种比较明显的师承关系,司马迁在《史记》中记载："孟轲，驺人也。受业于子思之门人。"① 孟子受业于子思的学生，而子思受业于孔子的学生曾子，因此从孔子到孟子就有比较明确的师承关系。而我们反观荀子，则没有很明确的记载显示荀子学说的师承关系，然而没有记载并不代表荀子的思想没有孔门思想的渊源，既然荀子作为儒家最重要的代表人物之一，我们当然可以从相关的文本中得到一些比较重要的线索来佐证。

三 荀子对仲弓的推崇

当我们回到《荀子》这一文本的时候，会发现一个比较有意思的现象，荀子除了对孟子大加批判之外，对其他类型的儒者也点名提出了批评："弟佗其冠，神禪其辞，禹行而舜趋，是子张氏之贱儒也。正其衣冠，齐其颜色，嗛然而终日不言、是子夏氏之贱儒也。偷儒惮事，无廉耻而耆饮食，必曰君子固不用力，是子游氏之贱儒也。"（《荀子·非十二子》）在《荀子》一书中，荀子推崇的儒家人物只有两个人，那就是孔子和子弓，孔子我们当然不需要再说，因为荀子就以继承孔子思想自居，而文中的子弓却有必要引起我们足够的重视，为什么荀子会将子弓与孔子相提并论，荀子与子弓又会有怎样的学术继承关系，这不由得我们进行一番猜想。我们按照常理来推断，一个人物之所以会在一部书中频繁出现并被放在很高的地位，很有可能是这个人与本书作者有师承关系，即使没有亲自进行教导和传授，也一定是通过某种间接的方式对荀子思想产生了重大的影响。

《荀子》一书4次提到子弓，并且都是与孔子相提并论，分别是："盖帝尧长，帝舜短，文王长，周公短，仲尼长，子弓短。"（《荀子·非相》）"是圣人之不得势者也，仲尼、子弓是也。"（《荀子·非十二子》）"上则法舜、禹之制，下则法仲尼、子弓之义，以务息十二子之说，如是则天下之害除，仁人之事毕，圣王之迹著矣。"（《荀子·非十二子》）"通则一天下，穷则独立贵名，天不能死，地不能埋，桀、跖之世不能污，非大儒莫之能立，仲尼、子弓是也。"（《荀子·儒效》）荀子对子弓如此推崇，那

---

① （汉）司马迁：《史记》，岳麓书社2012年版，第1074页。

么，子弓究竟为何许人？其中唐代的杨倞在《非相》篇注解到："子弓，盖仲弓也，言子者，著其为师也"① 杨倞认为荀子之所以称仲弓为子弓，就是因为其为荀子的老师。对此，清人俞樾在肯定了子弓为仲弓的基础上，对"子"字提出了不同的看法："杨注'子弓，盖仲弓'是也。又曰'言子者，著其为师也'则恐不然。仲弓称子弓，犹季路称子路耳。子路也，子弓也，其字也。曰季曰仲，至五十而加以伯仲也。"② 俞樾只是认为，杨倞凭"子"字就断定仲弓是荀子的老师是武断的，但是他们两人都承认这里的子弓也就是仲弓。

我们要寻找荀子哲学的思想渊源，仲弓就不得不引起我们的重视。我们对仲弓倒是并不陌生，他就是孔子的著名弟子冉雍，字仲弓。那么仲弓的思想具有什么样的特色呢，我们可以从相关的资料中得到一些大致轮廓，其中在《论语》中提到仲弓的有多处，我们可以在这里列举出来，以便我们分析仲弓的思想特色，并与荀子的思想进行一番对比关照。《论语》中提到仲弓的地方分别是："子曰：'雍也可使南面。'"（《论语·雍也》）"仲弓问子桑伯子。子曰：'可简也。'仲弓曰：'居敬而行简，以临其民，不亦可乎？居简而行简，无乃大简乎？'子曰：'雍之言然。'"（《论语·雍也》）"子谓仲弓，曰：'犁牛之子骍且角，虽欲勿用，山川其舍诸？'"（《论语·雍也》）"德行：颜渊，闵子骞，冉伯牛，仲弓。言语：宰我，子贡。政事：冉有，季路。文学：子游，子夏。"（《论语·先进》）"仲弓问仁。子曰：'出门如见大宾，使民如承大祭。己所不欲，勿施于人。在邦无怨，在家无怨。'仲弓曰：'雍虽不敏，请事斯语矣。'"（《论语·颜渊》）"仲弓为季氏宰，问政。子曰：'先有司，赦小过，举贤才。'曰：'焉知贤才而举之？'子曰：'举尔所知；尔所不知，人其舍诸？'"（《论语·子路》）这几段材料都提到仲弓和政事有关，首先"雍也可使南面"中的"南面"就是和政治密切相关的，古代长官总是南面而坐③，刘向也讲："当孔子之时，上无明天子也。故言'雍也可使南面'，南面者，天子

---

① （清）王先谦撰：《荀子集解》，沈啸寰、王星贤点校，中华书局2013年版，第86页。
② （清）王先谦撰：《荀子集解》，沈啸寰、王星贤点校，中华书局2013年版，第86页。
③ 参见杨伯峻《论语译注》，中华书局2006年版。

也……仲弓通于化术,孔子明于王道,而无以加仲弓之言。"① 后面几段材料提到的"以临其民""使民如承大祭""仲弓为季氏宰"等都证明仲弓不仅具有从事政治的智慧,而且也具有丰富的社会治理经验,对现实政治的了解程度甚至有可能高于他的老师——孔子,不然刘向也不可能讲"仲弓通于化术,孔子明于王道,而无以加仲弓之言"。反观荀子的学术品格,我们不难发现荀子更侧重于对外在政治制度的关注,而不同于孟子更关注人的内在道德,由此我们也不难理解荀子对仲弓思想如此推崇的原因。不管荀子直接受仲弓的影响还是间接受仲弓思想的影响,事实证明"弓荀学派"的思想大体是一致的,那就是更关注帝王之道,更关注现实政治,这与思孟学派关注内在道德是极为不同的。可以这样认为,荀子与仲弓思想的相通之处就在于,二者更侧重于儒家的"外王"之道,而并非单纯地推崇一种心性之学,这具有一种鲜明的经世致用之品格。也许正是仲弓思想这种更关注现实政治制度层面的特性,深深影响了荀子哲学的形成,塑造着荀子政治哲学由"内圣"而"外王"的现实品格。

我们在这里考查荀子的思想渊源,尽管没法确切地证实荀子究竟师从于何人,因为儒学在孔子之后思想发生了分裂,其相互传承的关系必然十分复杂,而无从考据了,然而我们依然可以发现这种思想传承的脉络。既然荀子在文中如此推崇仲弓,并且其思想品格与仲弓有着相近之处——都关注现实政治,我们就有理由认为仲弓与荀子是同属于儒学裂变之后的一个学派,我们可以称之为"弓荀学派"。"弓荀学派"与"思孟学派"最大的不同就在于更关注现实政治,也就是儒家的"外王"之学,而不像"思孟学派"那样更侧重于"内圣"之学。可以这样讲,荀子为儒家思想的制度化做出了极为重要的贡献,这与其对仲弓"南面之术"的推崇是有极其密切的关联的,荀子与仲弓的学术品格存在着一致之处。因此,荀子思想最有可能来源于仲弓,荀子在文中多次将仲弓与孔子并举,而另一方面,仲弓又是孔子的学生,荀子距离孔子的年代更为久远,仲弓的地位显然就是一架沟通孔子与荀子的桥梁。荀子以继承孔子思想自居,这种继承在很大程度上是以发扬仲弓思想为中心的,因为孔子的思想只是他的弟子

① (汉)刘向撰:《说苑校正》,向宗鲁校正,中华书局1987年版,第499页。

们通过一种语录体来阐发的，其中包含着思想发展的多种路向，而仲弓思想只是儒家后来发展的一支，而无疑荀子是继承仲弓这一派的思想，具有更关注现实政治的实践品格。因此，无论荀子是否与仲弓有直接的师承关系，其受仲弓思想影响是肯定的，他在文中也多次推崇仲弓，我们有理由认为荀子在儒家内部可能的思想渊源就是来自于仲弓。

通过考察荀子与仲弓思想的特点，我们可以发现荀子对于仲弓思想是十分推崇的，并且深受其影响。尽管我们并不能断言仲弓即为荀子的老师，但是通过考察荀子与仲弓思想之间的关联，我们可以更加深入地理解荀子政治哲学的品格，这有利于我们对荀子政治哲学展开进一步的研究与探讨。

第三节　荀子政治哲学对其他学派的吸收和借鉴

一　荀子与墨家思想

墨家思想的创始人墨子其实一开始是受业于儒者的，《淮南子·要略》记载："墨子学儒者之业，受孔子之术，以为其礼烦扰而不说，厚葬靡财而贫民，服伤生而害事，故背周道而用夏政。"通过这一段我们可以看出，墨子与孔子学术的侧重点有所不同，那就是墨子更关注人民的现实生活，具有一种浓烈的现实政治关切，这与荀子的学术品格具有一致之处。然而尽管同样关切现实政治，其思路却是不尽一致的，这也是荀子为什么既对墨家思想激烈批评的同时又有借鉴的原因所在，批评是因为思路不同，借鉴是因为二者都具有相同的政治关切。

我们首先来看一下荀子是如何来批评墨子的，荀子讲："墨子大有天下，小有一国，将蹙然衣粗食恶，忧戚而非乐。若是则瘠，瘠则不足欲，不足欲则赏不行。墨子大有天下，小有一国，将少人徒，省官职，上功劳苦，与百姓均事业，齐功劳。若是则不威，不威则罚不行。赏不行，则贤者不可得而进也；罚不行，则不肖者不可得而退也。"（《荀子·富国》）荀子这里的批评显然是针对墨子主张节俭的思想，我们知道墨子有"节用"的主张，荀子认为如果过分地节约，社会就不容易得到治理，因为那样赏罚就失去了激励的作用，统治者与普通民众的等级差别也就会被泯灭，统治者一旦缺少了威信，那么如何进行社会治理自然成为一个很大的问题。同样，荀子对墨子的"非乐"主张也进行了批评："故乐者，治人之盛者也，而墨子非之。且乐也者，和之不可变者也；礼也者，理之不可易者也。乐合同，礼别异。礼乐之统，管乎人心矣。穷本极变，乐之情也；著诚去伪，礼之经也。墨子非之，几遇刑也。"（《荀子·乐论》）墨子主张"非乐"的根本原因就在于认为行乐势必劳民伤财，而且荒废政事："上考之不中圣王之事，下度之不中万民之利。"（《墨子·非乐上》）而荀子恰恰认为行乐有助于社会治理的进行，礼起到区分的作用，而乐则是礼的补充，起到"和"的作用："故乐在宗庙之中，君臣上下同听之，则莫不和敬；闺门之内，父子兄弟同听之，则莫不和亲；乡里族长之中，长少同听之，则莫不和顺。故乐者，审一以定和者也，比物以饰节者也，合奏以成文者也；足以率一道，足以治万变。"（《荀子·乐论》）

很明显，荀子继承了孔子"和而不同"的思想，在荀子那里礼是为了区分，也就是"不同"，而乐的作用就是在这些不同之间营造"和"的氛围。在荀子看来，墨子主张的"节用"容易泯灭差别，从而使人与人之间无尊卑之分，不容易进行社会治理，而"非乐"更是没有认识到音乐在维持人们和谐关系中的作用。荀子确实很敏锐地看到了墨子学说可能导致的不良后果，也就是人人均等不利于社会稳定，这种均等思想最集中地体现在墨子的"兼爱"学说中，因此荀子对墨子的"兼爱"也批评得最为激烈。荀子批评墨子道："不知壹天下、建国家之权称，上功用、大俭约而慢差等，曾不足以容辨异、县君臣；然而其持之有故，其言之成理，足以欺惑愚众，是墨翟、宋钘也。"（《荀子·非十二子》）很显然，墨子的"兼爱"学说就是一种"慢差等"，墨子很明确地反对儒家有差等的爱，主张打破血缘关系实现一种人人平等的兼爱："盗爱其室不爱其异室，故窃异室以利其室；贼爱其身不爱人，故贼人以利其身，此何也？皆起不相爱。"（《墨子·兼爱上》）在根本上讲，荀子之所以反对墨子的"兼爱"，主要是反对"兼"而不是爱，"兼"就容易造成一种没有分别的状态。而荀子认为："分均则不偏，势齐则不一，众齐则不使。有天有地而上下有差，明王始立而处国有制。夫两贵之不能相事，两贱之不能相使，是天数也。势位齐而欲恶同，物不能澹则必争，争则必乱，乱则穷矣。先王恶其乱也，故制礼义以分之，使有贫富贵贱之等，足以相兼临者，是养天下之本也。"（《荀子·王制》）荀子在这里也提到了"相兼临"，然而荀子讲的"兼"是建立在有分别的基础之上的，也就是"贫富贵贱之等"，而与墨子讲的无差等的"兼"是不同的。

荀子如此激烈地反对墨子的"兼爱"学说，从根本上反映了二者政治哲学的差异。墨子希望通过提倡"兼爱"来解决人与人之间的矛盾，从而实现社会的稳定，这是一种无差别的社会状态。而荀子则认为墨子提倡的"兼爱"非但不能实现社会的治理，反而由于没有了社会差等容易造成社会的混乱。荀子认为只有通过礼来达到一种"维齐非齐"的社会状态，才能够真正地将社会治理好，牟宗三认为这就是荀子政治哲学"礼义之统"的精神："荀子特重此构成客体之礼宪，故曰外王之极致，亦比较有客观精神也。其重视现实之组织，重礼义之统，重分重义，皆客观精神之表现也。"[1] 牟先生可以说一语道出了荀子政治哲学的重心，那就是"礼义之统"，而荀子批评墨子"兼爱"的出发点也是从"礼义之统"出发的，因为墨子的"兼爱"从根本来讲是对"礼义"的一种否定。

然而荀子对墨子思想也并不是一味批评，而是在批评之中又有所借鉴，其中荀子对墨子的"尚贤"与"尚同"思想最为认同，并且对墨子的名实思想也有所借鉴。

我们首先来看"尚贤"思想，尽管儒家历来重视对贤能的任用，但是在荀子之前，孔子、孟子只提出"尊贤"而并不言"尚贤"，并且，在孔孟那里的"贤"主要是指一个人内在的道德修养，例如孔子讲："见贤思齐焉，见不贤而内自省也。"（《论语·里仁》）这里的"贤"主要指人的道德境界，孟子也讲："尊贤使能，俊杰在位，则天下之士皆悦，而愿立于其朝矣。"（《孟子·公孙丑上》）在孟子那里将"贤"和"能"并举，由此可见孟子的"贤"也侧重道德层面，而"能"则侧重治国能力方面。而在荀子那里"贤"则主要侧重指那些具有现实社会治理能力的人，这是与孔孟所讲的"贤"的差异所在，荀子认为"君子之所谓贤者，非能遍能人之所能之谓也"（《荀子·儒效》），很显然，荀子这里的"贤"更侧重

---

[1]　牟宗三：《名家与荀子》，吉林出版集团有限责任公司 2010 年版，第 134 页。

于一种"能",也就是社会治理能力,或者可以这样认为,只有具备实际社会治理能力的人才能够称得上"贤"。由此可见,荀子的"贤"是对孔孟"贤"的发展,而这从某种程度上正是得益于墨子"尚贤"思想的影响。墨子讲:"故古者圣王之为政,列德而尚贤,虽在农与工肆之人,有能则举之,高予之爵,重予之禄,任之以事,断予之令。"(《墨子·尚贤上》)我们在墨子这里也可以发现这样一个现象,将德与"贤"并举,可见墨子的"贤"已经不包含德的思想,而是主要指一种"能",也就是社会治理能力,因此他也讲"有能则举之"。很显然,荀子的"尚贤"思想是对墨子"尚贤"思想的借鉴,不仅用法一致,据陈荣庆统计《荀子》一书中有7篇文章共11处见"尚贤使能"①,而且"贤"的所指也相同,那就是与孔孟相比,荀子与墨子的"贤"更侧重于一种社会治理的能力,而不仅仅是一种德。荀子对"尚贤"的推崇,尽管有儒家思想的一贯传统,然而其受墨子"尚贤"思想的影响也是十分明显的。

其次,荀子对墨子的"尚同"思想也有一定的借鉴,二者都认为社会的理想的状态是一种"同"。墨子讲:"察天子之所以治天下者,何以之以也?曰:唯以其能一同天下之义,是以天下治。"(《墨子·尚贤中》)很明显,墨子想要达到一种"同天下之义"的社会状态。尽管荀子没有同墨子一样明确地提出"尚同"的政治主张,然而其最终的政治理想依然是一种"同"的状态,如荀子讲:"因天下之和,遂文、武之业,明主枝之义,抑亦变化矣,天下厌然犹一也。"(《荀子·儒效》)这种"厌然犹一"的状态说到底就是一种"同"。这种"尚同"的思想已经蕴含着后来我们称之为专制统治的可能性,很多学者批判儒家尤其是荀子思想中的专制因子,其实这种所谓的专制因子在墨子思想中同样可以看到。其实墨子的"尚同"及荀子的"厌然犹一"在本质上是追求一种义的同,而与专制的强制之"同"差别还是比较大的,我们在此不做细论。单就对"同"的推崇上,荀子无疑对墨子的"尚同"思想有所借鉴,这同样与他们都关注社会现实政治是分不开的,因为社会的良好运行必须有赖于一套相对固定的治理标准,墨子与荀子强调的"同"就是在这种社会治理标准之下的

① 参见陈荣庆《荀子与战国学术思潮》,中国社会科学出版社2012年版。

"同"，也就是墨子强调的义，荀子强调的礼。

另外，在名实关系上，墨子对孔子的"正名"思想也做出了进一步的发展，这同样对荀子的"正名"思想产生了影响。我们知道孔子最早提出了"正名"的思想："名不正，则言不顺；言不顺，则事不成；事不成，则礼乐不兴；礼乐不兴，则刑罚不中；刑罚不中，则民无所措手足。"（《论语·子路》）但是孔子并没有就如何检验名实相符提出更确切的主张，而墨子不仅主张名实要一致，并且提出了"三表"的方法来检验名实是否相符。墨子讲："今天下之所同义者，圣王之法也。今天下之诸侯将犹多皆免攻伐兼并，则是有誉义之名，而不察其实也。"（《墨子·非攻上》）墨子对诸侯打着义的名号进行"攻伐兼并"之"实"提出了批判，认为这就是一种名实不符。他进而又提出了检验名实是否相符的"三表"法："故言必有三表。何谓三表？子墨子曰：有本之者，有原之者，有用之者。于何本之？上本之于古者圣王之事。于何原之？下原察百姓耳目之实。于何用之？废以为刑政，观其中国家百姓人民之利。"（《墨子·非命上》）我们可以发现，墨子所论及的名实关系更主要集中在现实政治关系中，其着眼点聚焦在是否对现实社会有利，而同孔子超越具体的现实政治关系抽象地讲"正名"有比较大的差别。而对具体现实政治关系的关注恰恰也是荀子政治哲学的特色，荀子讲："异形离心交喻，异物名实玄纽，贵贱不明，同异不别，如是则志必有不喻之患，而事必有困废之祸。故知者为之分别，制名以指实，上以明贵贱，下以辨同异。"（《荀子·正名》）从这里可以看出，荀子认为名实相符主要是为了避免"困废之祸"，也就是避免社会政治的混乱，这与墨子强调名实相符的根本目的是一致的，都是从现实社会治理的角度出发。荀子的"正名"是为了其"辨合符验"的政治效果服务的，这与墨子的"三表法"有着惊人的一致之处，在二者那里的"名"更直接地指向具体的现实政治关系，而与孔子对"名"的宽泛所指有一定区别，陈荣庆就认为孔子的"名"不是单纯的"古名"，而是一种礼仪规范。[1] 墨子将名实关系落实到具体的政治关系中，强调其在现实政治中的效果，而荀子尤其如此，可以这样认为，荀子的"正名"思想还是

---

[1] 参见陈荣庆《荀子与战国学术思潮》，中国社会科学出版社 2012 年版。

受到了墨子的深刻影响。

总之，荀子之所以对墨子的"兼爱""节用""非乐"等主张进行如此激烈的批评，在根本上是因为"兼爱""节用"不利于分别人们之间的差等，从而不利于社会统治。荀子主张一种有差等的"维齐非齐"的社会状态，而音乐正是调和人们的差等从而达到一种和谐的手段，因此荀子对音乐的作用十分推崇，而墨子主张"非乐"则是从浪费及耽误国事的角度出发的。然而荀子对墨子"尚贤""尚同"及"正名"的主张又有所借鉴吸收，主要原因在于其都着眼于现实政治，都想为社会的治理提供一种好的方法，而具备现实社会治理能力的"贤"无疑就成为二者共同推崇的对象，其政治理想也就有一定的相似之处，那就是实现一种趋向"同"的稳定社会，而名实相符则又成为他们检验现实政治效果的重要手段和方式。总之，荀子与墨子最为根本的差别就在于，荀子始终是站在儒家的立场之上，突出了礼，强调个体之间的差异性，他认为一种和谐社会秩序的实现必须建立在差异的基础之上，而不是墨子所强调的"兼爱"。其实，从本质来看，礼所反映的正是儒家的差等之爱，而不是"兼爱"，荀子正是通过对墨子思想的批判与吸收，更进一步确立了其坚定的儒家立场。

二 荀子与道家思想

荀子对道家思想既有一定的批评，同时又具有更多的吸收与借鉴。其中荀子在文本中明确地批评庄子"蔽于天而不知人"（《荀子·解蔽》）的同时，又深受庄子天人观的影响，将天回归于一种自然义；在批评老子"有见于诎，无见于信"（《荀子·天论》）的同时，又主张在恶劣的政治环境下对暴君采取"言其所长而不称其所短"（《荀子·大略》）的保身之术。另一方面，荀子又深受道家思维模式的影响，将其政治哲学目标归结为"群居和一"之道，只不过荀子的道相比于道家的道更具体化为一种社会治理之道而已。并且荀子提出的"虚壹而静"也明显受到道家思想的影响。

庄子之所以对老庄提出了这样或者那样的批评，究其根本原因在于老庄的政治哲学在本质上是一种解构性的，或者采取的是一种"柔弱退缩"的策略，而荀子作为儒家思想的代表则采取的是一种建构性的积极的政治哲学。老庄所推崇的道是超越于儒家提倡的礼与仁义之上的，认为儒家的礼与仁义都是失道之后的结果，并不是终极性的，老子讲："故失道而后德，失德而后仁，失仁而后义，失义而后礼。"（《老子》第三十八章）而荀子恰恰对礼推崇备至，在荀子看来，老庄对道的追求是虚无缥缈而不切实际的，这在他的天人观中可见一斑："故错人而思天，则失万物之情。"（《荀子·天论》）从根本来讲，荀子对老庄的批评，都源于他认为老庄的道是"错人而思天"的，也就是不注重现实政治的构建，只去玄思一些毫无现实用处、虚无缥缈的东西，因此荀子才会批评庄子"蔽于天而不知人"，批评老子"有见于诎，无见于信"。对于道家的"天人观"，许建良也认为："道家强调的是自然的天，天不是有意志的人格神，而是一种法则，一种客观存在，对人没有目的性的暗示，也没有亲和感的引力，最多也只能给人以规律性的昭示。"① 的确，道家的天含有一种规律性的昭示，然而即使是这种昭示，在荀子看来也是不具备"辨合符验"标准的。荀子并不追求一种带有超越性的道的存在，而恰恰是将视线聚焦于人类社会现实，因此荀子谈天论人的最终落脚点是人，即使他讲的道也是一种"人道"而非"天道"。

荀子对道家吸取最多的便是频繁使用道这一概念，在孔孟那里尽管也经常出现道的用法，然而主要指的是一种现实中具体之德，而缺少形而上的意蕴，如孔子讲："有君子之道四焉：其行己也恭，其事上也敬，其养民也惠，其使民也义。"（《论语·公冶长》）孟子讲："得道者多助，失道者寡助。寡助之至，亲戚畔之；多助之至，天下顺之。"（《孟子·公孙丑下》）而荀子的道则充分吸收了道家的形而上的特色，其所指的已经不是某些具体的德，而是一种社会治理之道。荀子政治哲学的体系就是围绕"群居和一"之道而展开的。我们来看一下荀子对道的理解："万物为道一偏，一物为万物一偏，愚者为一物一偏，而自以为知道，无知也。"（《荀子·天论》）由此可见，荀子对道的理解已经具备了一种形而上的特色，道在某种程度上就是万物的主宰，只不过这种道更侧重于一种"人之道"："道者，非天之道，非地之道，人之所以道也，君子之所道也。"（《荀子·

---

① 许建良：《先秦儒家的道德世界》，中国社会科学出版社 2008 年版，第 404 页。

儒效》）荀子多次在文中出现"人道"这一用法，可见荀子理解的道就是指向现实社会生活的，就是为他的政治哲学提供形而上支撑的。荀子对道家道的借鉴很显然有助于克服之前孔孟儒家过分重视内在化的思想倾向，而有利于建立外在的法则，许建良认为道在某种程度上是一种外在于人的客观存在[①]，而荀子恰恰就是利用道这种外在性法则，更加重视道德的外在规范，从而建立起一套以礼为核心的社会治理标准，推动了儒家思想的进一步发展。

荀子在吸收借鉴道家道的形而上特质的同时，也祛除了道家那里道的某些玄妙色彩，如果说道家的道还带有某种先验神秘性的话，那么荀子的道则完全是一种对知识理性的追寻。老子讲："不出户，知天下；不窥牖，见天道。其出弥远，其知弥少。是以圣人不行而知，不见而明，不为而成。"（《老子》第四十七章）这里的"天道"带有明显的玄思色彩，不是某种具体的事物，而是一种总体性的不可言说的体悟，因此老子才讲："道可道，非常道；名可名，非常名。"（《老子》第一章）在老子那里，道是不可被言说的，而在荀子那里，道则是可以被认识的，并且是心所要认知的对象，荀子讲："故心不可以不知道。心不知道，则不可道而可非道。"（《荀子·解蔽》）并且认为道就是一种"衡"："圣人知心术之患，见蔽塞之祸，故无欲无恶，无始无终，无近无远，无博无浅，无古无今，兼陈万物而中县衡焉。是故众异不得相蔽以乱其伦也。何谓衡？曰：道。"（《荀子·解蔽》）"衡"是一种测量重量的工具，在这里荀子将道归结为一种"衡"，很明显道已经在某种程度上实现了一种工具化，而不再具有道家的道的那种玄妙色彩。在荀子那里，道在某种程度上就是礼的同义词，由此可见，荀子对道家的道的吸收和借鉴是直接为其政治哲学服务的，具有鲜明的经世致用特色。

荀子政治哲学的经世致用性同样体现在他对道家"虚静"思想的借鉴上。道家特别重视"虚静"，例如老子讲："致虚极，守静笃，万物并作，吾以观复。"（《老子》第十六章）《庄子·天道》有言："夫虚静恬淡寂漠无为者，天地之平而道德之至，故帝王圣人休焉。"老庄强调"虚静"的

---

① 参见许建良《先秦儒家的道德世界》，中国社会科学出版社 2008 年版。

主要目的是顺应道，因为道具有柔弱不争的特性，只有在虚静的状态下才能更好地体悟道，而外界过多的干扰则会使人远离道，正如老子所讲："五色令人目盲，五音令人耳聋，五味令人口爽，驰骋畋猎令人心发狂，难得之货令人行妨。"（《老子》第十二章）荀子也特别强调心能够静下来，他讲："故人心譬如盘水，正错而勿动，则湛浊在下而清明在上，则足以见鬓眉而察理矣。微风过之，湛浊动乎下，清明乱于上，则不可以得大形之正也。心亦如是矣。"（《荀子·解蔽》）只是荀子更为强调的是心的知的一面，而不是道家强调心的"悟"的一面，他讲："心有征知。征知则缘耳而知声可也，缘目而知形可也，然而征知必将待天官之当簿其类然后可也。"（《荀子·正名》）然而要实现心的知，则必须使心达到一种"虚壹而静"的状态，王楷也认为："在荀子哲学中，心本身也必须加之以'虚壹而静'的'养心''治心'之功，解'心'之蔽，以达至'大清明'状态，方能充分发挥认知主体之功用。"① 我们可以看到，在荀子这里"虚壹而静"完全成为一种工夫论，是"知道"的必然途径，而所谓的"知道"本质上就是对礼的认识，这与道家那种与道合一的体悟状态有了明显差异。荀子通过对道家"虚静"思想的吸收，摒弃了道家"虚静"思想所带有的玄妙色彩，而将其转化为一种工夫修养论。这一转化从根本来讲，也是为其政治哲学服务的，因为"虚壹而静"的目的是"知道"，是为了懂得现实政治中的礼仪规范。

总之，不论荀子对道家思想进行批评，还是进行吸收和借鉴，本质上都是为其政治哲学服务的。他批评庄子"蔽于天而不知人"，批评老子"有见于诎，无见于信"，目的是将人们的视野从对天不切实际的玄思，拉回到现实政治社会当中。可以说，在天人关系上，荀子针对道家思想做出了新的思考：一方面承认天的客观物质性，这与道家思想是相通的；另一方面又将天与人分离开来，更加关注人的现实生活。从荀子对道家道的转化中也可以看出，荀子的道借鉴了道家形而上的思维模式，然而又祛除了道的玄思性，将道归结为一种"群居和一"之道，也就是社会治理之道。同时，荀子也吸收借鉴了道家主张"虚静"的思想，并将"虚壹而静"转

---

① 王楷：《天然与修为——荀子道德哲学的精神》，北京大学出版社 2011 年版，第 63 页。

化为一种"知道"的修养工夫。可以说,荀子将道家的道落实于日常修养当中,更加突出了其经世致用的现实品格。

三 荀子与法家思想

在荀子之前的孔孟儒家那里,法并没有被单独提出来,只有荀子将法作为探讨的重要对象,这明显是受当时法家思想的影响。然而荀子讲的法与法家讲的法存在着明显的差异,荀子是由礼入法,也就是法的基础是礼,因此荀子经常"礼法"并称;而后期法家,尤其是以韩非子为代表,所讲的法则是完全抛弃了礼的基础,完全沦为一种顺应人性趋利避害的特点而实行的刑赏措施,完全丧失了道德的根基。荀子对法家的思想在借鉴的同时又有激烈的批评,荀子对法家的法进行借鉴,主要是为了更有利于社会治理的进行,荀子认识到单纯依靠内在道德的约束,很难实现一种良好的社会秩序,因此对儒家的礼进行了一种外向性发展,发展出法,也就是一种外在的制度保障。另一方面,又对法家的法抛弃礼这一道德基础颇为不满,认为只有建立在礼基础之上的法才能够实现良好的社会治理效果。

荀子之所以会由礼延伸出法,在根本上讲是由当时的社会文化背景决定的。我们知道,荀子在大部分时间都游历在齐国,而当时肯定也接触过以管仲学派为代表的齐法家思想,陈登元认为:"重礼者,儒家固有之见解,而重法者,荀子随环境而变化之一种结果。"① "随环境而变化",一方面是随社会环境的变化,另一方面也是随学术环境的变化。荀子当时生活的社会环境,以思孟为代表的心性儒学已经很难被各国君主所重用,因此必须对儒学做出一种外向性的发展,而当时的学术环境也发生了一定的变化,出现了强调以外在制度约束为主的法家思想,因此荀子吸收法家思想,对儒学进行发展也就成为一种必然。《管子·任法》中讲:"所谓仁义礼乐者,皆出于法,此先圣之所以一民者也。"由此我们可以看出管仲学派对法的重视,甚至"仁义礼乐"也不能逃离出法的范畴,这无疑对荀子思想的影响是巨大的,促使荀子更为深入地思考和解决"礼法"关系问

---

① 陈登元:《荀子哲学》,上海商务印书馆1928年版,第127页。

题。荀子始终坚守着他的儒家立场，对管仲学派的思想进行吸收，荀子认为在“礼法”关系中，礼是居于核心地位的，而法则是由礼派生出来的外在规范。可以这样讲，荀子的政治哲学是礼本位的，而不是法本位的，这与后来法家学派的代表韩非子是有天壤之别的，在韩非子那里，则抛弃了礼，只剩下了赤裸裸的法。

荀子对抛弃了仁义，只重现实功利的法家行为，则是深恶痛绝的。在荀子与其学生李斯的一段对话中，我们可以看到二者思想的差别：“李斯问孙卿子曰：‘秦四世有胜，兵强海内，威行诸侯，非以仁义为之也，以便从事而已。’孙卿子曰：‘非汝所知也。汝所谓便者，不便之便也；吾所谓仁义者，大便之便也。’”（《荀子·议兵》）李斯是在政治上力主法家思想的代表，李斯认为只要能增强国家的军事战斗能力就行了，不需要仁义思想，而荀子明确反对这一观点，认为只有实行仁义才是“大便之便”。孙伟认为：“荀子采取了法家对法之效力的重视但并未因此将儒家转变为法家，而是将法作为实现儒家良政的工具。”[①] 确实如此，在荀子那里法只是实现仁义的一种保障，而远非目的，这从他对王和霸的态度中也可见一斑，尽管荀子对霸持有一定的肯定态度，但是认为远远不如王。当时秦国实行的就是以法家为代表的霸政，荀子进入秦国进行考察，并且评价道：“佚而治，约而详，不烦而功，治之至也，秦类之矣。虽然，则有其諰矣。兼是数具者而尽有之，然而县之以王者之功名，则倜倜然其不及远矣。是何也？则其殆无儒邪！故曰：‘粹而王，驳而霸，无一焉而亡。此亦秦之所短也。’”（《荀子·强国》）荀子认为秦国的政治虽然达到了一种霸，但是远远没有实现王，也就是只依靠武力的强盛，而没有修仁义之政，而后来秦统一全国后短命而亡，也印证了荀子的看法还是很客观并且犀利的。

应该说，荀子对法家思想的吸收和借鉴，是主动顺应社会思想潮流，而对儒家思想做出的一种发展和变革。荀子在吸收法家法的思想的同时，始终保持着他自身的儒家立场，将礼放在最根本的位置上，并对法家急功近利而抛弃仁义的做法给予了批判。在当今学界，不少人将荀子思想归为

---

① 孙伟：《重塑儒家之道——荀子思想再考查》，人民出版社 2010 年版，第 159 页。

杂家，甚至是法家，这根本上就是因为荀子思想的庞杂性，以及对法家思想的吸收所致，但是他们并没有注意到荀子思想与法家思想的根本差异之处，荀子尽管也倡导法，但其法是以礼为根基的，荀子思想具有坚定的儒家立场，理所应当归之为儒家。荀子思想以儒家为立场，采取一种兼收并蓄的态度，很好地吸收了法家法的思想，丰富和发展了儒学由"内圣"而"外王"的理论体系。

第二章 "群居和一"：荀子的政治理想

既然我们要对荀子政治哲学进行系统的研究，我们就要关注问题：荀子要实现的社会治理目标究竟是什么，荀子的政治思想要实现一种怎样的社会状态。首先我们需要明确的是，荀子的政治哲学并不是针对当时某一个诸侯国提出的，而是具有儒家一以贯之的天下情怀，他要实现的是一个"群居和一"的社会，而不仅仅是某一个诸侯国的富强。由此可见，荀子并不是仅仅为我们提供一些具体的施政措施，而是为我们勾画出一幅理想的社会蓝图，这便是其"群居和一"的政治理想。在本章中，我们首先阐发一下荀子"群居和一"的内涵，其次探寻荀子"群居和一"政治理想的理论基础，其"天人观"是"群居和一"的形上基础，最后阐明荀子为实现"群居和一"提出的主要政治措施，这便是其"尚贤强兵"的思想。

第一节 "群居和一"的内涵

一 "群居"的自然维度

荀子首先是从"群"的自然性这一维度来看人类社会的。在荀子看来，人类首先是一个生物性的存在，与其他动物没有任何本质上的区别，"物各从其类"是一个无须论证的现实，因此，"群"的自然性就成为其政治哲学的起点，"群"从本质来讲，就是一种人类社会的原初状态。

荀子讲："草木畴生，禽兽群焉，物各从其类也。"（《荀子·劝学》）荀子认为不管是草木还是禽兽，都遵循着自己的生存规律而"各从其类"，鸟兽尚且对"群"有着难以割舍的本能："今夫大鸟兽则失亡其群匹，越月逾时，则必反铅；过故乡，则必徘徊焉，鸣号焉，踯躅焉，踟蹰焉，然后能去之也。"(《荀子·礼论》)作为同具生物性的人也必然是以"群居"的方式而生活的,这是生物的一种本能性。荀子认为"人生不能无群",为什么说"人生不能无群"呢?荀子没有展开具体的论证,或者荀子认为这是根本不需要进行论证的问题。"群"在本质上是基于一种生物本能性来完成的,"凡生天地之间者,有血气之属必有知,有知之属莫不爱其类"(《荀子·礼论》),人作为一种生物,"要生存下来、战胜自然,必须要以'群'的形式生存"①。"群"在自然性的维度上,是不需要经过反思的,是一种天生的生物本能:"故马鸣而马应之,牛鸣而牛应之,非知也,其势然也。"(《荀子·不苟》)在这一点上,荀子认为人类与其他动物没有本质的区别,也正如孟子所认为的"人之异于禽兽者几希"(《孟子·离娄下》),在自然性上,人类的"群"与其他动物的"群"并没有本质差异。亚里士多德(Aristotle)认为:"早期社会团体都是自然地生长起来的,一切城邦既然都是这一生长过程的完成,也该是自然的产物。"②而荀子讲的"群"也首先是一种自然意义上的,"群"的自然义从本质来讲,便是荀子政治哲学的起点。

以人类的自然性作为政治哲学的起点,并不是荀子的独创。我们知道在先秦道家那里,理想的社会政治恰恰也是一种自然的状态,这种自然的状态便是道:"人法地,地法天,天法道,道法自然。"(《老子》第二十五章)只不过道家的"价值坐标原点是万物"③,而荀子聚焦的视野则是人类社会的"群"。道家认为自然的状态便是政治的最好状态,既是起点也是终点;而荀子认为自然的状态仅仅是政治的起点,真正的人类政治需要后天的"伪",是一种从自然走向社会的进程。其实,对人类社会的考量,我们始终无法脱离人的生物属性这一基本事实,儒家思孟学派理论的最大缺陷,恰恰就是刻意回避了对人类生物自然性的探究,而只关注人所异于禽兽的一面。荀子对"群",也就是对人类社会进行一种自然维度的阐发,有利于克服思孟学派的弊端,从而为人类社会政治找到其本原。我

---

① 陈中浙:《和谐社会的儒家基础——以荀子"群居和一"的政治理想为中心》,《哲学研究》2007年第5期。

② [古希腊]亚里士多德:《政治学》,吴寿彭译,商务印书馆1965年版,第7页。

③ 许建良:《道家道德的普世情怀》,《哲学动态》2008年第5期。

们可以发现一种现象，那就是，凡是有志于要建立起一套完整政治哲学体系的哲学家，他们都会不自觉地将目光投向人类的自然状态。霍布斯（Hobbes）就这样描述人类在自然状态下的情景："在人们以小氏族方式生活的一切地方，互相抢劫都是一种正当职业，绝没有当成违反自然法的事情，以致抢得赃物越多的人就越光荣。"① 其实这便是荀子所指的"群"的自然状态，"群"的自然状态不可避免地充满了纷争，这是荀子与霍布斯的共识，荀子讲的"群而无分则争"就是这个道理。

在荀子那里，"群"的自然性肯定不是一种最好的状态，因为这种自然状态的群体很容易引发诸多的纷争。然而"群"的自然性必然是其政治哲学考量的起点，正是在自然状态之下，"群"容易产生种种纷争，因而才需要进入社会性的"群"。"群"的自然性是荀子政治哲学的起点和基础，换言之，一切的哲学思考都不能脱离自然本身，正如黑格尔（Hegel）所言，"关于自然界我们承认：哲学应该照它的本来面貌去认识它；而哲人之石所隐藏着的地方，就在自然界本身某处"②，确实如此，只有从"群"的自然性出发，才能更好地理解"群"的社会性。正是因为荀子自然状态下的"群居"存在不可解决的难题，因此"群居"必然要进入一种社会维度，在社会层面来解决人与人之间的纷争。从本质来看。自然性的"群"是荀子政治哲学的起点，一方面这种自然性的"群"具有客观性，是不可避免的，人类必然以"群"的方式来获得生存；与此同时，荀子也看到了自然性的"群"存在着天然的弊端与缺陷，极容易导致纷争，因此，荀子必然要从自然性的"群"走出，进而更加关注"群"的社会维度。在荀子看来，"群居"的自然维度是社会维度的基础，自然维度是人生来就具备的，不需要进行人为的努力，而"群居"的社会维度则不然，其为人类后天之建构。

二 "群居"的社会维度

尽管荀子认为，人类与其他动物在"群"的自然性上没有本质差异，

---

① ［英］霍布斯：《利维坦》，黎思复、黎廷弼译，商务印书馆1985年版，第129页。
② ［德］黑格尔：《法哲学原理》，范扬、张企泰译，商务印书馆1961年版，第4页。

然而在社会层面，人类却具有其他动物所不具备的能力，这就是"能群"的能力，这种能力正是从自然性的"群"进入到社会性的"群"的关键，也是人类社会的必然选择，因为自然性的"群"存在诸多的弊端和缺陷。如果说"群"一开始主要体现为一种先天自然性的话，那么"能群"则体现出一种后天社会性，"群居"的社会维度体现了人类自身的努力，是一种对自然混乱状态的摆脱，有助于人类结成一个良好有序的社会。

如果说"群"的自然性是基于一种先天本能的话，在这一点上人类与禽兽并没有差别，然而差别体现在"群"的社会性上："力不若牛，走不若马，而牛马为用，何也？曰：人能群，彼不能群也。"（《荀子·王制》）牛马的"群"完全是一种自然本能，而人类的"群"则是在自然本能的基础上又有所超越，进入了一种"能群"的境界。人类何以"能群"呢？荀子进一步说："人何以能群？曰：分。"（《荀子·王制》）正是因为人类的"群"是有"分"的，因此人类的"群"便进入了一种社会层面，而不再单纯是自然本能层面的，或者可以这样说，只有具备了"分"的能力，人类才"能群"，而牛马等则不具备"分"的能力。

"分"说到底就是体现出人与人之间的差异性，这便是荀子的"明分使群"思想，只有差异性的个体之间才能真正地实现"群居"。同时，"分"也体现为不同的层次。首先，"分"以"正名"为基础，只有这样才能保证名分不乱，因此，"分"首先是指一种名分，荀子讲："故丧祭、朝聘、师旅一也，贵贱、杀生、与夺一也，君君、臣臣、父父、子子、兄兄、弟弟一也，农农、士士、工工、商商一也。"（《荀子·王制》）君臣、兄弟、农工商说到底都是一种"分职而定分（去声）"①。其次，有什么样的"名"就履行什么样的职责，荀子讲："掩地表亩，刺草殖谷，多粪肥田，是农夫众庶之事也。守时力民，进事长功，和齐百姓，使人不偷，是将率之事也。高者不旱，下者不水，寒暑和节而五谷以时孰，是天下之事也。若夫兼而覆之，兼而爱之，兼而制之，岁虽凶败水旱，使百姓无冻馁之患，则是圣君贤相之事也。"（《荀子·富国》）荀子认为人类之所以"能群"，就是因为彼此之间有分工，各自履行自己的职责。"人之所以能

---

① 郭沫若：《十批判书·荀子的批判》，人民出版社2012年版，第174页。

形成群体、社会便是以分为基础，由分而构成"①，"分"具体又体现在名分与职责的差异上。荀子认为，正是人与人之间差异性的存在，才有可能最终结成"群"。

很显然，荀子的"群居"思想更侧重于一种社会性，也就是在"群"的视野中，处理人与人之间的关系。动物的"群"完全是基于生理本能的一种自发性，而人类则有能力通过"分"来界定人与人之间的名分和职责，从而形成"群居"。为什么动物的"群"完全建立在自然性的基础之上，而人类的"群"则可以超越自然性，进入到社会层面呢？也就是"分"如何可能的问题，荀子进一步做出了回答："分何以能行？曰：义。"（《荀子·王制》）那么何谓义呢？杨倞注解为："义，谓裁断也。"②很显然，这种所谓的"裁断"具有明显的道德意蕴，义在本质上是一种道德选择，正如孟子所讲："仁，人之安宅也；义，人之正路也。"（《孟子·离娄上》）义是"人之正路"，而区别于其他动物，这也从另一方面印证了荀子的话："水火有气而无生，草木有生而无知，禽兽有知而无义，人有气、有生、有知，亦且有义，故最为天下贵也。"（《荀子·王制》）由此可见，义是人类能够实现"群居"的终极因素，这一点正是其他动物所不具备的。

而与义经常发生冲突的便是利，利在本质上讲就是基于一种生理自然性，在儒家那里经常将利与义对举，孔子讲："见利思义，见危授命，久要不忘平生之言，亦可以为成人矣。"（《论语·宪问》）孟子讲："生，亦我所欲也；义，亦我所欲也。二者不可得兼，舍生而取义者也。"（《孟子·告子上》）在"义利观"上，荀子基本上继承了孔孟的看法，认为义重于利，荀子讲："虽尧、舜不能去民之欲利，然而能使其欲利不克其好义也。虽桀、纣不能去民之好义，然而能使其好义不胜其欲利也。故义胜利者为治世，利克义者为乱世。上重义则义克利，上重利则利克义。"（《荀子·大略》）在儒家那里，义就是一种处理人与人之间关系的准则，而利侧重指向的是一种私利，就是要用义的准则去规范人追求私利的行

---

① 陈光连：《荀子"分"义研究》，东南大学出版社 2013 年版，第 208 页。

② （清）王先谦撰：《荀子集解》，沈啸寰、王星贤点校，中华书局 2013 年版，第 194 页。

为。需要注意的是，荀子也并没有简单地否认人的私利，他讲："义与利者，人之所两有也。"(《荀子·大略》)虽然义与利都是人所必然具备的，但是义处于绝对主导的地位，"义、利两者都是人的需要，但强调的是道德的主导性"[1]，确实如此，利基于一种生物本能的自然性，是人类与其他动物所共同具备的，趋利避害是生物的本能反应，而人类之所以"能群"，则主要得益于义，而不是利。因此，如果说动物的"群"是完全基于一种利的话，那么人类的"能群"则是建立在义的基础之上的。

显而易见，荀子认为人类之所以"能群"，是依靠道德约束的，也就是他讲的义。人类之所以能够结成社会性的"群"，正是因为人类掌握了其他动物所不具备的义，因此荀子的政治理想便具有鲜明的价值取向，那就是在义的基础上实现一种社会的"和一"状态。可以说，荀子以自然性的"群"为基础，进而拓展了"群"的社会维度，荀子政治哲学的主要关注点正是放在了"群"的社会维度之上，通过"分"的方式、义的约束，最终实现一种"群居和一"的社会状态，不管是荀子的"分"还是义，都体现为人类自身的后天努力，而与"群"的自然维度有了天壤之别，其实，荀子政治哲学的主题也正体现为人类"群居"的社会维度。

三 "和一"的必要性

儒家一贯十分重视"和"的思想。孔子讲："礼之用，和为贵"(《论语·学而》)，并且进一步讲："君子和而不同，小人同而不和"(《论语·子路》)。孟子讲："天时不如地利，地利不如人和。"(《孟子·公孙丑下》)荀子也不例外，更是将"群居和一"作为自己的政治理想，"和"就是追求一种整体感。赖功欧认为："中国几千年的农业文明，孕育出了儒家对于天时地利人和，即人天、人地、人际关系的整体协调的直觉，并在长久追求协调的行为模式中形成了自己的整体和谐之价值取向。"[2]前面我们已经讲过，荀子的"群"是建立在"分"与义基础之上的，因此荀子追求的"和一"，也必然是建立在差异的基础上的，这与孔子的"和而不

---

[1] 许建良：《先秦儒家的道德世界》，中国社会科学出版社 2008 年版，第 636 页。
[2] 赖功欧：《"人文演进"观绎论》，中国社会科学出版社 2015 年版，第 436 页。

同"有着一致性，都认为"和"的建立是因为事物之间的彼此差异性。只是孔子没有将"和"自觉地放在社会群体的视域来考量，而只是从具体的人与人之间的关系着眼，孟子讲"人和"同样是粗线条式的，没有深入地阐述"和一"的原因及"和一"究竟是一种什么样的状态。荀子则自觉地将"和"放在社会群体的领域来考量，并且明确了"和一"是人类实现"群居"的必要性，认为人类"群居"必须要走出自然的纷争状态，在社会层面上实现"和一"，荀子讲"和"主要是针对社会层面的，是其政治哲学的重要组成部分。

孔子讲"和"更多地聚焦于君子人格，也就是君子所应有的道德修养，他认为君子应该"和而不同"；而荀子讲"和"则是从一种社会群体的视角，探讨的是人类"群居"如何可能的问题，因此从本质来讲，荀子的"和"更具有一种政治哲学的意蕴。"追求'群居和一'的社会才是荀学的主旨所在"①，荀子的"和"具有一种鲜明的社会指向，而不仅仅是一种道德修养。荀子从社会群体的视角出发，认为美好的东西是每个人都想追求的，然而物质的有限性必然无法同时满足所有人的欲求："夫贵为天子，富有天下，是人情之所同欲也。然则从人之欲，则势不能容，物不能赡也。"（《荀子·荣辱》）很显然，荀子的"和"已经在物质层面进行了考量，而不再是孔孟纯粹的精神层面，这就是牟宗三所认为的"客观精神"："其重现实之组织，重礼义之统，重分重义，皆客观精神之表现也。"②确实如此，荀子的"和"所关注的焦点是群体之组织，而不单纯是道德的完善，涉及群体之组织，则必然要考虑现实的物质满足层面，荀子的"和"是和现实社会紧密联系在一起的，这是荀子对孔孟思想做出较大发展的一面。

其实，在荀子那里，他认为如果没有"和"的话，人类社会就面临着分崩离析的危险，荀子讲："若是则万物失宜，事变失应，上失天时，下失地利，中失人和，天下敖然，若烧若焦。"（《荀子·富国》）从本质来

---

① 丁成际：《"群居和一"如何可能——荀子"人能群"思想简论》，《哲学动态》2011 年第 9 期。

② 牟宗三：《名家与荀子》，吉林出版集团有限责任公司 2010 年版，第 134 页。

讲,"和"是人类实现"群居"的必要选择,这已经上升到关系国家兴亡的高度,与孔子着重从君子人格来谈"和"相比,荀子的"和"更凸显了一种社会治理的工具性,质言之,没有"和一"的价值选择,就没有安定有序的人类社会,能否实现"和"关系着人类社会能否健康持续地发展。

荀子的"群居"与"和一"之间其实有着内在的逻辑统一性,"群居"的社会状态必然要求"和一",没有"和一"的实现就不可能"群居"。在荀子那里,"和"就是处理群体关系所要达到的最终目的,正如霍布斯所言:"群体纵使再大,如果大家的行动都根据各人的判断和各人的欲望来指导,那就不能期待这种群体能对外抵御共同的敌人和对内制止人们之间的侵害。"①确实如此,如果群体没有组织的话,肯定也达不到"和"的境界。荀子也已经意识到这一点,前面我们提到荀子的"分"和义,就是为了避免各人根据自己的判断和欲望来行事,通过对人的行为进行约束,使其符合礼的要求,遵循一整套特定的社会规则,来结成一个相对和谐的社会。总之,在荀子看来,作为一种"群居"的人类社会,"和一"是一种必然的要求。只是义作为一种内在的道德约束,能在多大程度上遏制人们的私欲,仍然是一个问题,其实这也是荀子"义利之辨"的焦虑所在。因此,尽管在荀子看来,作为"群居"的人类社会,"和一"是一种必然的要求,但是如何更好地实现一种"和一"的社会秩序,仅仅依靠义似乎又是不充分的,这也是荀子由礼而法的重要原因,义是一种柔性的约束,而法则是一种刚性的制约,共同来保障实现社会的"和一"局面。

四 礼乐之"和"

如何实现"和一"的社会秩序,是荀子需要进一步予以阐发的。我们前面提到,"群居"的社会状态必然要求实现"和一",否则群体就面临崩溃的风险,荀子也认为群体只有建立在"分"和义的基础上,才能避免每个人只追逐私欲的局面。然而义作为一种道德的标准,其实并没不具有任何强制力,"义者,宜也"(《中庸·第二十章》),义只具有一种应然

---

① [英]霍布斯:《利维坦》,黎思复、黎廷弼译,商务印书馆1985年版,第129页。

性，如何将这种应然性化为一种现实操作的标准，是一个需要解决的难题。因此荀子逐渐将义过渡到礼，经常"礼义"并称，礼相对于义而言，更具备了一种操作的规范性。只有从义过渡到礼，才能切实保障"分"的效果。荀子的"和"是建立在"分"的基础上的，也就是"和而不同"，而乐则是实现"和"的不可或缺的手段。荀子的"和"就是在礼维持"分"的基础上，以乐的手段来实现的。

首先，荀子认为实现"和"的前提是"分"，而"分"要靠义来维持，而义作为一种应然的道德，必须要有一种更具操作性的规范来保障，因此，荀子的义必然向礼过渡，因为礼具备一种可操作的规范性。张奇伟认为："'义'或者'分义'由于其所具有的深层义理性和抽象原则性，在具体贯彻实施的过程中、在各种不同层次的人们循之而行的行为中，它的可理解性、可直观性和可操作性就是一个需要解决的问题，否则会影响到这一社会规范体系的实际效用。"① 确实如此，尽管"分"要依靠义，但是义必须有一种可供操作的标准才行，因此荀子不得不诉求于礼："君子处仁以义，然后仁也；行义以礼，然后义也；制礼反本成末，然后礼也。"（《荀子·大略》）在荀子看来只有"行义以礼"，才能够真正地实现义，礼是实现义的手段。"荀子更为重视的是礼对社会生活的强制的规范作用"②，正是由于荀子更加重视礼的社会规范性，因此荀子对孔孟的礼做出了更多的外向性发展，对礼与义之间的关系也有所继承和创新。

在孔子那里，更多是将礼与仁联系在一起，礼在某种程度上讲就是仁，如孔子讲："人而不仁，如礼何？"（《论语·八佾》）又讲："克己复礼为仁。一日克己复礼，天下归仁焉。"（《论语·颜渊》）而对于义与礼之间的关系，孔子也明确地讲："君子义以为质，礼以行之，孙以出之，信以成之。君子哉！"（《论语·卫灵公》）孔子强调"礼以行之"，与荀子的"行义以礼"似乎有异曲同工之妙，然而正如我们在前面提到的，孔子的礼侧重于内在仁的一面，朱熹这样解释这句话："义者制事之本，故以

---

① 张奇伟：《论"礼义"范畴在荀子思想中的形成——兼论儒学由玄远走向切近》，《北京师范大学学报》（人文社会科学版）2001 年第 2 期。

② 王军：《荀子思想研究：礼乐重构的视角》，中国社会科学出版社 2010 年版，第 188 页。

为质干。而行之必有节文，出之必以退逊，成之必在诚实，乃君子之道也。"① 孔子所谓的"礼以行之"只是说表现出来的行为合乎礼，因为是否有"节文"完全是对行为的一种衡量，而并不是一种行为之前的规范，也就是说，孔子的礼还并不具备在荀子那里的外在规范性。如何使每个人的行为合乎礼，孔子所依赖的始终是一种内在的道德，而不是外在的规范制约，后面的"孙以出之，信以成之"也完全是以个人道德修养为基准的。而荀子对礼则赋予了一种现实规范性："取人之道，参之以礼；用人之法，禁之以等。"（《荀子·君道》）荀子强调"参之以礼"，很显然礼就是作为一种外在的标准来对待的。而义作为一种应然的道德，正是由于有了礼的规范性，才得以切实可行，路德斌认为："'礼'在荀子的观念系统里显然处于一个较'义'更为优先和当紧的地位，原因无他，乃是其经验主义之哲学精神使然。"② 确实如此，在荀子那里，尽管义是人类"能群"的基础，但是义必须要由礼来加以规范。在孔子那里"义以为质，礼以行之"，义与礼其实是同一个事物，只不过义是质，一种未发的状态，而礼则是行为的表现，一种已发的状态，礼呈现在社会层面的都是一些具体的可以操作的规范，并且义与礼最终都归于仁。而荀子的"行义以礼，然后义也"，则是将义作为礼的基础和依据，但是义作为一种内在的道德，并不具备任何的外在约束力，必须依靠礼的外在规范，才能保障义的实现。在义与礼的关系上，荀子固然认为在逻辑关系上义在礼之前，然而荀子更重视的是礼，在"礼义"并称时，也是将礼放在义之前，之所以如此，完全是因为荀子是在"群"的视域中来对社会关系进行考量，而不是仅仅局限在个人的道德修养层面。在荀子看来"分"与义之所以能够得以实现，完全是要靠礼来加以维持的，荀子讲："辨莫大于分，分莫大于礼，礼莫大于圣王。"（《荀子·非相》）很显然，"分"固然要依靠义，但最终是在礼的保障下得以完成的，礼是"分"实现的决定性因素，而义是礼的基础，是礼的指导性原则。

其实，义作为一种指导性的原则，在孟子那里同样有所体现，孟子

---

① （宋）朱熹：《四书章句集注》，中华书局 1983 年版，第 165 页。
② 路德斌：《荀子与儒家哲学》，齐鲁书社 2010 年版，第 79—80 页。

讲："仁，人之安宅也；义，人之正路也。"（《孟子·离娄上》）在孟子看来，义是一种通向仁的"正路"，因此孟子才讲"居仁由义"。然而与荀子不同的是，孟子并没有强调作为外在规范的礼，他所强调的义仍然是一种自我的内在道德觉醒。孟子之所以忽视礼，在某种程度上讲源于他的理论体系，孟子将一种理想的社会状态完全寄托于个体的道德觉醒，自然也就不需要外在的规范加以制约。因此孟子就不需要强调"分"的意义，也就更不需要外在礼的保障，只要有道德层面的义深深扎根于人的内心就可以了，因为"仁义内在地存在于人性之中"[1]，只要不丢掉就可以了。然而荀子所强调的义尽管是一种内在道德，却需要礼来加以保障，否则的话人的私欲会使人破坏义，从而无法实现"群居"，更达不到一种"和一"的社会状态。质言之，孟子的义基于仁而根植于人的内心，而荀子的义基于"分"而外在于人。荀子礼的作用便是为"分"与义提供切实可行的保障。

由此可见，礼在荀子"群居和一"中的地位十分关键，因为没有礼的保障，"分"就无法实现，而"分"无法实现，人们必然以各自的私欲为指导，"群居"自然也就无法达成，就会出现"群而无分则争，争则乱"（《荀子·富国》）的局面。荀子在探寻礼的起源时，明确地讲："人生而有欲，欲而不得，则不能无求；求而无度量分界，则不能不争；争则乱，乱则穷。先王恶其乱也，故制礼义以分之，以养人之欲，给人之求。"（《荀子·礼论》）在荀子看来，"欲"正是突破"度量分界"的潜在威胁，因此必须使用外在"礼义"来对"欲"加以规范。荀子这里使用了"制礼义"，一个"制"字说明了"礼义"的外在性，而并非人性所固有，只不过为了实现人类"群居和一"的目的，礼才成为一种后天的必然选择，"荀子实际上以'群''礼义'为人类生活的'不得不然'"[2]，确实如此，在荀子那里，礼就是一种不得不然的选择，只是为实现"群居和一"理想社会的一种手段和工具而已。在实现人类社会"和一"的过程中，礼的作用至关重要，只有建立在"分"的基础上，才能实现真正的"和"，"阻击纵性

① 郝长墀：《政治与人：先秦政治哲学的三个维度》，中国政法大学出版社 2012 年版，第135 页。

② 陈文洁：《荀子的辩说》，华夏出版社 2008 年版，第 85 页。

纵情的办法只能是外在力量，这个外在力量即是能够控制和规矩人性的礼义"①，礼侧重的是一种依靠外在力量的控制和规范。

然而，如果一味地强调礼的外在规范，重视"分"的作用，也不利于人群的和谐相处，于是，荀子又特别强调乐的作用，礼与乐共同促成一种礼乐之"和"。在礼与乐的关系中，如果说，礼更侧重的是"分"的话，那么，乐则更强调"和"，所以荀子讲："且乐也者，和之不可变者也；礼也者，理之不可易者也。乐合同，礼别异。礼乐之统，管乎人心矣。"（《荀子·乐论》）礼通过规定差别性，使不同身份的人各安其职，不发生混乱，而乐则具有一种"和"的效果，即便是身份地位不同的人，听到相同的音乐，依然可以激发出相同的情感，从而实现一种情感共鸣。荀子认为只有通过礼和乐的作用，才能实现一种合理的社会秩序，礼与乐二者都不可偏废，礼是主"别异"的，而乐则是主"合同"的。"与礼法等外在性规范切入的路径不同，乐以内化的方式直接通过重塑主体的内在心性情感……最终实现外在秩序的重建和重整，从而保证个体与群体之间的平衡，实现一种和谐的状态"②，音乐的作用就在于通过沟通人们的内在情感，达到一种心性的沟通，从而实现一种和谐相处的局面。荀子大加赞赏音乐的功效："故乐在宗庙之中，君臣上下同听之，则莫不和敬；闺门之内，父子兄弟同听之，则莫不和亲；乡里族长之中，长少同听之，则莫不和顺。故乐者审一以定和者也，比物以饰节者也，合奏以成文者也，足以率一道，足以治万变。"（《荀子·乐论》）人们虽然在现实社会中有职位和名分的差异，但是在内在情感上却有着共通性，而音乐恰恰是沟通人们之间情感的纽带，从而保证人们之间既能"别异"，又能"合同"。同时，荀子对音乐的种类也做出了区分，认为只有礼乐才能起到促使社会"和一"的作用，而"邪音"则导致社会的混乱："乐姚冶以险，则民流僈鄙贱矣。流僈则乱，鄙贱则争。乱争则兵弱城犯，敌国危之。如是，则百姓不安其处，不乐其乡，不足其上矣。"（《荀子·乐论》）因此，就不得不谨慎地对音乐加以选择："故君子耳不听淫声，目不视邪色，口不出恶言。

---

① 陆建华：《荀子礼学之价值论》，《学术月刊》2002 年第 7 期。

② 张旺源：《荀子乐论与儒家乐论传统》，《孔子研究》2011 年第 6 期。

此三者，君子慎之。"（《荀子·乐论》）总之，音乐是通过调节人们的内心，在社会不同职位的人们之间取得一种心灵上的共鸣，从而实现整个社会的"和一"。

荀子一方面通过礼来维持社会阶层之间的差异，另一方面又通过乐来沟通不同阶层人们之间的内心情感。正是通过礼和乐的共同作用，"群居和一"的政治理想才有可能最终实现。

第二节　天人关系："群居和一" 的形上基础

在前面我们阐发了荀子"群居"的社会状态，以及对"和一"社会理想的追求。然而仍然有一个根本性的问题需要我们进一步加以探讨，那就是荀子"群居和一"的形而上依据是什么？"群居和一"作为荀子的政治理想，必然需要一种形而上的理论作为支撑，否则其合法性就会受到质疑。通过对荀子文本的认真考察，我们可以发现，荀子的天人关系正是其"群居和一"政治理想的形而上依据。具体是通过两个层次得以展开的，首先荀子强调"天人之分"，通过对天的自然客观性的描述，使人放弃对天不切实际的幻想和希冀，从而将注意力完全投注在人类社会自身的构建之上；其次荀子又讲"参于天地"，认为人最终可以实现与"天地"的沟通，这种沟通不是一种带有迷信的感性色彩，恰恰是通过人类自身的后天努力，通过实现"群居和一"的人类社会，而达到与"天地"相媲美的境界。可以这样讲，荀子的天人关系正是其"群居和一"政治理想的形上基础。

一　"天人之分"

荀子对天的理解完全是自然意义上的，与道家理解的天有着一致之处。然而不同的是，道家主张人应顺应自身本有的自然性，在某种程度上走向了天人相合，荀子则在坚持天的自然性基础上，走向了天人分途。这其中究竟存在着怎样的深层原因，难道仅仅是哲学家的个人偏见所致？答案远非那么简单。当荀子在批评庄子"蔽于天而不知人"的时候，我们或许能寻到一些蛛丝马迹，荀子认为庄子重天而轻人，对天的玄思遮蔽了对人的思考，而荀子则要求"知人"，并且荀子的"知人"更多的是从人的社会属性来讲的，因为荀子认为"人生不能无群"。荀子借助"天人之分"将我们的视野完全拉回到人类社会，关注的重心完全聚焦在如何建立一个"群居和一"的社会上。

荀子旗帜鲜明地表明天事与人事无涉，人只能将希望寄托在自己身上。荀子讲："天行有常，不为尧存，不为桀亡。"（《荀子·天论》）天有自己的运行规律，不会因为人的意志而加以改变；同时天也不会干涉人的努力："强本而节用，则天不能贫，养备而动时，则天不能病；修道而不贰，则天不能祸。"（《荀子·天论》）天与人既然完全是处在不同的运行轨道上的，那么社会的治乱也是与天无涉的，荀子讲："治乱天邪？曰：日月、星辰、瑞历，是禹、桀之所同也，禹以治，桀以乱，治乱非天也。"（《荀子·天论》）"以'自然'作为'天'的主体内涵来展开天人之辨"①，自然正是荀子"天人之分"中天的确指。在荀子看来，其他动物也有自己的群体，但是它们的"群"完全是建立在自然天性基础上的，因此是属于天的，人类固然也有属于天的部分，人类"群"的自然性就属于天，然而人区别于其他动物之处恰恰在于"群"的社会性。自然性是天然如此，并且也没法改变的，而社会性则完全是可建构的。荀子强调"天人之分"的目的就在于，对于不可改变的天，也就是自然性的一面，完全不需要浪费精力去加以探究，而对于可以改变的可以建构的人类社会，则需要认真加以对待，以实现一种"群居和一"的社会状态。

在"天人之分"的背景之下，人类社会的治乱就完全是由人自身决定的，这在赋予人主观能动性的同时也带给了人极大的社会责任。英国汉学家葛瑞汉（Graham，A. C.）如此理解荀子的天人观："'天'和'地'遵循着独立于人的意志的'道'，把资源提供给人享用，而未告知人们如何使用。发现适合于自己的'道'是人的责任，据此在社会中合作，为了自己的福利而利用这些资源。"②确实如此，在彻底抛弃了对天的依赖之后，

---

① 路德斌：《荀子与儒家哲学》，齐鲁书社 2010 年版，第 38—39 页。

② ［英］葛瑞汉：《论道者：中国古代哲学论辩》，张海晏译，中国社会科学出版社 2003 年版，第 278 页。

荀子将目光聚焦在了人类社会的真实场景。可以这样讲，在荀子那里，天作为自然性的一面，只为人类社会的构建提供了可供利用的资源，而如何合理地利用这些资源，以实现一种"群居和一"的社会，则完全依赖于人自身后天的努力。在实现"群居和一"的社会过程中，天是不可以被改变的，而仅仅满足于天的自然性的一面，荀子认为又是远远不够的。在荀子看来，如果仅仅满足于自然性的一面，那么人就沦为与其他动物相同的境地，"人类要'胜物'，要做大自然的主人，就必须要形成社会组织"①，而形成社会组织的关键就在于"能群"。其他动物的"群"完全是建立在自发本能基础上的，而只有人类的"群"才能够超越自然性，做到"明分使群"，荀子讲："穷者患也，争者祸也，救患除祸，则莫若明分使群矣。"（《荀子·富国》）人类的"群"可以免除祸患，这是其他动物所不能够做到的。

由此，我们可以发现这样一种比较有趣的现象，那就是，荀子与庄子同样强调天自然性的一面，然而二者却有着迥异的路向。庄子强调天的自然性，是持一种赞赏之态度，目的是走向"天人合一"，也就是人要完全顺应自己的天然本性；而荀子强调天的自然性，持的是一种客观中立之态度，目的是通过强调天的不可改变性，来凸显人的能动性，要求人不能仅仅满足于天，而必须在现实社会中有所作为。可以讲，荀子与庄子都从天的自然义出发，"荀子的天不仅是一般意义上的自然之天，而且是纯粹的物质之天，是纯粹的物质材料而已"②，这种纯粹物质材料的天是与人的主观能动性无关的，人类只能将注意力投注在人类社会自身，投注于如何实现一种"群居和一"的人类社会上，而不是将希望寄托于天。荀子强调"天人之分"的目的就在于，告诫人们不要将精力浪费在无法改变的天上，而要放在人类自身社会的建构之上。"荀子把'人'还给了'人'，这当然是一次伟大的思想解放，是一次深刻的哲学变革。"③荀子甚至认为人的相貌也是天给予的，不需要格外予以关注，也就更谈不上与人的吉凶祸福

---

① 廖名春：《〈荀子〉新探》，中国人民大学出版社 2014 年版，第 94 页。

② 赵法生：《荀子天论与先秦儒家天人观的转折》，《清华大学学报》（哲学社会科学版）2015 年第 2 期。

③ 崔宜明：《荀子"明于天人之分"之再考查》，《上海师范大学学报》（哲学社会科学版）2013 年第 1 期。

相关，因此对依靠人的相貌来预测吉凶的做法进行了批判："术正而心顺之，则形相虽恶而心术善，无害为君子也；形相虽善而心术恶，无害为小人也。君子之谓吉，小人之谓凶。"（《荀子·非相》）在荀子看来，人的相貌只是天给予的，是一种自然性，与善恶无关，当然也与吉凶无关。天和人从本质来讲属于完全不同的层面，天无法干涉人，人也不能仅仅满足于天，而必须发挥自己的能动性，来建构一种合理的人类社会秩序。

荀子正是通过强调"天人之分"，排除了人对天不切实际的幻想，从而将人的注意力完全放在了构建一种人间秩序，实现一种"群居和一"的社会目标之上。荀子"天人之分"的着力点始终是人，而不是天，实现一种"群居和一"的社会秩序才是荀子讲"天人之分"的最终目的。

二 "参于天地"

荀子通过强调"天人之分"，将人类的注意力放在了构建一种"群居和一"的社会秩序之上，而对不可改变的天不存有任何的希冀与幻想。如此一来，"群居和一"就完全成为一种经验层面的社会状态，而似乎缺少了一种形而上的理论支撑，然而荀子"群居和一"固然具有强烈的经验性品格，却并没有放弃一种形而上的追寻。因为只有为"群居和一"寻求一种终极的理论支撑，"群居和一"的政治理想才具备合法性，而荀子正是通过"参于天地"来寻求"群居和一"的形而上依据的。

首先，荀子通过将礼提升到与"天地"同样的高度，来实现一种天人相参。荀子讲："故人之命在天，国之命在礼。"（《荀子·强国》）在荀子看来，将天与礼对举，认为人的生命是由天给予的，而稳定的社会秩序则是由后天的礼决定的。天与礼尽管属于不同的层面，然而却具有同等重要的作用。礼对实现"群居和一"社会的重要性，正如同天对人的生命一样。谭绍江认为荀子的天人关系具有一定的比附性，常用天人关系来阐述其政治哲学思想的理想与现实[1]，确实如此，其实荀子正是通过这种比附性，来实现了礼与天在形而上层面的相参，而礼是属于人的，因此人与天也就实现了某种程度的相参。其实，在荀子那里，尽管他认为天无法干涉

---

① 参见谭绍江《荀子政治哲学思想研究》，华中科技大学出版社 2014 年版。

人事，然而荀子并没有否定天，甚至在某种程度上对天有一种崇敬之情："列星随旋，日月递照，四时代御，阴阳大化，风雨博施，万物各得其和以生，各得其养以成，不见其事而见其功，夫是之谓神。皆知其所以成，莫知其无形，夫是之谓天。"（《荀子·天论》）礼正是通过与天的相参，而获得了如同天一样神圣的地位，这就为其"群居和一"的政治理想取得了一种形而上的理论支撑。陈来认为"天礼合一"是中国早期政治哲学的主题之一①，确实如此，即使荀子如此强调"天人之分"，但是人与天之间也不是一种对立关系，最终，人通过礼的方式"参于天地"，在某种程度上讲也是一种"合一"，只不过这种"合一"是在强调人的能动性基础上实现的，而不同于对天的神秘性玄思。韦政通这样理解荀子讲天的最终用意："他（荀子）的讲性说天，都是为了彰著礼义之统之效应，为了完成他那客观的系统。"② 同理，荀子讲"参于天地"的最终目的，也就是为其"群居和一"的政治理想寻求一种依据。

其次，荀子"参于天地"通过"性伪合"的具体实现过程，得到了进一步的确证。在荀子那里，能否"参于天地"在某种程度上讲就在于能否实现"性伪合"，我们从荀子对"性伪合"的论述中，可以较为清楚地看到"参于天地"是如何得以实现的。荀子讲："性者，本始材朴也；伪者，文理隆盛也。无性则伪之无所加，无伪则性不能自美。性伪合，然后成圣人之名，一天下之功于是就也。"（《荀子·礼论》）荀子认为就人性的自然性来讲是无所谓善恶的，也就是他讲的"本始才朴"，然而顺着人性的自然性是无法实现良好社会秩序的，因此"伪"就显得尤为重要。"伪"所凸显的就是人自身的努力，也就是"人为"的意思，荀子"性伪合"本身就隐含着天人相参的意蕴，性是属于天的，而"伪"则是属于人的。美国汉学家倪德卫（David S. Nivison）这样评价荀子的人性论："我首先确实有欲望是某种我自天（自然）而得的东西，但是，我走我认为最好的路是某种自我的'心'而得的东西。"③ 确实如此，荀子将"伪"的可能性

① 陈来：《中国早期政治哲学的三个主题》，《天津社会科学》2007 年第 2 期。
② 韦政通：《荀子与古代哲学》，台北：台湾商务印书馆 1966 年版，第 62 页。
③ ［美］倪德卫：《儒家之道：中国哲学之探讨》，［美］万白安编，周炽成译，江苏人民出版社 2006 年版，第 255 页。

追寻到了人的心，他讲："故心不可以不知道。心不知道，则不可道而可非道。"（《荀子·解蔽》）心在某种程度上成为人自身认识道的主体，正如蔡仁厚所认为，"荀子所说的知虑思辨之心，则是认知的心，是认知主体"[①]。而心一旦"知道"了，其实也就实现了"群居和一"，因为在荀子那里的道也就是一种"群居和一"之道。由此我们可以发现，实现"性伪合"的关键在于心的"知道"，心"知道"了，自然就实现了社会的"群居和一"，"性伪合"与"群居和一"之间打通了；而"性伪合"在本质上就是一种天人相参，由此"参于天地"与"群居和一"打通了。正是由于人能够"知道"，如此便能够实现"性伪合"，实现"性伪合"就能达到"群居和一"的社会状态，而"性伪合"本身就是"参于天地"，因此"参于天地"便正是通过"性伪合"的过程，为"群居和一"提供一种确切的依据。

由此可见，"参于天地"通过两个维度为"群居和一"提供了形而上的支撑。第一个维度是将人为的礼与自然的天相比附，从而使礼获得了与天同等的神圣性，而礼正是实现人类"群居和一"的根本方式。另一个维度是从具体的经验层面出发，来通过对"性伪合"的阐发，从而得出"性伪合"本身就是一种天人相参的过程，是通过心"知道"来实现的，心所知的道正是一种"群居和一"之道。因此，要实现"群居和一"的社会秩序，从经验层面讲也需要"参于天地"。

总之，一方面，荀子通过"天人之分"将人的视野聚焦在现实社会的治理上，摒弃对天的玄思，为实现"群居和一"的政治理想打下了基础；另一方面，荀子又通过"参于天地"实现了天人之间的某种沟通，为"群居和一"的政治理想提供了一种形上依据。

第三节　尚贤强兵："群居和一"的政治策略

想要实现"群居和一"的社会，不仅需要从天人关系的角度提供一种形而上的理论基础，并且也要具有实现"群居和一"的具体政治措施。而

---

① 蔡仁厚：《孔孟荀哲学》，台北：台湾学生书局1984年版，第405页。

具体的政治措施就要从内外两个层面加以考查，荀子认为对内的政治措施首推"尚贤使能"，任用儒者从政就可以在内部保障"群居和一"的社会局面，而对外的政治措施则首推"强兵"，当然荀子的"强兵"措施与法家是大为不同的，荀子始终是以仁义之道为基础来展开其兵学思想的，这也凸显出荀子的儒家立场。总之，不管是"尚贤"还是"强兵"，都是实现其"群居和一"政治理想的重要政治措施，下面我们就具体论述对内的"尚贤"与对外的"强兵"。

一　"尚贤使能"

荀子十分推崇对贤能的任用，明确提出了"尚贤使能"的社会治理思想，将儒家对贤能的重视程度提高到了前所未有的高度，这显然是一种思想的进步。荀子主张任用贤能，在一定程度上是对世袭制度的否定，任用人才的标准完全依据是否贤能，而不是家族背景，这种思想直到今天依然具有积极的现实意义。尽管荀子主张依靠贤能来管理社会的理想非常美好，然而其理论在现实社会操作层面，依然面临着不少的困难。这些困难究其根本，在于缺乏一种制度上的保障，完全将选贤任能的重任寄托在圣君一个人身上。首先，在位的君主能否是"圣人"就成为首要的问题，只有君主是"圣人"之时，选贤任能才能够得以实现，否则贤能者就不会被任用；其次，即使贤能能够被任用，仍然存在着问题，那就是贤能者在现实社会管理中如何发挥自己的作用，是完全按照君主的意志行事，还是有自己坚持的主张。如果有自己坚持的主张，是否有合理的制度保障而得以实行，这些都是荀子贤能社会治理思想面临的困境，也是当今社会我们在吸取荀子贤能思想时需要加以克服的地方。然而，不可否认的是，荀子的"尚贤使能"确实是促成"群居和一"社会局面的重要举措。

荀子对贤能是十分推崇的，认为贤能在政治生活中有着十分重要的作用。"尚贤"思想一直都是儒家的传统，"敬贤使能、贤者居位始终是儒家的一个核心理念"①。然而与孔孟相比，荀子的重贤能思想更为突

① 干春松：《贤能政治：儒家政治哲学的一个面向——以〈荀子〉的论述为例》，《哲学研究》2013年第5期。

出，也更为纯粹。荀子重贤能的思想在某种程度上是对世袭制度的否定，大有以是否贤能来划分社会阶层的趋势，这与孔孟还是有了比较明显的差别。

重视贤能是荀子政治思想中的重要一环，荀子认为任用贤能是现实政治生活的保障，他主张"贤能不待次而举，罢不能不待须而废"（《荀子·王制》），可见贤能在荀子看来是现实政治生活的中枢，如果不能选贤任能，那么现实政治就会面临重大的问题，就会出现荀子认为的"乱世"。他这样说道："乱世不然：污漫、突盗以先之，权谋倾覆以示之，俳优、侏儒、妇女之请谒以悖之，使愚诏知，使不肖临贤，生民则致贫隘，使民则綦劳苦。"（《荀子·王霸》）如果出现"不肖临贤"的情况，那么"乱世"也就不可避免了。美国汉学家史华兹认为："在荀子思想世界中，尽管大多数人也和圣人一样共享一颗具有起码理解能力的心灵，但事实上，大多数人似乎不能运用好这些能力。"① 确实如此，在荀子看来只有贤能者才能取得社会管理的资格，其余的大部分人并不具备这种能力。总之，荀子认为只有贤能参与到现实政治中，才能够取得良好的治理效果。

我们已经提到"尚贤"的思想在荀子之前就存在，同为儒家的孔孟有"尚贤"的主张，那么荀子的"尚贤"思想与孔子、孟子的"尚贤"思想存在着怎样的差别，这是需要我们加以探讨的。荀子与孔孟"尚贤"思想有着明显的差异。《论语·里仁》有言："见贤思齐焉，见不贤而内自省也。"《论语·宪问》有言："不逆诈，不亿不信，抑亦先觉者，是贤乎！""贤者辟世，其次辟地，其次辟色，其次辟言。"《论语·卫灵公》有言："工欲善其事，必先利其器。居是邦也，事其大夫之贤者，友其士之仁者。"从这一系列"贤"的运用语境之中我们可以发现，孔子对"贤"的界定首先是立足于个人的道德领域内，而非政治生活领域中，这与荀子直接在政治生活的领域中来谈论贤能是有所不同的。直到孔子的弟子仲弓向孔子询问如何从政时，孔子才答道："先有司，赦小过，举贤才。"（《论语·子路》）这才将"贤"从个人道德领域转向了政治生活领域。质言

---

① ［美］本杰明·史华兹：《古代中国的思想世界》，程钢译，江苏人民出版社2008年版，第402页。

之，荀子的"尚贤"思想更直接地是从政治的视域出发的，而孔子则更多地从个人道德的视域出发。孟子在很多时候也和孔子一样，将"贤"定位在个人道德领域，如他讲："非独贤者有是心也，人皆有之，贤者能勿丧耳。"（《孟子·告子上》）在政治生活领域孟子也明确地提出了"尊贤使能"的思想，孟子讲："尊贤使能，俊杰在位，则天下之士皆悦，而愿立于其朝矣。"（《孟子·公孙丑上》）然而孟子在提倡"尊贤使能"的同时，还很大程度上受门第等级观念的束缚，他说："国君进贤，如不得已，将使卑逾尊，疏逾戚，可不慎与？"（《孟子·梁惠王下》）其实在孔孟的思想中都可以找到这种留恋门第世袭的影子，他们的"尚贤"思想只是在维持原有等级基础上的必要调整，远远没有荀子"尚贤"思想彻底，王国良认为这与荀子时代世卿之政全面坍塌的现实情形有关。[①]

荀子明确地提出了"尚贤使能"的思想，这确实是难能可贵的，然而如何做到"尚贤使能"却需要具体的举措。荀子肯定了选举贤能的重要性，他说："选贤良，举笃敬，兴孝弟，收孤寡，补贫穷。如是，则庶人安政矣。庶人安政，然后君子安位。"（《荀子·王制》）但是具体怎样的选法呢？那只有依赖于"圣人"也就是现实中的君主了。荀子接着说："君者，善群也。群道当则万物皆得其宜，六畜皆得其长，群生皆得其命。故养长时则六畜育；杀生时则草木殖；政令时则百姓一，贤良服。"（《荀子·王制》）由此可见，只有君"善群"才能够"贤良服"，由此也可以看出荀子认为"尚贤"与"善群"之间存在着紧密的内在关联，并且也只有君才会具有"善群"的特质，才具备任用贤良的能力。总之，想要做到"尚贤使能"，君主就必须拥有辨别贤良的能力，从而加以任用。

我们知道在荀子的政治思想中，君主永远是处于主导地位的，那么贤能究竟能发挥出多大的作用也取决于君主，也就是说贤能能在现实政治生活中发挥出应有的作用，要受到君臣关系的影响。荀子这样评价君主："贵贤，仁也；贱不肖，亦仁也。"（《荀子·非十二子》）这样看来，贤能要发挥出积极的作用，首要条件便是君主要"贵贤"，荀子接着说："权谋倾覆之人退，则贤良知圣之士案自进矣。"（《荀子·王制》）这就存在一

---

① 参见王国良《儒家贤能政治思想与中国贤能推举制度的发展》，《文史哲》2013 年第 3 期。

个问题，那就是如果君主不任用贤能的话，贤能的作用就受到了很大的限制，所以荀子贤能政治思想的前提便是君主能够做到"尚贤使能"。如果做不到这一点，那么荀子贤能政治思想的实行就无从谈起。

贤能一旦为君主所任用，就可发挥自己的作用，促成"群居和一"社会的形成。荀子认为贤能应该做到"从道不从君"，他说："从命而利君谓之顺，从命而不利君谓之谄；逆命而利君谓之忠，逆命而不利君谓之篡；不恤君之荣辱，不恤国之臧否，偷合苟容，以持禄养交而已耳，谓之国贼。"（《荀子·臣道》）在这种情况下，作为贤能就应该顺从于道义，而不应该听命于君主，只有这样才能称之为忠，否则就是"国贼"，"当'君'与'道'相对立的时候，荀子并非主张无条件地效忠君主，而是恪守道义至上的原则，即'从道不从君'"①。可以这样认为，贤能可以通过进谏的方式对君主权力形成一定的制约，从而有助于君主做出正确的决策，进而保持社会的稳定，赖功欧认为儒家具有形成谏议制度的思想基础②，而之所以能够形成谏议的政治氛围，无疑最为重要的便是贤能的存在，他们通过自己的努力与担当，能够对君主的错误决定起到极大的纠偏作用，从而有助于实现"群居和一"的社会局面。可以这样认为，荀子理想中的贤能具有两方面的特质：一方面是"贤"，一方面是"能"。所谓的"贤"就是要忠实于道，具有社会担当的精神，其职责是辅助君主实现"群居和一"的政治理想；所谓的"能"就是要具有政治智慧，能够为君主提供正确的政治策略，从而对君主的错误倾向起到纠偏的作用。总之，贤能在社会治理中具有十分重要的作用，君主能否做到"尚贤使能"直接关系到"群居和一"的政治理想能否实现。

二 "强兵凝民"

在对内政策上，荀子提倡"尚贤使能"，而在对外政策上荀子则重视"强兵凝民"，当然荀子"强兵"的主要目的不是为了满足君主的一己之

---

① 杨铮铮、胡可涛：《荀子的"臣道"思想探析》，《求索》2009年第4期。

② 参见赖功欧《中国古代谏议制的儒家思想基础论略》第一辑，载《朱子学刊》，黄山书社2012年版。

私，从而发动对其他国家的侵略战争，而是为了更好地维护"群居和一"的社会安定之局面。荀子将仁义引入他的兵学思想当中，由此可见，荀子并不反对正义战争，前提是要以仁义为本，这与孔孟就有了很大的差别，孔子与孟子对战争都是采取避而不谈甚至是反对态度的，《论语·卫灵公》中记载："卫灵公问陈于孔子。孔子对曰：'俎豆之事，则尝闻之矣；军旅之事，未之学也。'明日遂行。"可见孔子对谈论战争是采取鄙视回避态度的。孟子同样也主仁义，但是孟子从不鼓励进行战争，他所讲的"以天下之所顺，攻亲戚之所叛；故君子有不战，战必胜矣"（《孟子·公孙丑下》），也只是一种自我保全的防御性战争，是一种不得已才采取的战争行为，孟子更多地流露出对战争的厌恶态度："争地以战，杀人盈野；争城以战，杀人盈城，此所谓率土地而食人肉，罪不容于死。"（《孟子·离娄上》）由此可见，荀子专门做《议兵》一篇阐发自己的兵学思想，较之孔孟对战争的态度显然有了很大的转变，荀子是非常重视战争效果的，他认为要取得良好的战争效果，必须以仁义为本，并采取"爱民"的方式，达到"凝民"的目标。总之，荀子的兵学思想较之孔孟有了很大的发展，对战争采取了极为重视的态度，与此同时，荀子也并没有改变儒家的根本立场，而是将仁义引入了他的兵学思想当中，其目的就是为了实现"强兵凝民"，从而实现"群居和一"的外在保障。

荀子的兵学思想并没有背离儒家的思想传统，而是将仁义思想引入其中，认为只有用仁义作为根本来指导战争，才能够取得良好的效果。荀子反对背离仁义思想，单纯用刑赏的手段来用兵，仁义是其兵学思想的根本。

荀子提到"仁者之兵"，就是指用仁义的思想来指导战争，他说："臣之所道，仁者之兵，王者之志也。君之所贵，权谋势利也；所行，攻夺变诈也，诸侯之事也。仁人之兵，不可诈也。彼可诈者，怠慢者也，路亶者也，君臣上下之间滑然有离德者也。故以桀诈桀，犹巧拙有幸焉。"（《荀子·议兵》）荀子认为"仁人之兵"是不可被欺诈的，"仁人之兵"具有王天下的志向，也一定可以实现，紧接着荀子又谈到用仁义来指导战争的具体效果："故仁人之兵聚则成卒，散则成列，延则若莫邪之长刃，婴之者断；兑则若莫邪之利锋，当之者溃；圜居而方止，则若磐石然，触之者角摧，案角鹿埵、陇种、东笼而退耳。"（《荀子·议兵》）荀子认为"仁人之兵"可以轻而易举地实现如此良好的战争效果。荀子认为如果不用仁义来指导战争，而单纯采用刑赏的手段是无法取得良好的战争效果的："故齐之技击，不可以遇魏氏之武卒；魏氏之武卒，不可以遇秦之锐士；秦之锐士，不可以当桓、文之节制，桓、文之节制，不可以敌汤、武之仁义；有遇之者，若以焦熬投石焉。兼是数国者，皆干赏蹈利之兵也，佣徒鬻卖之道也，未有贵上、安制、綦节之理也；诸侯有能微妙之以节，则作而兼殆之耳。故招近募选，隆势诈，尚功利，是渐之也；礼义教化，是齐之也。故以诈遇诈，犹有巧拙焉；以诈遇齐，辟之犹以锥刀堕太山也，非天下之愚人莫敢试。"（《荀子·议兵》）荀子认为"汤、武之仁义"是居于最高地位的，而"齐之技击"处于最末的位置。用仁义思想来指导战争也会得到人民的普遍拥护："故仁人之兵，所存者神，所过者化，若时雨之降，莫不说喜。是以尧伐𬴂兜，舜伐有苗，禹伐共工，汤伐有夏，文王伐崇，武王伐纣，此四帝两王，皆以仁义之兵行于天下也。故近者亲其善，远方慕其德，兵不血刃，远迩来服，德盛于此，施及四极。"（《荀子·议兵》）可见，用仁义来指导战争就可以起到战无不胜的效果。田照军也认为："荀子适应了当时社会政治变革的需要，他在弘扬儒家理想政治的前提下，将论兵之道与治国之道密切地结合起来，其兵学思想不但继承了儒家以仁义为本的传统，而且较孔孟更富于现实主义精神，可以说直到荀子，儒家才形成比较完备的兵学思想。"[①] 总之，荀子一方面继承了孔孟的仁义思想，另一方面又将仁义融入了他的兵学思想当中，最终形成了他以仁义为本的兵学思想。

既然荀子认为用仁义来指导战争，可以取得良好的效果，那么用仁义来指导战争具体采用的方式是什么呢？那就是"爱民"。荀子认为只有通过"爱民"的方式，才能取得人民的支持，才能使兵士们在战场上乐于效命，战争才能够取得胜利。荀子认为战争想要取得良好的效果，必须善于"附民"："臣所闻古之道，凡用兵攻战之本在乎壹民。弓矢不调，则羿不能以中微；六马不和，则造父不能以致远；士民不亲附，则汤、武不能以

---

① 田照军：《荀子兵学思想略论》，《理论界》2011 年第 1 期。

必胜也。故善附民者，是乃善用兵者也。故兵要在乎善附民而已。"（《荀子·议兵》）在这里，荀子首先肯定了战争必须依靠人民，而不能脱离人民，可以说人民是战争胜利的基础。之所以战争要依靠人民，荀子又接着说："且夫暴国之君，将谁与至哉？彼其所与至者，必其民也。而其民之亲我欢若父母，其好我芬若椒兰；彼反顾其上，则若灼黥，若仇雠。人之情，虽桀、跖，岂又肯为其所恶，贼其所好者哉！是犹使人之子孙自贼其父母也，彼必将来告之，夫又何可诈也？"（《荀子·议兵》）在这里，荀子肯定民心向背在战争中的重要作用，如果连敌国的人民也对我方产生了顺从之心，那么战胜的胜负就很明确了，因为从人情来讲，没有人会去伤害自己喜欢的东西。很显然，如果想要在战争中得到人民的支持，就必然要采取"爱民"的方式，荀子反对采取严厉的法令和繁多的刑罚来威吓人民。

> 楚人鲛革犀兕以为甲，靲如金石，宛钜铁釶，惨如蜂虿，轻利僄遫，卒如飘风；然而兵殆于垂沙，唐蔑死，庄蹻起，楚分而为三四，是岂无坚甲利兵也哉！其所以统之者非其道故也。汝、颍以为险，江、汉以为池，限之以邓林，缘之以方城，然而秦师至而鄢、郢举，若振槁然。是岂无固塞隘阻也哉！其所以统之者非其道故也。纣剖比干，囚箕子，为炮烙刑，杀戮无时，臣下懔然莫必其命，然而周师至，而令不行乎下，不能用其民，是岂令不严、刑不繁也哉！其所以统之者非其道故也。（《荀子·议兵》）

荀子认为如果不采取"爱民"的方式，而单纯用刑罚来威胁人民，是达不到良好的战争效果的。廖名春也曾这样评价荀子"爱民"的兵学思想："'战争的伟力之最深厚的根源，存在于民众之中'，这是一个千百年来被证明无数次的真理，荀子早在战国时期就认识到了这一点，不能不说他颇具慧眼。"[①] 一旦采取了"爱民"的方式，那么在战争中上下都会遵守自己的职责，乐于为战争的胜利而牺牲自己："将死鼓，御死辔，百吏死职，

---

① 廖名春：《荀子兵学初探》，《十堰职业技术学院学报》1998 年第 4 期。

士大夫死行列。闻鼓声而进，闻金声而退，顺命为上，有功次之。令不进而进，犹令不退而退也，其罪惟均。"（《荀子·议兵》）如果达到了这样的状态，在战争中都能严格履行自己的职责，那么就必然会取得胜利，这就是通过"爱民"的方式取得的战争效果。

荀子主张通过"爱民"的方式来取得战争的胜利，那么战争胜利的标准是什么呢？荀子认为是"凝民"。"凝民"是荀子兵学思想的目标，这与其兵学思想的仁义基础是一脉相承的。

荀子的兵学思想的目标绝对不是单纯功利地争夺土地和人民，而是要使人民能够心悦诚服地归顺，他说："故近者歌讴而乐之，远者竭蹷而趋之，无幽闲辟陋之国，莫不趋使而安乐之，四海之内若一家，通达之属莫不从服，夫是之谓人师。"（《荀子·议兵》）这就是荀子兵学思想的最终目的，就是要达到"四海之内若一家"的和谐局面。荀子接着又讲："故民归之如流水，所存者神，所为者化而顺。暴悍勇力之属为之化而愿，旁辟曲私之属为之化而公，矜纠收缭之属为之化而调，夫是之谓大化至一。"（《荀子·议兵》）荀子理想中的战争效果就是要达到"民归之如流水"，可见荀子的兵学思想反对单纯用武力的争夺，所以他提出"凝民"的思想也是水到渠成的事情，荀子这样阐释他的"凝民"思想："兼并易能也，唯坚凝之难焉。齐能并宋而不能凝也，故魏夺之；燕能并齐而不能凝也，故田单夺之。韩之上地，方数百里，完全富足而趋赵，赵不能凝也，故秦夺之。故能并之而不能凝，则必夺；不能并之又不能凝其有，则必亡。能凝之，则必能并之矣。得之则凝，兼并无强。古者汤以薄，武王以滈，皆百里之地也，天下为一，诸侯为臣，无他故焉，能凝之也。故凝士以礼，凝民以政，礼修而士服，政平而民安。士服民安，夫是之谓大凝。以守则固，以征则强，令行禁止，王者之事毕矣。"（《荀子·议兵》）荀子认为单纯以攻占土地为目的的战争是不可取的，最终也会被别人取而代之，原因就在于没有得到人民的拥护，没有达到"凝民"的效果，如果能够达到"凝民"，那么统治就会变得十分稳固了。孔繁这样评价荀子的"凝民"思想："此所说的'凝'指凝聚人民以巩固土地。战国争雄，兼并土地乃平常现象，然而土地容易兼并亦容易失去，这从齐燕韩赵秦等国的争夺中可以看出。土地得而复失即在于不能凝聚人民，甚至不能凝聚人民者，连原有的土地都保不住。荀子认为能凝之方能并之，而能凝聚人民者，则在兼并战争中所向无敌。"① 确实是这样，荀子认为只有做到"凝民"才是战争的最终目标。

荀子认为要达到"凝民"的目标，必须采取"以德兼人"，这也是和他的仁义为本的思想紧密相连，荀子分别对"以德兼人""以力兼人"和"以富兼人"三种方式做了比较，最终还是认为"以德兼人"为最上。

> 凡兼人者有三术：有以德兼人者，有以力兼人者，有以富兼人者。彼贵我名声，美我德行，欲为我民，故辟门除涂以迎吾入。因其民，袭其处，而百姓皆安，立法施令莫不顺比，是故得地而权弥重，兼人而兵俞强，是以德兼人者也；非贵我名声也，非美我德行也，彼畏我威，劫我势，故民虽有离心，不敢有畔虑，若是，则戎甲俞众，奉养必费，是故得地而权弥轻，兼人而兵俞弱，是以力兼人者也；非贵我名声也，非美我德行也，用贫求富，用饥求饱，虚腹张口来归我食，若是，则必发夫掌窌之粟以食之，委之财货以富之，立良有司以接之，已期三年，然后民可信也，是故得地而权弥轻，兼人而国俞贫，是以富兼人者也。故曰：以德兼人者王，以力兼人者弱，以富兼人者贫，古今一也。（《荀子·议兵》）

荀子"以德兼人"所要实现的目标依然是使人民归顺，也就是他的"凝民"思想。荀子继承了儒家的仁义思想，发展出了以仁义为本，以"爱民"为方式，以"凝民"为目标的系统的兵学思想，是儒家兵学思想理论的重大飞跃。很显然，荀子的"强兵"与"凝民"是紧密联系在一起的，而"凝民"在某种意义上讲促成了"群居和一"社会局面的形成。荀子的"强兵"思想显然具有两个方面的积极作用：其一可以预防其他国家的入侵，从而维护国内安定的社会环境，其二可以凝聚民心，进一步巩固"群居和一"的社会局面，而这两方面又是紧密联系在一起的，共同构成了荀

---

① 孔繁：《荀子评传》，南京大学出版社 1997 年版，第 60 页。

子"强兵凝民"的政治策略。

总之，不管是"尚贤使能"还是"强兵凝民"，都是荀子实现"群居和一"政治理想的重要举措。如果说天人关系是在形上层面为"群居和一"提供理论基础的话，那么"尚贤强兵"则从形下层面为实现"群居和一"提供政策保障。

第三章 "性朴"到"性恶":"群居和一"的人性根基

我们要研究荀子"群居和一"的政治哲学,必须首先从荀子的人性论出发,因为政治是无法脱离人而存在的,正如刘泽华所言:"各种不同的人性论是不同政治主张的出发原点和依据,尽管诸子对人性的看法有很大的差异,但都把人作为政治的基点。"① 因此尽管同为儒家,荀子的政治哲学思想与孔孟相比便呈现出自己的特色。如果说孔孟关注的焦点是人性的"善端"的话,那么荀子则是用一种更为客观的目光来全面地审视人性。荀子的人性论包含有"性朴"和"性恶"两个维度,纵然由于荀子政治哲学的经验品格而更关注"性恶",然而我们却不能忽略"性朴"来谈荀子的"性恶",否则就无法全面客观地理解荀子的人性论,因为对人性看法的不同,会直接导致政治目标及社会治理方式的不同。荀子"群居和一"的政治理想就是深深扎根于其人性论基础之上的,因此,我们将从"性朴论"、"性恶论"、"性恶"与"群居和一"三个方面对荀子的政治哲学思想根基做一番深入的梳理。

第一节 "性朴论"

一 "性者,天之就也"

荀子认为人性是天给予的,因此他讲"性者,天之就也"(《荀子·正名》),这是对人性来源的探讨。其实之前在儒家内部已经对人性的源头做

---

① 刘泽华:《中国政治思想通史·先秦卷》,中国人民大学出版社 2014 年版,第 8 页。

出了与荀子相类似的断定,《中庸》开篇就讲:"天命之谓性,率性之谓道,修道之谓教。"孟子讲:"尽其心者,知其性也。知其性,则知天矣。存其心,养其性,所以事天也。"(《孟子·尽心上》)归结起来,都是认为性是来源于天的,然而天的内涵是有所不同的,《中庸》直接称为天命,其实孟子所讲之天更接近天命的意味,而荀子所讲之天则是纯自然之天。由此,尽管荀子"性者,天之就也"这一断定表面看起来与《中庸》及孟子对性之来源的判断相同,实则蕴含着崭新的内容,值得引起我们高度的重视。

其实,荀子"性者,天之就也"的崭新之处,就在于对天的祛魅,将带有宗教性的天还原为一种自然之天,也就是从一种自然维度来对人性加以考量。我们可以参考一下在荀子之前关于人性的争论,其中较为著名的便是孟子与告子关于人性的辩论,告子并没有直接将性与天联系起来谈,直接就说:"生之谓性。"(《孟子·告子上》)这与荀子讲的"生之所以然者,谓之性(《荀·正名》)"简直同出一辙,而孟子对告子的反驳则是基于人性不同于其他动物之处,孟子质问告子道:"然则犬之性犹牛之性,牛之性犹人之性与?"(《孟子·告子上》)并进一步将"仁义礼智"四端植根于人性:"恻隐之心,人皆有之;羞恶之心,人皆有之;恭敬之心,人皆有之;是非之心,人皆有之。恻隐之心,仁也;羞恶之心,义也;恭敬之心,礼也;是非之心,智也。仁义礼智,非由外铄我也,我固有之也,弗思耳矣。"(《孟子·告子上》)孟子认为保存人性本有的"善端",就可以"尽性知天"。由此可见,孟子讲的天是带有浓烈道德意味的,而并非一种自然之天;孟子所讲的性突出的是人之异于禽兽之处的"善端"。而告子所讲的"生之谓性"则将性完全置于一种自然维度来考虑,因此孟子与告子对人性的争论,从一开始就不是在同一层面的,必然也将毫无结果。

实际情况是,从孔子之后,儒家内部对人性所持有的观点并非毫无分歧,孔子没有明确地讲人性的善恶问题,而只是说:"性相近也,习相远也"(《论语·阳货》)孟子则进一步将"仁义礼智"四端植根于人性,实际上在儒家内部还有一种看待人性的方式,正如告子那样,将人性完全放在一种自然维度之上,在郭店楚简《性自命出》中这样讲:"凡人虽有性,心无定志,待物而后发,待悦而后行,待习而后定。喜怒悲哀之气,性也。及其见于外,则物取之也。性自命出,命自天降。道始于情,情生于性。"① 我们可以看到,在这里认为"喜怒哀乐之气"就是人性,而与孟子视"仁义礼智"为人性有所不同,颜炳罡也认为:"'喜怒哀悲之气,性也',显然是以气言性,非以理言性,或者说是气性而不是道德之性、义理之性。"② 显然,在这里"以气言性"在本质上就是将人性置于自然维度之上,而与孟子从道德维度来谈人性有根本的差异。尽管无法证明荀子的"性朴论"是对郭店楚简《性自命出》中人性论的直接继承,然而二者对人性的看法确实存在着惊人的一致性。荀子讲:"若夫目好色,耳好听,口好味,心好利,骨体肤理好愉佚,是皆生于人之情性者也,感而自然,不待事而后生之者也。"(《荀子·性恶》)郭店楚简《性自命出》中讲:"好恶,性也。所好所恶,物也。"③ 二者都是在客观地描述人性的一种原本状态,荀子更是明确地讲"性者,本始材朴也。"(《荀子·礼论》)"性是由阴阳相合而生,是人生而自然的,人性本于天道自然"④,这种看待人性的方式无疑迥异于孟子,是完全从自然的维度来客观地看待人性的。

总之,荀子看待人性的方式,代表着儒家人性论的另一条路向,这种路向明显区别于孟子从人之区别于其他动物之处来看待人性的方式,而是将人性回归到一种自然的基点之上,对其进行一种客观的审视。荀子讲的"性者,天之就也"的天并非孟子的富有道德意蕴的天命,而是一种纯粹的自然之天,杨倞也把"性者,天之就也"注解为"性者成于天之自然"⑤,这里的自然显然不包含任何宗教与道德的天命意蕴。荀子认为人性之中并不存在如孟子所讲的"仁义礼智"四端,这与他将人性放在一种自然维度来看待是紧密相关的,因为人性是自然之天赋予的,也就不可能天然存在任何的"善端",在这一点上,荀子与孟子的路向是迥异的。其实,

---

① 李零:《郭店楚简校读记》,中国人民大学出版社 2007 年版,第 136 页。
② 颜炳罡:《郭店楚简〈性自命出〉与荀子的性情学说》,《中国哲学史》2009 年第 1 期。
③ 李零:《郭店楚简校读记》,中国人民大学出版社 2007 年版,第 136 页。
④ 王杰:《荀子的人性论及其"成人之道"》,《社会科学辑刊》2001 年第 4 期。
⑤ (清)王先谦撰:《荀子集解》,沈啸寰、王星贤点校,中华书局 2013 年版,第 506 页。

在孟子那里，并没有对人性的原本自然状态加以详尽的考查，而是完全忽略人与其他动物的相似之处，很显然，这样的做法存在着极大的风险，因为人类与其他动物的相似之处也决定着人的日常行为方式。其实忽略人性的自然维度之后，并不能做到对人性进行一种客观的审视，而存在很大的主观臆断的成分。正如许建良认为的那样，荀子是在远离价值平台的地方审视本性[①]，其实只有排除先入为主的价值倾向，才能对人性做出客观全面的判断，荀子正是在用一种完全客观的眼光来看待人性。这种完全客观的态度，首先就是将天回归到一种纯粹自然性，其实，真实的人性正是建立在这种自然基础之上的。徐复观认为："荀子对于性的规定，与告子'生之谓性'，几乎完全相同。"[②] 确实如此，荀子将人性建立在了人的生理自然的维度之上，而不是先入为主地赋予人性一种道德意蕴。

荀子讲"性者，天之就也"只是其看待人性的一种基础，而并没有谈及关于人性的内容。那么不谈天然存在"仁义礼智"四端的人性，究竟又是一种什么样的状态呢？于是紧接着荀子又以"情者，性之质也"（《荀子·正名》）来探讨人性的确切内涵。

二　"情者，性之质也"

既然荀子认为人性是天然如此的一种状态，并不先验地存在着任何道德的因子，那么人性又包含着什么样的内容呢？荀子认为是情，因此，荀子讲"情者，性之质也"。在荀子看来，情是人性的一种潜在的未发动的状态，情与性是统一在一起的，情就是人性一种天然的质地，不存在离开情的性，也不存在离开性的情。

荀子经常将情与性连用，例如："若夫目好色，耳好听，口好味，心好利，骨体肤理好愉佚，是皆生于人之情性者也，感而自然，不待事而后生之者也。""夫好利而欲得者，此人之情性也。"（《荀子·性恶》）从本质来讲，在荀子那里，情就是性的存在状态，情与性最终是合二为一的，

---

① 参见许建良《荀子性论的二维世界》，《湖南科技大学学报》（社会科学版）2005 年第 2 期。
② 徐复观：《中国人性论史·先秦篇》，九州出版社 2014 年版，第 208 页。

"没有性,情无所出,没有情,性无由见"①,因此荀子将"情性"并称,是一种很自然的选择。然而,需要注意的是,荀子的情并不是人性发动后的状态,而只是一种潜在的状态,荀子讲:"夫人之情,目欲綦色,耳欲綦声,口欲綦味,鼻欲綦臭,心欲綦佚。此五綦者,人情之所必不免也。"(《荀子·王霸》)这里的"欲"并不是欲望的意思,而是想要的意思,想要只是一种趋向,而并非成为已然的事实。其实荀子的情正如中庸所讲的"喜怒哀乐之未发"的状态,朱熹也明确地讲:"喜、怒、哀、乐,情也。"② 很显然,《中庸》也认为情只是一种未发的状态。

荀子人性的内容都包含在情之中,并且这种情是非善非恶的,只是顺应自然的本性而已。牟宗三也认为:"荀子所见于人之性者,一眼只看到此一层。把人只视为赤裸裸之生物生理之自然生命。此动物性之自然生命,就其本身之所是而言之,亦无所谓恶,直自然而已矣。"③ 在这里,牟先生对荀子的人性观显然是不太满意的,认为荀子只看到了人的动物性这一层,殊不知真正的人性恰恰就是建立在生理自然情的基础之上的,并且情并没有善恶的区分。从本质来讲,所有的善恶都是后天在道德维度上加以判断的,而基于生理自然的情并不存在任何道德的因子,因此,荀子人性之情注定也是一种非善非恶的天然状态。

荀子将情看作人性的本质和内容,并且认为这种情是天然质朴不带任何道德色彩的,这与卢梭(Rousseau)看待自然状态中的人有着相通之处:"自然状态中的人,整日游荡于森林中间,没有劳役,没有语言,没有家庭,既不知何为战争,也不知何为关系,他们对同类没有任何需求,也没有任何伤害他们的念头。"④ 其实,这种状态也只是卢梭的一种设想而已,并不代表着真实存在,而卢梭描述的这种原始状态恰恰是对荀子未发之情的一种生动注解。荀子人性中未经发动的情正是处于这样一种质朴的状态,尽管其中包含喜怒哀乐的因子,但是还没有生发出来。说到底,情只是人性的一种潜在,因此,荀子才讲"情者,性之质也"。"荀子经验主

① 石洪波:《论荀子的性情观》,《管子学刊》2006年第2期。
② (宋)朱熹:《四书章句集注》,中华书局1983年版,第18页。
③ 牟宗三:《名家与荀子》,吉林出版集团有限责任公司2010年版,第150页。
④ [法]卢梭:《论人类不平等的起源》,高修娟译,上海三联书店2014年版,第73页。

义的人性论、天人论揭示了"天道"与人性真相，打断了思孟学派及泛阴阳五行派（如邹衍）由信念或抽象意念出发而将天人予以宗教伦理化贯通的学说建构，展现了先秦儒学经验主义、理性主义两派的分隔与对抗"①，确实如此，荀子完全是从经验层面来看待人性的内容，这是与思孟学派将人性赋予道德意蕴的理性主义所不同的。当荀子用情来规定人性的时候，情只是作为一种潜在的状态而存在，此时喜怒哀乐等并没有生发出来，更谈不上善恶的区分。只有到了"欲"的层面，人性才得以完全地外显，而紧接着荀子用"欲者，情之应也"（《荀子·正名》）来展现人性发动后的真实场景。

三 "欲者，情之应也"

如果说在荀子那里，情是作为人性的潜在状态而存在的话，那么"欲"则是人性发动之后的生动体现。从本质来讲"欲"只是情的外显，是与外在环境接触后的自然反应，本身也并没有善恶的区分。由于"欲"是人性所固有的，所以荀子认为"欲不可去"，在荀子看来，人的欲望是人性的一种正常反应，因此他讲"欲者，情之应也"。

"欲"只是人性在与外界环境接触后，自然发动的结果，这与郭店楚简《性自命出》中对人性的判断是基本一致的："凡性为主，物取之也。金石之有声，弗扣不鸣。人虽有性心，弗取不出。"② 正是在与外界的事物发生接触之后，作为人性之质的情才能呈现为"欲"的形态，这就是所谓的"物取之也"。在荀子那里，既然作为未发之情是没有善恶之分的，那么"欲"自然也就没有善恶之分，这与孟子将"欲"视为对人性的遮蔽是有所不同的，孟子讲："天下之士悦之，人之所欲也，而不足以解忧；好色，人之所欲，妻帝之二女，而不足以解忧；富，人之所欲，富有天下，而不足以解忧；贵，人之所欲，贵为天子，而不足以解忧。"（《孟子·万章上》）在孟子那里，已经不自觉地将"欲"视为一种恶，并且欲望容易使人性原本所具备的"善端"丧失。因此在孟子那里，人的私欲便成为要

---

① 林桂榛：《论荀子性朴论的思想体系及其意义》，《现代哲学》2012 年第 6 期。

② 李零：《郭店楚简校读记》，中国人民大学出版社 2007 年版，第 136 页。

极力加以克服的对象，孟子毫不遮掩地对梁惠王求利的行为给予批判："王！何必曰利？亦有仁义而已矣。"（《孟子·梁惠王上》）在孟子看来，"欲"是人性之善的对立面，必须对"欲"加以克服才能保存人性的"善端"。而在荀子那里，则将"欲"视作人性本来所具有的内容，本身并不具备善恶之分，在某种程度上肯定了"欲"的存在，"荀子人性观的主要观点，是以情欲界定人性，并肯定情欲的正当性"①，在荀子那里，"欲"本身就是作为人性的呈现形态而存在的，如此一来，如果否定了"欲"，在本质上就是否定了人性，这也是在逻辑上无法讲通的。"既然人性是天生的，人的欲望也就是难免的，是一种客观存在，人拿它没办法，无法回避"②，荀子正是基于一种生理自然的维度来看待人性，而不是如孟子那样赋予人性一种先验的道德义，从而肯定了"欲"在人性中的位置。

从本质来讲，性、情与"欲"三者在荀子那里是一种三位一体的关系。性是建立在自然天命的基础上的，从本质来讲完全就是一种自然生理的维度；而情则是性的本质内容和潜在状态，情是一种未曾与外物接触时的未发状态，本身也没有善恶之分；而"欲"则是情的已发状态，也就是作为"性之质"的情在与外在环境接触后的一种自然发动，既然情本身不存在善恶的区分，那么"欲"作为情的表现形态，自然也没有善恶的区分。这种没有善恶区分的人性，荀子称之为"朴"，而"性者，本始才朴也"（《荀子·礼论》）正是荀子"性朴论"的最好表达。周绍贤这样看待荀子的人性论："人生所以必需如何如何，出乎自然而然，天然固有之一切条件，非后天所学而得，非后天所能造成。"③确实如此，荀子讲"性朴"的维度，正是从人性先天是建立在自然性基础上这一条件出发的，正因为人性的情、"欲"都是自然如此的，而不是人为的，因此荀子才讲人性是"本始才朴"的。

然而，既然荀子认为人性是"朴"的，其中的情和"欲"都是基于自然的一种反应，无所谓善恶的区分，那么荀子为什么又讲"性恶"呢？对

---

① 颜世安：《肯定情欲：荀子人性观在儒家思想史上的意义》，《南京大学学报》（哲学·人文科学·社会科学）2015 年第 1 期。

② 徐克谦：《荀子：治世的理想》，上海古籍出版社 2009 年版，第 11 页。

③ 周绍贤：《荀子要义》，台北：台湾中华书局 1977 年版，第 1 页。

此，有的学者甚至怀疑《性恶》篇并非荀子所作，荀子是"性朴论"者，而非"性恶论"者，周炽成便持有这样的观点："荀子本人的人性论是性朴论，而不是性恶论。性恶论是荀子后学提出来的。"① 然而，荀子讲"性朴"在本质上也并没有否认"性恶"，荀子的"性朴"与"性恶"之间并不存在矛盾，"性朴"是就人性的自然维度来讲的，而"性恶"则是针对在社会维度下人性所产生的实际效果而言的。其实在荀子那里，"性朴"与"性恶"非但不存在矛盾，而且"性恶"恰恰是"性朴"进一步发展的结果，"性朴"与"性恶"之间存在着一种逻辑上的内在联系。"性朴"与"性恶"在本质上所指的都是同一个人性，只不过考量的维度不同而已，只有深刻地理解"性朴"，才能理解何为"性恶"，荀子讲"性恶"不是说人性本恶，而是针对人性发动后容易产生恶的后果而言的。荀子讲善恶都是从后果讲的，而不是从先验的角度来谈善恶，因此荀子会讲："凡古今天下之所谓善者，正理平治也；所谓恶者，偏险悖乱也。是善恶之分也矣。"（《荀子·性恶》）由此，我们也就可以明白，荀子讲"性朴"是从人性的本来状态出发，而"性恶"则侧重于人性发动后的后果。可是为什么荀子对"性恶"关注较多，专门作出《性恶》一篇来加以探讨呢？这在根本上是因为荀子的着眼点始终是人类社会，"性恶"是人性在人类社会中所产生的后果，而"性朴"是一种属于天的状态，是不可改变的，因此也没有给予过多的探讨。

第二节　　"性恶论"

在荀子那里，性、情及"欲"在根本上讲都是基于生理自然的，因此他讲"性朴"，然而从"性朴论"又如何向"性恶论"转化了呢？在荀子那里，恶是一种后果，这种恶的后果很有可能由本质朴素的人性所导致。并且荀子所谈的恶基本是从社会的角度来谈的，荀子理想的社会秩序是一种"群居和一"，而人性所导致的恶就有可能使这种"群居和一"变得难以实现。因此我们探讨荀子的人性论，也不是仅就人性来谈人性，而是将

---

① 周炽成：《荀韩人性论与社会历史哲学》，中山大学出版社 2009 年版，第 23 页。

人性作为其政治哲学思想的根基来看待,因为人性之恶关乎社会"群居和一"能否实现,换句话说,要实现人类社会的"群居和一",必须克服人性之恶。荀子的"性恶论"是在现实社会关系中加以考查探究的,并进一步为其政治哲学的建构提供了人性论基础。

一 "性恶"的成因

荀子在之前一再强调人性是"朴"的,并且人性之情、"欲"也没有善恶之分,那么"性恶论"又是如何形成的呢?其实,在荀子看来,恶之所以形成,并非是因为情、"欲"本身是恶的,而是"欲"过度之后所产生的后果。

荀子讲:"今人之性,生而有好利焉,顺是,故争夺生而辞让亡焉;生而有疾恶焉,顺是,故残贼生而忠信亡焉;生而有耳目之欲,有好声色焉,顺是,故淫乱生而礼义文理亡焉。然则从人之性,顺人之情,必出于争夺,合于犯分乱理而归于暴。"(《荀子·性恶》)在荀子看来,"生而好利"及"生而有耳目之欲"本身并没有什么错,然而如果过分纵容这些欲望的话,则极有可能产生不良的社会后果。一句话,"性恶"归根结底是由于放纵欲望而产生的,赵又春认为:"所谓的'恶'则是指:人若顺着、由着这本能去行动('顺是'),必然会与别人争夺利益,残暴、淫乱,即不顾社会规范行事。"[1] 由此可见, "欲"本身没有善恶,但是若顺着"欲"的自然发展,在社会关系中则产生了恶的后果。

荀子所讲的"性恶"在根本上是针对造成的社会后果而言的,而不是人性本恶,因为要实现一种"群居和一"的社会秩序,肯定无法同时满足所有人的欲望,荀子很清楚地表明了这一点:"分均则不偏,势齐则不一,众齐则不使。有天有地而上下有差,明王始立而处国有制。夫两贵之不能相事,两贱之不能相使,是天数也。"(《荀子·王制》)如果要同时满足所有人的欲望,肯定是不可能实现的,因此在现实社会中必须有地位差等的区分。这种地位差等的区分当然是发展到后来的结果,在逻辑上讲,由于过度的欲望而引发的社会混乱则是在前的,因此就必须对人的欲望加以

---

① 赵又春:《我读荀子》,岳麓书社 2013 年版,第 349 页。

节制，冯友兰这样说道："心之所以节欲者，心知纵欲而行，必将得人所不欲之结果也。"① 确实如此，如果每个人都纵容自己的欲望的话，人类社会必然就会产生混乱的局面，这种混乱便是荀子所认为的恶。

由此可见，荀子是从人性所产生的社会后果来谈"性恶"的，"性恶"只是人们过度顺从自己的欲望所造成的结果，而不是人性本质就是恶的，这是需要引起我们注意的地方。之前很多学者对荀子"性恶"的解读往往采取了望文生义的态度，认为人性本身就是恶的，这显然是有悖于荀子人性论的，荀子只是就顺从欲望所产生的结果来谈"性恶"。质言之，"欲"有可能导向恶，然而"欲"本身并不就是恶，恶产生的原因在于，"在群体生活中，人与人之间的自然欲望会发生冲突"②，这种冲突产生了恶。正如美国汉学家倪德卫所认为的那样："对荀子来说，道（他是儒家之道）是一种道德生活，也就是一种接受社会的规则、标准、约束，并满足人们正当的欲望和使这些欲望保持控制的社会生活。"③ 确实如此，要避免社会之恶的产生，就必须对人们的欲望进行适当的控制，不能一味听命于欲望的驱使。

荀子在指出"性恶"是由于过度顺从"欲"的结果的同时，也在积极地寻求治恶的方法。尽管"性恶"是造成的一种外在结果，然而其根源却在于人性之"欲"肆意发展，因此荀子同孟子一样，首先将关注点投向了人的内在的心。

二 "节欲"以止恶

既然荀子认为"性恶"只是人的欲望无限制发展的后果，那么对人的欲望进行疏导便成为防止恶的重要方式。需要注意的是，荀子并没有主张完全去除人的欲望，因为在他看来，"欲"本身就是人性的一种外在表现，在根本上也是无法去除的，只能对之进行一定的疏导，荀子称之为"节欲"。而"节欲"的主体在心，我们可以发现，荀子同孟子一样，都对心

---

① 冯友兰：《中国哲学史》，华东师范大学出版社 2000 年版，第 219 页。
② 陈文洁：《荀子的辩说》，华夏出版社 2008 年版，第 46 页。
③ ［美］倪德卫：《儒家之道：中国哲学之探讨》，［美］万白安编，周炽成译，江苏人民出版社 2006 年版，第 106 页。

给予了高度的关注。然而不同的是,在孟子那里的心本质上是一种道德之心,具有先验的"善端";而在荀子那里的心,则完全是一种认知之心,并不天然地具备"善端"。正因为荀子的心具备一种理性的认知功能,所以才有可能对人的欲望进行一定的节制。

荀子讲:"故欲过之而动不及,心止之也。心之所可中理,则欲虽多,奚伤于治!欲不及而动过之,心使之也。心之所可失理,则欲虽寡,奚止于乱!故治乱在于心之所可,亡于情之所欲。"(《荀子·正名》)由此可见,荀子认为心在防止社会之恶中起着至关重要的作用,心对欲望具有一种调节作用。廖名春这样评析荀子心的功能:"心在考虑问题时,不是只考虑自己的情欲,只顾及一己的'好利''疾恶''好声色',还会考虑更多的可能。"① 究竟心还会考虑怎样更多的可能呢?荀子认为心能够"知道":"故心不可以不知道。心不知道,则不可道而可非道。"(《荀子·解蔽》)其实荀子的道也就是一种"群居和一"之道,也就是牟宗三所讲的"治道",由此可见,心能否"知道"直接关系着社会的治乱。

荀子认为心只有"知道",才能在根本上防止恶的产生。而心之所以能够"知道",则必须处理好心与"欲"之间的关系。在荀子那里,心在本质上是作为一种认知之心而存在的:"心有征知。征知则缘耳而知声可也,缘目而知形可也,然而征知必将待天官之当簿其类然后可也。"(《荀子·正名》)荀子认为在心中没有任何先验的道德因子,而只是作为认知的主体而存在的,这是与孟子有所差异的,"心的认知能力是人与生俱来的资质,这是荀子的一个确论"②。荀子认为,只有通过心的认识能力,对"欲"进行一定的节制,才有可能防止恶的产生:"欲虽不可尽,可以近尽也;欲虽不可去,求可节也。"(《荀子·正名》)心之所以会主动地对"欲"进行节制,应该说完全是基于一种理性的算计,因为如果过分放纵自己欲望的话,就会产生社会的纷争,最终也会损害自己的利益,这与霍布斯的看法有着一致之处:"而侵犯者本人也面临着来自别人同样的危

---

① 廖名春:《〈荀子〉新探》,中国人民大学出版社 2014 年版,第 90 页。
② 唐琳:《荀子心论辨析》,《江汉论坛》2012 年第 5 期。

险。"① 于是，用自己的认知之心来认可一种"群居和一"之道，便能够在根源上预防恶的产生。"心之功用重在能受，能在关照后进行决疑"②，确实如此，心在某种程度上就是在理性地寻求一种利益的最大化："今人之生也，方知畜鸡狗猪彘，又蓄牛羊，然而食不敢有酒肉；余刀布，有囷窌，然而衣不敢有丝帛；约者有筐箧之藏，然而行不敢有舆马。是何也？非不欲也，几不长虑顾后而恐无以继之故也。"（《荀子·荣辱》）心对"欲"的克制在某种程度上讲，也就是为了防止恶的产生，从而实现一种利益的最大化。有学者认为荀子是介于功利论与道义论之间的③，这是有一定道理的，因为在荀子那里，心并非从先验的道德层面出发去控制"欲"，而是从减少恶之效果的目的出发的。正如约翰·穆勒（John Stuart Mill）对功利主义的目标如此阐发："人生的终极目的，就是尽可能地免除痛苦，并且在数量和质量两个方面尽可能多地享有快乐，而其他一切值得欲求的事物（无论我们是从我们自己的善出发还是从他人的善出发），则都与这个终极目的有关，并且是为了这个终极目的的。"④ 很明显，荀子以心"节欲"的目的在本质上讲也是减少恶的产生，从而增加善的概率，前面我们也提到荀子讲"善恶"都是从社会效果的角度出发的，因此，荀子"节欲"以止恶带有明显的理性与功利化色彩。

荀子从心的角度，来寻求防止"性恶"产生的最佳方法，认为只要心对欲望进行一定的节制，并进一步实现"知道"，便能够从源头控制住恶的产生。然而这种自内而外依靠心的方法，毕竟不是那么轻而易举就能够得以实现的，只有通过外在礼的教化，以心"节欲"才能够达到良好的效果。

三　礼以治恶

荀子固然认为，通过心来节制欲望可以达到预防"性恶"产生之效

---

① ［英］霍布斯：《利维坦》，黎思复、黎廷弼译，商务印书馆1985年版，第93页。

② 陈光连：《知识与德性：荀子"知性"道德哲学研究》，东南大学出版社2014年版，第119页。

③ 参见何益鑫《功利与道义之间——荀子关于道德动机的学说》，《道德与文明》2013年第4期。

④ ［英］约翰·穆勒：《功利主义》，徐大建译，上海人民出版社2008年版，第12页。

果，然而毕竟他也认识到，在现实的社会环境中，依靠心的认知功能来"知道"的过程不是一蹴而就的，必须要具备一种切实可行的外在保障，才能有利于心去"知道"并且"合于道"。而荀子认为可以依赖的外部措施便是礼，在他看来，礼不仅有利于促使心自觉地遵循道，并且礼作为一种外部的规范，更具备一种强制的力量去实现治恶的目的。如果说荀子以心"节欲"来防止恶的产生，还带有某种理想色彩的话，那么通过"制礼"来治恶则完全具备了一种现实的可操作性。

荀子这样讲述礼的起源："人生而有欲，欲而不得，则不能无求；求而无度量分界，则不能不争；争则乱，乱则穷。先王恶其乱也，故制礼义以分之，以养人之欲，给人之求。使欲必不穷于物，物必不屈于欲。两者相持而长，是礼之所起也。"（《荀子·礼论》）很显然，荀子认为礼是先王通过后天制定出来的，并不是先天就存在的，"礼对于人生而言，其价值主要体现在矫性养欲和规范行为两个方面"①，其实不管是"矫性养欲"还是"规范行为"，都显示出礼作为一种外部存在的特性，这与心先天所具有的认知功能是不同的。其实，一方面，礼是要通过心来发挥其功用的，只有心认可了礼的规范，人们才会自觉地去遵循礼的要求；另一方面，即使人们没有从心中来认可礼，但是由于礼作为一种外在规范具有强制力，人们也不得不按照礼来行事。礼作为一种规范，既可以通过教化，使心来认可它，也可以以外在的强制力促使人们无条件地加以服从，如此一来，礼便具备了极强的可操作性："今人之性恶，必将待圣王之治，礼义之化，然后始出于治，合于善也。"（《荀子·性恶》）以礼来治恶，为实现社会的"正理平治"提供了一种可靠的保障，与"节欲"以止恶相比，以礼来治恶则更具备了一种外在的强制力及可操作性。

我们可以发现，荀子礼的功用，类似于霍布斯所讲的"信约"，都是以去除社会之恶为目的。霍布斯这样理解国家："一大群人相互订立信约、每人都对它的行为授权，以便使它能按其认为有利于大家的和平与共同防卫的方式运用全体的力量和手段的一个人格。"② 很显然，霍布斯认为国家

---

① 陆建华：《荀子礼学之价值论》，《学术月刊》2002 年第 7 期。
② ［英］霍布斯：《利维坦》，黎思复、黎廷弼译，商务印书馆 1985 年版，第 132 页。

要获得稳定，就需要有一种固定的"信约"，以使每个人都能自觉遵守，不管其情愿与否。其实荀子的礼同样具有这种作用，礼作为一种规则，本质上也同样要求每个人都遵守，只有遵守共同的礼，社会才能实现一种"群居和一"的局面。只不过，与霍布斯不同的是，荀子的礼是由先王制定出来的，而不是个体之间达成的"协议"，并且就强制力来讲，礼似乎也远没有比霍布斯所讲的"信约"更强。然而不管怎样，礼作为一种治恶的强力手段，是不容置疑的，"荀子所谓之道，即指客观之礼义而言。由认知之心所认可之礼义，作为行为判断之标准"①，礼作为一种标准，从而成为治"性恶"的有力措施。

第三节 "性恶"与"群居和一"

我们需要注意的是，不管荀子探讨"性朴"还是"性恶"，其最终目的都是聚焦于其"群居和一"的政治理想，只有在"群居和一"的视域下，我们才能更好地理解荀子的人性论。而"群居和一"显然不只是道德层面的，更主要的是社会政治层面的。并且，在某种程度上讲，荀子之所以如此深入地探讨人性问题，就是要为其政治哲学寻求一种人性论基础，这也是本书研究荀子"群居和一"的政治哲学，仍要花费大量笔墨来阐发荀子人性论的原因所在。因为看待人性的方式不同，从某种程度也会产生不同的政治主张，其政治哲学必然也会呈现出不同的样态。其实，从另一方面看，所有的政治哲学最终都无法离开人，如果没有人的存在，也不存在所谓的社会，更不会存在形形色色的政治哲学。因此一种政治哲学的形成，首要的必然是关注人，并对人性做出自己的考量，正如日本学者加藤节所认为的那样，必须重新审视人与政治的关系，恢复人类对于政治的优先性。② 荀子的人性论正是如此，是基于"群居和一"的社会视角，对人性进行的一次深入解读。

---

① 翁惠美：《荀子论人研究》，台北：正中书局1988年版，第180页。
② 参见 ［日］加藤节《政治与人》，唐士其译，北京大学出版社2003年版。

一 何以重"性恶"

在荀子那里,人性是并不具备先天的道德色彩的,人性本质上是"本始材朴"的,作为"天之就"的人性根本就没有所谓善恶的区分,然而荀子又专门做了《性恶》一篇来界定人性之恶,并没有花费大量的篇幅来探讨"性朴",这其中的原因究竟是什么,值得我们深思。其实,最根本的原因就在于,荀子对人性进行探讨的终极目的是为其政治哲学服务的,也就是如何实现一种"群居和一"的社会秩序。人性"朴"的一面是不可改变的,是属于天的,因此也就没有必要过多探讨,而人性恶的一面恰恰是属于后天的,是可以改变的,因此荀子就必然紧紧抓住这可以改变的层面,来建立一种属于人类自身的和谐社会。荀子之所以如此重视"性恶",主要就在于荀子要解决的问题便是化解"性恶","性恶"是作为荀子的问题域而出现的,而不是"性朴"。

对人性的看法不同,则会产生出不同的政治哲学形态,尽管荀子的人性论是由"性朴"与"性恶"的二维结构组成的,然而其建立政治哲学的人性根基却是"性恶",而不是"性朴"。在荀子看来,正是因为"性恶",因此才需要通过制定"礼义"等人为的手段来建立一个"群居和一"的人类社会,亦即,荀子的"性恶"其实是作为一种后天的、需要加以克服的社会后果而出现的。在某种程度上讲,"性恶"与"礼义"之间的关系也是密不可分的,没有"性恶"的产生,也就不需要"礼义","依靠礼制的规范将自然状态之中的人改造成社会之人"[①]。确实如此,在某种程度上讲,正是因为荀子特别强调后天人为的努力,因此"性恶"才成为一种重点要加以克服的对象,在荀子看来,只有加以有效地克制"性恶","群居和一"的人类社会秩序才有可能实现。

我们可以简单比较一下荀子与庄子对人性的看法,会发现一种比较有趣的现象。那就是,在本质上讲,庄子也认为人性生来是质朴的:"同乎无欲,是谓素朴;素朴而民性得矣。"(《庄子·马蹄》)这与荀子的"性朴"并没有什么显著的差异,与荀子不同的是,庄子的政治哲学并不是以

---

① 丁成际:《礼制的规范与人性的理解——荀子人性新论》,《中国哲学史》2012 年第 2 期。

"性恶"为出发点的。尽管庄子对当时的社会混乱状况给予了大力批判，然而在庄子看来，那只是一种非正常的状态，是人类丢失自然本性后的结果，人类社会的希望只能寄托在回归到一种本性朴素的"至德之世"，因此庄子特别推崇"真人"的状态，"庄子只是想要一种真实的生活"①，这种真实的生活必须顺应人的自然本性。其实，庄子的逻辑很明晰，只要回归到人性本来的状态，那些所谓的社会之恶自然就消除了，因此在某种程度上更关注"性朴"。在荀子那里则不然，荀子认为"性恶"是欲望发展的必然，尽管人的本性是质朴的，然而进入到社会之中必然产生恶。因此荀子讲："今人之性，生而离其朴，离其资，必失而丧之。"（《荀子·性恶》）杨倞这样注释此句："言人若生而任其性，则离其质朴而偷薄，离其资材而愚恶，其失丧必也。"② 在荀子的人性论中，恶在某种程度上讲，是人性发展的一种必然，因此荀子就绝不会如同庄子那样，认为人性可以保持在一种质朴的状态。既然"性恶"几乎是人性发展的最终必然状态，那么顺理成章地，荀子将所有注意力都集中在了"性恶"之上，要实现一种良好的社会秩序，就必然要面对如何解决"性恶"这一问题，也就是如宋志明认为："借助道德规范和政治法令等手段，改造人性中恶的方面，使人弃恶向善，达到人性优化、社会安定的目标。"③

因此，荀子特别重视"性恶"，并专门做了《性恶》一篇予以阐发，并不是随意为之，而是有深层原因的。荀子认为，"性恶"是在社会生活中所要呈现出来的必然状态，要建立一种"群居和一"的社会秩序，"性恶"必然成为要解决的首要问题。并且"性恶"确实也是可以通过后天人为的努力而加以改变的，而"性朴"则是天生的，不能改变也不需要加以改变的，这才是荀子重视"性恶"的根本原因所在。

二 "群居和一"之必然

既然荀子认为"性恶"是人性在社会环境中的一种必然，是无可回避

---

① 王博：《庄子哲学》，北京大学出版社 2013 年版，第 128 页。
② （清）王先谦撰：《荀子集解》，沈啸寰、王星贤点校，中华书局 2013 年版，第 515 页。
③ 宋志明：《荀子的政治哲学》，《中国人民大学学报》1999 年第 3 期。

的,那么人类如何结成一个稳固的社会群体便成为一个严峻的问题,因为如果每个人都顺从自己的欲望的话,群体必然趋向于瓦解。因此,建立一种"群居和一"的社会秩序成为一种必然选择。

韦政通曾经说:"'群'是儒家政治思想中一个颇负创意的概念,孙中山先生说:'国者,人之积也。''人之积'正是'群'的意义,这是形成国家的基本条件之一。"① 确实如此,在荀子那里,人类的"能群"是一种不得不达成的目的,因为面对"性恶",人类如果无法取得"群居和一"的话,人类也就无法生存。可以这么讲,正是因为荀子看到了人性之恶的严峻性:"将由夫愚陋淫邪之人与?则彼朝死而夕忘之,然而纵之,则是曾鸟兽之不若也,彼安能相与群居而无乱乎?"(《荀子·礼论》)所以他才会产生构建一种"群居和一"社会的强烈愿望。荀子"群居和一"的政治理想与其人性论是紧密联系在一起的,不可分割的,没有"性恶"也就无所谓"群居和一",正如荀子所言的那样:"人之欲为善者,为性恶也。"(《荀子·性恶》)荀子所谓的善,我们前面也已经提到过,最终是一种社会之善,一种政治之善,而并非如同孟子那样的人性本有之善。在荀子那里,"群居和一"在本质上讲,就是一种终极的善,因此在某种意义上,我们把荀子的"人之欲为善者,为性恶也"这句话替换为"群居和一者,为性恶也",这也是完全没有问题的,正因为"性恶",所以才有必要实现一种"群居和一"的社会秩序。

在荀子"群居和一"的政治哲学中,人性注定是作为一种被治的对象而出现的。"既然礼义之法可以为人所知,那么每个人都可以通过它们改变自己的本性"②,其实不管是通过内在的心以"节欲"的方式来止恶,还是通过外在的礼以规范的力量来治恶,最终都是通过对原本质朴的人性的治理而得以实现的。并且这种对人性的矫治,是人类必然的选择,换句话讲,"群居和一"既是一种政治理想,也是一种必然选择,因为"能群"是人类区别于其他动物的关键所在,人类之所以"能群"完全得益于

---

① 韦政通:《中国思想史》(上),吉林出版集团有限责任公司 2009 年版,第 228 页。

② 张千帆:《为了人的尊严——中国古典政治哲学批判与重构》,中国民主法制出版社 2012 年版,第 91 页。

对人性的矫治，否则如其他动物一样，任凭欲望的自然发展，也就不可能有人类社会的存在。正如亚里士多德认为的那样："由此也可以明白城邦出于自然的演化，而人类自然是趋向于城邦生活的动物（人类在本性上，也正是一个政治动物）。"① 人性注定是和政治生活牵连在一起的，无法想象脱离了人性的政治会是怎样的一种政治。同样，在荀子这里，"群居和一"的政治理想又怎么会脱离人性而孤立存在呢，人类的"能群"与"性恶"注定是紧密联系在一起的，或者说正是因为"性恶"，所以才会努力追寻"群居和一"的理想状态。研究荀子的政治哲学就必须认真考察荀子的人性论，"群居和一"是荀子对人性进行考量之后的必然选择。

---

① ［古希腊］亚里士多德：《政治学》，吴寿彭译，商务印书馆1965年版，第7页。

第四章 "圣王制礼"："群居和一"的建构路径

　　既然在现实社会生活中，放纵人性之"欲"的自然发展，很容易产生一种恶的社会后果。那么，就必须有一套切实可行的治理策略，才能够去除人性之恶，从而实现"群居和一"的社会局面。尽管前面我们在讲"性恶"的时候，也提到了礼的作用，然而并没有展开。礼在荀子政治哲学中，理应上升到治国策略的高度。牟宗三也认为荀子特重客体之礼宪，是"外王"之极致①，确实如此，在荀子那里，礼是外在于人性的，因此牟先生将其称为"客体"，而与思孟学派精神之"主体"相区别。

　　礼作为一种外在的规范性存在，并不是每个人参与制定的结果，而完全是道德完备的先王或者"圣人"一手制定的。需要注意的是，不管是先王还是"圣人"，在荀子那里都是具有政治色彩的，先王自不必说，就是"圣人"也必须是取得政治地位的，否则他制定的礼如何能够得到实施。因此，"圣王"这个词也许更能贴切地表达荀子对制定礼义者的期待，那就是不仅是道德上的圣，而且是在位的王。荀子确实也在文中多次提到"圣王"，《荀子》文本中共出现圣王40处，出现"圣人"80处，出现"先王"49处，其实"圣王""圣人"以及"先王"三个词，在荀子那里几乎是同义的、可以互换的，都是指有德有位的礼的制定者，只不过"圣王"在字面上更能鲜明地表达荀子的所指。

　　"圣王"有德有位的特点，决定了礼具有两种进行社会治理的途径。一种是内在的德的进路，有德的"圣王"通过不断地实行教化，以及人们

---

　　① 参见牟宗三《名家与荀子》，吉林出版集团有限责任公司2010年版。

自身的学习和修养，在心的层面实现"性伪合""合于道"，这就是荀子所谓"化性起伪"的过程，实现对人们行为的规范。另一种是外在的法的进路，在位的"圣王"由于具有政治权力，完全可以将礼推进为法，给那些不按照礼的规范行事的人以惩罚，甚至荀子也不反对用刑罚的方式来治理社会。荀子在强调礼与法的同时，也十分重视乐的作用，认为音乐与政治的关系十分紧密。总之，荀子认为通过"圣王制礼"就可以到达"天下皆出于治"的局面，从而实现"群居和一"的政治理想。

第一节　"圣王"：礼的主体

面对治恶的社会现实，荀子认为必须依靠礼的作用，而对礼的来源，荀子也做出了明确的表述："礼起于何也？曰：人生而有欲，欲而不得，则不能无求；求而无度量分界，则不能不争；争则乱，乱则穷。先王恶其乱也，故制礼义以分之，以养人之欲，给人之求。使欲必不穷于物，物必不屈于欲。两者相持而长，是礼之所起也。"（《荀子·礼论》）礼只能由先王来制定，并不是每个人都可以随便参与制定的。而前面我们也已经提到，在荀子那里，"先王""圣人"及"圣王"三者几乎是可以互换的，都是指既有德又有位的实际统治者。

一　由德而圣

荀子认为礼的制定者必须首先是一个道德上的完备者，德国汉学家鲍吾刚（Wolfgang Bauer）也敏锐地发现了这一问题："荀子相信个体能给世界带来幸福。当然，这个个体不是沉湎于自身快乐、无比自我主义的人，而是一个良好的统治者。"[①] 确实如此，荀子认为这样一个良好的统治者，首先要在人格方面是一个道德的完备者，这与孔子对统治者寄予的期望是一致的："为政以德，譬如北辰居其所而众星拱之。"（《论语·为政》）而德的完备者，也就是所谓的圣。其实从圣的源头上加以考查的话，圣在最

---

① ［德］鲍吾刚：《中国人的幸福观》，严蓓雯、韩雪临、吴德祖译，江苏人民出版社 2010年版，第 63 页。

初并不与德有任何的联系，圣的最初意义是指一种"沟通"天地的能力。圣的繁体字为"聖"，许慎说："圣，通也，从耳，呈声。"段玉裁注："圣从耳者，谓其耳顺，《风俗通》曰：'圣者，声也。言闻声知情。'按聲聖字古相假借。"①圣在上古时代是一种职业，其身份应该是巫觋，通过倾听神灵的声音，以达到沟通"天地"的目的。不过自春秋时代开始，儒家对圣进行了一种德性化改造，将圣赋予了一种理想人格的色彩，从而将其与德联系在一起。

孔子作为儒家最早的代表人物，首先将"圣人"用道德予以规定："圣人，吾不得而见之矣；得见君子者，斯可矣。"(《论语·述而》)在这里，君子与"圣人"都是作为一种理想人格而存在的，是否有德便成为君子及"圣人"的关键，而不再是之前巫觋那种沟通"天地"的超验能力，并且在孔子那里，"圣人"有比君子更高的理想人格，因为君子可以见到，而"圣人"却从未见到，就连孔子也不敢自称是"圣人"："若圣与仁，则吾岂敢？抑为之不厌，诲人不倦，则可谓云尔已矣。"(《论语·述而》)而关于"圣人"与德的关系，《孔子家语·五仪解》则明确地讲："所谓圣者，德合于天地，变通无方，穷万事之终始，协庶品之自然，敷其大道而遂成情性。明并日月，化行若神。下民不知其德，睹者不识其邻。此谓圣人也。"②由此，德几乎成了圣的全部内涵，评价"圣人"的标准就在于是否有德。孟子同样将"圣人"定义为楷模："规矩，方圆之至也；圣人，人伦之至也。"(《孟子·离娄上》)荀子则继承着孔孟儒家以德来定义圣的传统，"积土成山，风雨兴焉；积水成渊，蛟龙生焉；积善成德，而神明自得，圣心备焉。"(《荀子·劝学》)"圣人也者，本仁义，当是非，齐言行，不失毫厘，无它道焉，已乎行之矣。"(《荀子·儒效》)总之，在先秦儒学中，德是成圣的唯一路径，"圣人通过道德感化来影响民众"③，德与圣已经水乳交融地联系在了一起。

然而"圣人"的德从何而来，是"圣人"与生俱来的吗？显然不是

---

① （清）段玉裁：《说文解字注》，上海古籍出版社1988年版，第592页。
② （三国·魏）王肃编著：《孔子家语》，中州古籍出版社1991年版，第24—25页。
③ 成云雷：《先秦儒学圣人德化机制的逻辑重构——以社会秩序建构为中心》，《河南师范大学学报》（哲学社会科学版）2007年第6期。

的。荀子认为人性是"天之就"的，并且人与人之间没有任何差别："材性知能，君子小人一也。"（《荀子·荣辱》）在人性中并不天然包含有任何道德的因子，"圣人"的德只能是通过后天所得的。质言之，只有通过后天的不断学习，才有可能成为"圣人"："学恶乎始？恶乎终？曰：其数则始乎诵经，终乎读礼；其义则始乎为士，终乎为圣人。"（《荀子·劝学》）在荀子看来，对礼的学习就是一种德的积累，我们可以发现，在荀子那里，礼本身也就是一种德，这与孔子将仁与礼紧密相连是一致的："人而不仁，如礼何？"（《论语·八佾》）由此，也就不难明白，为什么荀子认为礼只有依靠"圣人"才能制定出来，因为"圣人"之德本身就是通过不断学习礼而获得的。

德的获得是一种后天艰苦积习的结果，在成圣的过程中，荀子特别强调"积"的作用。荀子讲："今使涂之人伏术为学，专心一志，思索孰察，加日县久，积善而不息，则通于神明，参于天地矣。故圣人者，人之所积而致矣。"（《荀子·性恶》）由此可见，德的养成不是一朝一夕就能完成的事情，"圣人"的出现也不是一蹴而就的，"圣人乃人类后天积习而成者"①，而人所要积习的内容无疑就是德和礼。荀子同时认为道德的养成，个体努力及外在的环境都很重要，因此荀子对德的养成也从两个层面展开，一方面强调外在环境的重要性，另一方面强调自身努力的重要性。

荀子认为外在的环境和氛围对人的影响十分巨大，因此要想在道德修养层面获得提升，就必须选择良好的外在环境，以获得良好的教育。荀子讲："干、越、夷、貉之子，生而同声，长而异俗，教使之然也。"（《荀子·劝学》）人生来是没有差别的，完全是后天教化的结果，外在环境有着十分重要的影响。荀子也从自然现象中来印证环境影响的重要性："南方有鸟焉，名曰蒙鸠，以羽为巢而编之以发，系之苇苕，风至苕折，卵破子死。巢非不完也，所系者然也。西方有木焉，名曰射干，茎长四寸，生于高山之上而临百仞之渊，木茎非能长也，所立者然也。"（《荀子·劝学》）而对于人来讲，要想获得德的提升，最好的外在条件莫过于有一个

---

① 吴树勤：《知通统类——从礼学视野透视荀子的圣人人格》，《甘肃社会科学》2005 年第 5 期。

好的老师："师者，所以正礼也。无礼何以正身？无师吾安知礼之为是
也？"（《荀子·修身》）"荀子把求师、尊师看作学习礼义、修身养德的重
要途径之一"①，"求师"对个人来讲，当然属于外部条件，因为能否遇
到良师毕竟也要看自己的机遇，然而一旦遇到良师，并能够虚心求教的
话，那么个人必然就会受益匪浅从而获得德的提升。荀子这样评价获得
良师教育的显著效果："人有师有法而知则速通，勇则速畏，云能则速
成，察则速尽，辩则速论。"（《荀子·儒效》）尽管儒家自孔子开始就
有重师的传统，如孔子讲："三人行，必有我师焉；择其善者而从之，
其不善者而改之。"（《论语·述而》）然而将师首次推到如此之高的地
位，当属荀子，"天地君亲师"的思想在中国传统社会影响深远，而钱
穆就曾敏锐地指出："'天地君亲师'五字，始见荀书中。"②荀子之所以
对师的地位如此重视，原因就在于，在他看来，师是个体成德所必不可少
的重要外在条件。

当然有了好的外在环境，有了良师的指导，还需要自身的努力，才有
可能成德成圣，"自助自立和老师教导都是必需的"③。既然在本性上小人
与君子并没有差别，那么是什么原因造成了君子、小人之别呢，荀子讲
到："故小人可以为君子而不肯为君子，君子可以为小人而不肯为小人。
小人、君子者，未尝不可以相为也，然而不相为者，可以而不可使也。"
（《荀子·性恶》）君子、小人的区别就在于"为"与"不肯为"，"为"
彰显的是个体的努力，而不再仅仅是良好的外部环境，"'可以为'就理而
言，'不可使'就意志而言，意指后天修为"④，即使有良好的外部环境，
如果"不肯为"的话，依然无法获得道德上的提升。荀子认为个体自身的
努力对能否有德显得尤为重要，因此荀子专门做《劝学》一篇来激励人们
学习也就不难理解了，荀子讲："故木受绳则直，金就砺则利，君子博学
而日参省乎己，则知明而行无过矣。"（《荀子·劝学》）也就是说，只有

① 姜元奎、张华松：《荀子修身养心论》，《东岳论丛》2006 年第 1 期。
② 钱穆：《晚学盲言》，广西师范大学出版社 2004 年版，第 242 页。
③ ［美］孟旦：《早期中国"人"的观念》，丁栋、张兴东译，北京大学出版社 2009 年版，
第 91 页。
④ 林宏星：《〈荀子〉精读》，复旦大学出版社 2011 年版，第 78 页。

93

通过不断的学习并时刻反省自己，才能达到"知明而行无过"，由此也可见，想要获得德的提升，个体是不得不付出艰辛努力的。"圣人之所以成为圣人，无不经由一个习礼的过程"①，而"习"的主动性则是完全属于个人的，个体只有发挥自己的能动性去学习，成德成圣之路才有可能实现。

荀子认为"圣人"是道德上的完备者，只有不断在道德层面提升自己的人才有可能成为"圣人"。并且，个体的成德之路，既需要外部的良好环境，尤其是良师的教育指导，也需要个人持续不断的努力学习，"圣人"就是不断积习的结果。

二 由圣而王

荀子认为有德者才可以获得"位"，荀子讲："德必称位，位必称禄，禄必称用。"（《荀子·富国》）从这种逻辑出发，那么"圣人"作为道德层面的完备者，很自然地就应该获得国家最高决策者的位置。荀子口中的王无不首先是圣，只有"圣人"在位才可以称作王。"圣王"代表着荀子对统治者的最高期许，在他看来，社会的良好秩序完全依赖于"圣王"的出现。其实在《荀子》文本中但凡出现王字，其意义就与"圣王"是相同的，因为荀子是从由圣而王的逻辑出发的，所谓的王必然是圣。荀子所称的"先王"及"后王"，都首先是圣者，这从荀子将"先王"与"圣人"连用也可以看得出来："故先王圣人安为之立中制节，一使足以成文理，则舍之矣。"（《荀子·礼论》）在荀子看来，在现实国家的治理中，"唯有德有能者才配拥有执掌其权力的资格"②，其实这与孔子所追求的"德位一致"是相同的，孔子讲："仕而优则学，学而优则仕。"（《论语·子张》）只不过在孔子那里，"学"与"仕"的关系是双向的，似乎孔子并不反对先"仕"后"学"；而在荀子那里，则着重强调"学而优则仕"的层面，认为只有道德完备者才可以得"位"："夫德不称位，能不称官，赏不当

① 李凯：《荀子修养论新解》，《社会科学家》2014 年第 2 期。
② 吴根友、刘军鹏：《荀子的"圣王"观及其对王权正当性的论述》，《浙江学刊》2013 年第 5 期。

功，罚不当罪，不祥莫大焉。"（《荀子·正论》）王光松认为圣与王合一
的途径有两条："一是由圣而王，也即'大德者得位'，我们可称之为圣王
路线；一是由王而圣，也即'有位者有德'，可称之为王圣路线。"[1] 显然，
荀子很坚定地坚持由圣而王的路线。

荀子坚持由圣而王的路线，主张有德者才能在其位，这从侧面也反
映了对当时宗法世袭制的一种否定态度。荀子明确地讲："虽王公士大
夫之子孙也，不能属于礼义，则归之庶人。虽庶人之子孙也，积文学，
正身行，能属于礼义，则归之卿相士大夫。"（《荀子·王制》）荀子认
为能否"归之卿相士大夫"，应该完全依据是否"属于礼义"，而不应该
看门户出身。"战国时期宗法制度的影响有逐步削弱的趋势"[2]，荀子对
宗法世袭制的否定也是这种情况的一种反映，荀子认为君主的位置不应
该是世袭的，而应该由道德完备的"圣人"获得。对于在位而无德的君
主，荀子则给予了激烈的批判："桀、纣者，其志虑至险也，其志意至
闇也，其行为至乱也；亲者疏之，贤者贱之，生民怨之，禹、汤之后
也，而不得一人之与；剜比干，囚箕子，身死国亡，为天下之大僇，后
世之言恶者必稽焉；是不容妻子之数也。"（《荀子·正论》）甚至并不
反对用武力来对待之："昔者武王伐有商，诛纣，断其首，县之赤旆。
夫征暴诛悍，治之盛也。"（《荀子·正论》）"孟荀认为革命者必须在道
德智慧上超越常人，这样的人就是孟子所说的天吏、荀子所说的圣
人"[3]，荀子主张"圣人"有能力和义务来推翻暴君的统治，这也从反面
证明着他由圣而王的主张和理想。

荀子甚至依据君主之德的高低，阐述了王与霸的差别：

> 汤以亳，武王以鄗，皆百里之地也，天下为一，诸侯为臣，通达
> 之属莫不从服，无它故焉，以济义矣。是所谓义立而王也。德虽未至
> 也，义虽未济也，然而天下之理略奏矣，刑赏已诺，信乎天下矣，臣

① 王光松：《朱熹与孔子"有德无位"事件》，《现代哲学》2012 年第 6 期。
② 晁福林：《试论战国时期宗法制度的发展和衍变》，《史学史研究》1999 年第 1 期。
③ 高春海：《评荀子暴君论研究中的分歧》，《孔子研究》2014 年第 6 期。

> 下晓然皆知其可要也。政令已陈，虽睹利败，不欺其民；约结已定，虽睹利败，不欺其与。如是，则兵劲城固，敌国畏之，国一綦明，与国信之，虽在僻陋之国，威动天下，五伯是也。非本政教也，非致隆高也，非綦文理也，非服人之心也，乡方略，审劳佚，谨蓄积，修战备，齵然上下相信，而天下莫之敢当。故齐桓、晋文、楚庄、吴阖间、越勾践，是皆僻陋之国也，威动天下，强殆中国，无它故焉，略信也。是所谓信立而霸也。（《荀子·王霸》）

很显然，荀子认为"信立而霸"是要比"义立而王"低一个层次的，关键原因就在"非本政教"，也就是在德上的差别。正是由于在德上的瑕疵，所以齐桓公、晋文公等枭雄只能称作霸，而不能称作王。"荀子认为要统一天下，只有实行王道，霸道是不可以统一天下的"①，也就是只有圣者才能担当起治理国家的重担，荀子讲："国者，小人可以有之，然而未必不亡也，天下者，至大也，非圣人莫之能有也。"（《荀子·正论》）总之，荀子心目中最理想的君主，无疑首先是一个"圣人"，然后才可以拥有王的政治地位。

于是，"圣王"处在一种既圣又王的地位，顺理成章地，作为社会规范的礼也只能由"圣王"来制定。这是因为，首先"圣王"是一个道德上的完备者，是在不断学习前人礼的基础上而产生的，其已经具备了为社会制定礼的能力，这是其他普通人所不具备的，这是其制礼的主观因素；其次，"圣王"处在王的位置之上，也就是作为社会最高决策者而存在，只有处在王的位置上，才有可能推行其制定的礼，这是其制礼的客观因素。在荀子那里，无疑只有"圣王"才有能力制定出礼并推行之，"圣王"作为制礼的主体，也必然处于社会政治的中枢地位："圣人也者，道之管也。"（《荀子·儒效》）在荀子的政治理想中，似乎治理社会的重担完全落在了"圣王"一个人的肩上，后面我们将进一步探讨"圣王"制定出礼之后，又会运用什么样的具体方式来推行礼。

---

① 孔繁：《荀子评传》，南京大学出版社 1997 年版，第 52 页。

第二节 礼的规范

作为处于政治生活中最高地位的"圣王"，在制定出礼之后，首先是运用礼对民众进行教化，通过规范人们的行为来实现社会政治上的良序，卢梭就认为："敢于为一国人民进行创制的人——可以这样说——必须自己觉得有把握能够改变人性，能够把每个自身都是一个完整而孤立的整体的人转化为一个更大的整体的一部分，这个个人就以一定的方式从整体里获得自己的生命与存在；能够改变人的素质，使之得到加强；能够以作为全体一部分的有道德的生命来代替我们人人得之于自然界的生理上的独立的生命。"① 荀子之所谓"圣王"在某种程度上类似于卢梭之所谓的"为一国人民进行创制的人"。我们前面也提到，如果个体顺从自己的欲望的话，就会产生恶的后果，而欲望本身又是人性的一种自然发动，在本质上是不可去除的，只能对其进行节制："欲虽不可尽，可以近尽也；欲虽不可去，求可节也。"（《荀子·正名》）如何对"欲"进行节制呢？只能通过礼的规范作用，首先使心通过"虚壹而静"的方式来认可道，这个道其实也就是道德礼仪规范，即为礼；心认可了礼之后，就会自觉地对"欲"进行节制，从而使自己的行为符合礼的要求。其实，这就是荀子所谓"化性起伪"的过程，所谓的"化性"其实就是节制欲望，所谓的"起伪"其实就是遵循礼义。欲望是内在的，礼义是外在的，"化性起伪"的最终目的就是实现"性伪合"，也就是内在之"欲"与外在之礼的完美结合。而在"化性起伪"的过程中，礼的规范无疑起着重要的作用，外在的礼就是心所要知的道，只有树立起外在的礼，心才能够有据可循，才能给心的认知功能以正确的引导。由此可见，礼的规范具体可以呈现为以下几个阶段："心知道"——"化性起伪"——"性伪合"，最终实现"性伪合"之后，也就实现礼的现实政治效果，使个体能够在内心自觉地遵守礼的规范，从而实现一种社会的良序。

---

① ［法］卢梭：《社会契约论》，何兆武译，商务印书馆 2003 年版，第50—51 页。

一 心知礼

"圣王"制定出来的礼，之所以能够起到规范人们行为的作用，关键就在于心。我们前面也提到过，荀子认为心天生就具备认知功能，与孟子相比，荀子的心是一种认知之心，而并非道德之心。在荀子那里，心所能够认知的道其实也就是礼，心是内在的认知主体，而礼是外在的认识对象。礼的规范之所以能够发生作用，就在于礼与心能够实现一种交汇。

荀子讲："心有征知。征知则缘耳而知声可也，缘目而知形可也，然而征知必将待天官之当簿其类然后可也。"（《荀子·正名》）"荀子的认识论是心物一体的认识论"①，也就是只有心与外界的事物相接触，才可能发生认识，对礼的认知当然也不例外，只有首先将礼制定出来，心才有可能对其进行认知，从而"知道"。"知道"的过程其实就是对礼的认知过程："故心不可以不知道。心不知道，则不可道而可非道。人孰欲得恣而守其所不可，以禁其所可？以其不可道之心取人，则必合于不道人，而不合于道人。"（《荀子·解蔽》）荀子认为的"可道"在本质上讲是对礼的认可，杨倞明确地讲："道，谓礼义。"② 所谓的"知道"也就是知礼。因此，我们发现荀子所谓的道就是礼，是一种纯客观的存在，是外在于人的内心的，这与孟子更加强调一种内在之道有了鲜明的区别，孟子强调礼根植于人的内心，是天然存在的："恻隐之心，仁之端也；羞恶之心，义之端也；辞让之心，礼之端也；是非之心，智之端也。人之有四端也，犹其有四体也。"（《孟子·公孙丑上》）因此，在孟子那里，心与礼也就是合一的："君子以仁存心，以礼存心。"（《孟子·离娄下》）"心本身则是恻隐、羞恶、辞让、是非之心"③，既然心本身就天然包含有这样的"善端"，那么只要能够保持住不要失掉就可以了。而在荀子那里却不是这样的，礼是一种外在的存在，心只有主动地去认识礼，才能够"知道"。可以这样讲，在孟子那里，心主要依靠觉悟来实现道德的完成，因此特别强调"诚"：

① 温海明：《荀子心"合"物论发微》，《中国哲学史》2008年第2期。
② （清）王先谦撰：《荀子集解》，沈啸寰、王星贤点校，中华书局2013年版，第465页。
③ 张树业：《礼乐政教的心性论奠基——孟子礼乐论及其思想史效应》，《中国哲学史》2012年第3期。

"万物皆备于我。反身而诚，乐莫大焉。"（《孟子·尽心上》）而在荀子那里，心主要依靠认知来实现对礼的把握，从而来实现道德的完成，所以特别强调"知"："凡以知，人之性也；可以知，物之理也。"（《荀子·解蔽》）

然而，心虽然天然具备认知的能力，但是却经常被遮蔽，从而无法得出正确的认知，要想对礼有效地认知，则必须首先解除掉所有对心的遮蔽。荀子列举了多种"蔽"的存在："故为蔽：欲为蔽，恶为蔽，始为蔽，终为蔽，远为蔽，近为蔽，博为蔽，浅为蔽，古为蔽，今为蔽。"（《荀子·解蔽》）"妨碍人的认识达到全面性的主要障碍是因为有蔽"①，很显然，这些"蔽"妨碍着心对外在礼的认识，如果不能去除这些"蔽"的话，那么对礼的认知也就变得不可能。从根本来讲，荀子之所以如此重视心之"蔽"，并专门作了《解蔽》一篇，就是因为要想实现礼的教化功能，就必须要先去掉妨碍心认知礼的障碍，荀子的"解蔽"的最终目的是为其政治哲学服务的，"荀子之所以解蔽正名……目的无非在于实行礼仪之治而达于'天下之正'"②。

然而如何"解蔽"呢？荀子认为必须通过"虚壹而静"的工夫才能够实现。何为"虚壹而静"，荀子讲到："心未尝不臧也，然而有所谓虚；心未尝不满也，然而有所谓壹；心未尝不动也，然而有所谓静。人生而有知，知而有志。志也者，臧也，然而有所谓虚，不以所已臧害所将受谓之虚。心生而有知，知而有异，异也者，同时兼知之。同时兼知之，两也，然而有所谓一，不以夫一害此一谓之壹。心，卧则梦，偷则自行，使之则谋。故心未尝不动也，然而有所谓静；不以梦剧乱知谓之静。未得道而求道者，谓之虚壹而静。"（《荀子·解蔽》）其实，荀子"虚壹而静"的思想明显受到道家思想的影响，强调"虚壹而静"最终是为了使心摆脱成见、欲望的干扰，其中"不以所已臧害所将受谓之虚"及"不以夫一害此一谓之壹"表达的都是不要受到成见的影响，心已经认知的事物往往会妨

---

① 汪世锦：《论解蔽——关于荀子与海德格尔的一个比较》，《江汉论坛》2000 年第 4 期。

② ［韩］张炫根：《荀子思想中"解蔽""正名"的政治意义》，《社会科学战线》2004 年第 1 期。

碍将要认知的事物；而"不以梦剧乱知谓之静"则强调心要尽量摆脱欲望的干扰，我们前面也已经讲过，"欲"是人性的必然，是人性的自然发动，而这种与外界接触之后的自然发动之"欲"就很容易干扰心的正确认知。

其实，荀子"虚壹而静"最终要解决两个层面的问题，一个是心自身的认知功能所产生的成见，另一个是外在于心的欲望的干扰。一方面，由于心先天就具备认知功能，所以必然产生诸多的成见，那么再对后面的事物进行认知的话，势必受到成见的影响，"虚壹"的作用就是要消除成见的影响，从而正确认识后面的事物，"排除对各种知识的偏执和成见，从而能够使已有的知识不妨碍新知识的获得"①；另一方面，由于心在认识的过程中，很自然会受到欲望的干扰，通过"静"的修养工夫，可以使心远离欲望的干扰，从而获得正确的认知。英国汉学家葛瑞汉如此评价荀子的"静"："'静'居于所有意念活动之下，它不是道家的所谓冥想，而是恒久不变的知识，不受变幻无常的思想和想象的影响。"② 荀子讲："凡观物有疑，中心不定，则外物不清，吾虑不清，则未可定然否也。"（《荀子·解蔽》）所谓"中心不定"，究其原因是内心欲望的干扰，荀子认为只有"圣人"才能做到不受"欲"的干扰："圣人纵其欲，兼其情，而制焉者理矣。夫何强，何忍，何危？故仁者之行道也，无为也；圣人之行道也，无强也。仁者之思也恭，圣者之思也乐。此治心之道也。"（《荀子·解蔽》）杨倞言"圣人虽纵欲尽情而不过制"③，这也印证我们前面讲过的，荀子认为"欲"是不可去的，"静"的目的不是去除欲望，而是不让欲望干扰到心的认知功能，只要不干扰心，"欲"再多也是无害的，"圣人"的本领就在于能够使心远离欲望的干扰，而不是去压制欲望。不被欲望所干扰的心，会处于一种独自"清明"的境界："至人也，何强，何忍，何危？故浊明外景，清明内景。"（《荀子·解蔽》）这种强调心不受外物干扰的思想确实很接近于庄子，例如庄子就讲："至人之用心若镜，不将不

---

① 吴树勤：《礼学视野中的荀子人学——以"知通统类"为核心》，齐鲁书社 2007 年版，第140 页。

② ［英］葛瑞汉：《论道者：中国古代哲学论辩》，张海晏译，中国社会科学出版社 2003 年版，第 254 页。

③ （清）王先谦撰：《荀子集解》，沈啸寰、王星贤点校，中华书局 2013 年版，第 477 页。

迎，应而不藏，故能胜物而不伤。"（《庄子·应帝王》）这里庄子强调心要时刻像镜子一样，保持处在一种中立客观的位置，"心没有被淹没在物的海洋中，没有物于物，而是成为物的主宰"[1]，这与荀子强调心不受外物的干扰是一致的。不同的是，庄子是为了追求一种心灵层面的精神超脱，而荀子则是追求心灵对客观现实世界的认知，"在人的认识活动中，在感官发生作用的地方，都有'心'的参与"[2]。

总之，荀子认为通过"虚壹而静"的工夫，心可以知礼，只有心知礼以后，礼才可能实现对人们行为的规范。那么，礼的规范过程又是如何的呢，或者说礼的规范是通过什么样的方式来实现的呢，荀子认为是"化性起伪"。

二 "化性起伪"

在心通过"虚壹而静"的工夫认可了礼之后，就可以通过"化性起伪"的方式使人们的行为符合于礼仪规范。"化性起伪"之所以能够实现，必须有心知礼这一前提，因为礼是"化性"的主体，通过"化性"使人们的行为合乎礼仪规范，也就是所谓的"起伪"。

首先，我们来看何为"化性"。荀子讲："性也者，吾所不能为也，然而可化也；情也者，非吾所有也，然而可为也。"（《荀子·儒效》）又讲："状变而实无别而为异者，谓之化。有化而无别，谓之一实。"（《荀子·正名》）荀子认为"性"是天然具有的，不可以改变的，所以"不能为"，虽然"不能为"却是"可化"的，何为"化"，荀子认为是"状变而实无别"。"化性"的过程并不是改变人性，而是改变人性的呈现方式，"人性通过后天修为而由恶转为善，获得道德规定性"[3]，荀子认为未经过礼所"化"的人性存在着极大的恶的风险："今人之性，生而有好利焉，顺是，故争夺生而辞让亡焉；生而有疾恶焉，顺是，故残贼生而忠信亡焉；生而

---

① 王博：《庄子哲学》，北京大学出版社 2013 年版，第 190 页。
② 严火其、王中越：《必要的张力：在天官和天君之间——荀子认识思想新论》，《东岳论丛》2004 年第 2 期。
③ 吴树勤：《教育的本质在人性的自我迁化——荀子"化性起伪"说正义》，《甘肃社会科学》2007 年第 4 期。

有耳目之欲，有好声色焉，顺是，故淫乱生而礼义文理亡焉。"（《荀子·性恶》）而经过"化"的人性，则会自觉地规范自身行为，从而符合礼仪规范："然而孝子之道，礼义之文理也。故顺情性则不辞让矣，辞让则悖于情性矣。"（《荀子·性恶》）正是通过"礼义之文理"实现了"化性"之后，才能够做出"悖于情性"的辞让行为，从而符合"孝子之道"。显然，在荀子看来，只有在经过"化性"之后，"群居和一"的社会秩序才有可能实现，否则一味顺应性的话，只能造成社会的混乱无序。荀子的"化性"之说，其最终目的是为其政治哲学服务的，牟宗三在评价荀子的道德实践时讲："荀子注意到这一面，不能不重视实践之政治社会的意义。此为客观的实践，亦即客观精神之表现。我们就要拿着这种精神来构造社会，来改造社会。这就是'人文化成'之积极的意义。"①"化性"的过程尽管不是直接地对社会进行改造，却对良序社会的建立意义重大，因为"化性"的过程本身也是一种实践，一种改变人性呈现形态的实践，通过这种"化性"的实践过程，间接地为构建"群居和一"的良序社会打下了基础。

"化性"的过程实质上就是"化欲"，通过改变欲望的呈现状态来化恶为善。荀子讲："性者，天之就也；情者，性之质也；欲者，情之应也。"（《荀子·正名》）在荀子那里，性、情、"欲"本质上是一个东西，情和"欲"都属于性，只不过情是性的未发状态，而"欲"则是性发动之后的状态。显然，作为未发状态的情是无法作为"化"的对象的，所能"化"的只能是"欲"。"荀子言性恶，此'性恶'之'性'是以'欲'为内容规定的"②，正是因为"欲"有导向恶的风险，因此才需要通过"化性"来保障善的实现。"化性"本质上不是改变"欲"，而是改变"欲"的呈现方式，使人的欲望合乎外在的礼仪规范。荀子讲："今人之生也，方知畜鸡狗猪彘，又蓄牛羊，然而食不敢有酒肉；余刀布，有囷窌，然而衣不敢有丝帛；约者有筐箧之藏，然而行不敢有舆马。是何也？非不欲也，几不长虑顾后而恐无以继之故也。"（《荀子·荣辱》）人之所有能够节制自

---

① 牟宗三：《道德的理想主义》，吉林出版集团有限责任公司2010年版，第49页。
② 王楷：《天然与修为——荀子道德哲学的精神》，北京大学出版社2011年版，第68页。

己的欲望，是"长虑顾后"的结果，在这里其实欲望没有发生本质改变，而是由于人们的认知对其进行了"化"，从而改变了欲望的呈现形态。欲望就好比暴雨过后的激流，如果没有进行疏导的通道，就会四处泛滥，而如果有一定的通道进行疏导，那么水流就会沿着通道而流走，在这里，水流还是原来的水流，但是结果却迥异。欲望就好比水流，而礼则是对欲望进行疏导的通道，所以"化性"的过程其实也就是"化欲"的过程。通过"化性"使人们的内心自觉地认可社会规范，从而由人们的内在之善来实现社会的外在之善。"'礼'把人们引导到真正的人的境地，这实际上意味着人们所担负的本质的任务就是把'礼'内化为自己的人格"①，其实"化性"的过程就是一种人格内化的过程，使自己从内心接受礼的规范。

"化性"是通过改变"欲"的呈现形态，从内心接受礼义的规范，那么"起伪"则强调的是人们在行为上符合礼的要求。荀子讲："情然而心为之择谓之虑。心虑而能为之动谓之伪。虑积焉、能习焉而后成谓之伪。"（《荀子·正名》）杨倞对"心虑而能为之动谓之伪"注解道："心有选择，能动而行之，则为矫拂其本性也。"② 由此可见，"伪"更强调于后天之"行"，心一旦有了选择之后，关键还在于"动而行之"。所谓的"行"其实就在指人们的行为符合外在的社会规范，符合外在礼义的要求，这与荀子政治哲学的经验品格是相一致的。荀子就曾这样批评孟子的"性善"："无辨合符验，坐而言之，起而不可设，张而不可施行，岂不过甚矣哉！"（《荀子·性恶》）所谓的"张而不可施行"就是对现实社会没有作用，"孟子性善论指的只是一种'可以'的理论上的可能性，而不是一种'可以能'的现实性"③，而荀子更关注的则是一种社会现实性。"起伪"其实就是通过"化性"的过程，改变人性的自然呈现形态，使人进入一种社会状态。与之形成对比的是，孟子的"性善"则将社会的治乱与否完全寄托在一种内在的人性假设之上，确有脱离现实社会之嫌。

---

① [韩]张静互：《从荀子礼论看"礼教"的三个层次——试论"执礼""知礼"和"行礼"的教育内涵》，《孔子研究》2001 年第 1 期。

② （清）王先谦撰：《荀子集解》，沈啸寰、王星贤点校，中华书局 2013 年版，第 487 页。

③ 王进：《孟子之罪——荀子"性恶"论的政治哲学研究》，《深圳大学学报》（社会科学版）2014 年第 5 期。

总之，礼正是通过"化性起伪"的方式，来使人们自觉地遵守社会规范，从而为实现"群居和一"的政治理想打下基础。其中"化性"强调的是改变内在"欲"的呈现形态，而"起伪"则更加强调的是人们的外在之"行"，即符合礼仪规范的要求。

三 "性伪合"

礼通过"化性起伪"的方式，最终实现的是一种"性伪合"的状态。何为"性伪合"? 荀子讲:"性者，本始材朴也;伪者，文理隆盛也。无性则伪之无所加，无伪则性不能自美。性伪合，然后成圣人之名，一天下之功于是就也。故曰:天地合而万物生，阴阳接而变化起，性伪合而天下治。"(《荀子·礼论》)这其中包含两个层面的内涵:其一，"性伪合"是先天之性与后天之"伪"共同作用的结果，二者缺一不可;其二，"性伪合"是一种社会之治的状态，标志着礼的规范作用的实现。

首先，荀子认为"性伪合"包含性与"伪"两部分内容，二者缺一不可。所谓的性是属于人的自然属性的部分，是人生来就具备的，也就是荀子讲的"天之就"的部分;所谓的"伪"则是属于人的社会属性的部分，是人后天养成的，也就是荀子讲的"礼义"的部分。一种良序社会的形成，一方面不能脱离人固有的自然属性而存在，另一方面又不能仅仅满足于人的自然属性，而必须进入一种社会属性之中。任剑涛认为:"关于自然状态的论证……它是一个从根本上制约了政治建构、法律制定、社会组织状态的重大问题。"① 确实如此，尽管荀子认为人性作为一种自然属性是"本始材朴"的，然而其天然又隐藏着一种引起纷争的风险:"人生而有欲，欲而不得，则不能无求;求而无度量分界，则不能不争;争则乱，乱则穷。"(《荀子·礼论》)在荀子那里，人类社会的自然状态处于一种纷争的局面，这是属于性的部分;然而这种处于纷争的自然状态，注定无法自发实现一种"群居和一"的社会秩序，因此，必然要依靠人类的后天努力来实现一种良序社会，这就是"伪"的部分，体现的是人类的社会属性。"性伪合"的意义就在于，揭示了人的自然属性与社会属性是不可分

---

① 任剑涛:《政治哲学讲演录》，广西师范大学出版社 2008 年版，第 57 页。

割的，自然属性是人生而具有的，而社会属性同样也是人无法逃脱的，因为无法想象处在没有礼义之"伪"的自然状态，人类如何能够生存下去。其实，这也从另一个侧面印证了亚里士多德"人类在本性上，也正是一个政治动物"这一论断①，荀子也认为："故人生不能无群，群而无分则争，争则乱，乱则离，离则弱，弱则不能胜物，故宫室不可得而居也，不可少顷舍礼义之谓也。"（《荀子·王制》）既然"人生不能无群"，必然以"群"的形式结合起来，那么人类就必然要由自然状态过渡到社会状态，而想要维持一种稳定的社会秩序，则必须要依靠"礼义"，也就是荀子所谓"不可少顷舍礼义"，"礼义"是人类后天努力的结果，即属于"伪"的层面。由此可见，荀子认为要实现一种"群居和一"的社会秩序，必然要实现"性伪合"的状态，"性伪合"是人类自然属性与社会属性的合一，是外在"礼义"教化的结果。

其次，"性伪合"是一种理想的社会治理状态，是一种社会之治。荀子讲"礼义"的教化作用，不是如孟子那样侧重于内在的道德觉醒，而是更关注社会的现实效果，荀子认为实现"性伪合"便能实现一种理想的社会状态："天地合而万物生，阴阳接而变化起，性伪合而天下治。"（《荀子·礼论》）"从荀子对'性伪之合'的论述来看，他试图构建一个自上而下的辐射式政治治理模式"②，其实在荀子看来，这种"辐射式政治治理模式"主要依靠礼义的教化作用，"圣人"制定出礼义，然后通过"化性起伪"的方式，从而实现"性伪合而天下治"。从本质来讲，"礼义"的教化就是一种德治，这与孔子强调德在社会生活中的作用是一致的："君子之德风，小人之德草。草上之风，必偃。"（《论语·颜渊》）"只有制度上的道德目的与政治目的之合一，才能确保政治本身之合目的性的最终有效贯彻"③，只不过孔子没有对德的教化过程进行详尽的阐发，而荀子则进行了详尽的阐发，那就是通过"化性起伪"来实现"性伪合"，并通过完成德的挺立来实现社会的良序。

---

① ［古希腊］亚里士多德：《政治学》，吴寿彭译，商务印书馆1965年版，第7页。
② 胡可涛：《礼义之统：荀子政治哲学研究》，台北：花木兰文化出版社2013年版，第46页。
③ 董平：《儒家德治思想及其价值的现代阐释》，《孔子研究》2004年第1期。

然而，"性伪合"的实现，在本质上讲是通过礼的教化来完成的，通过礼的教化来实现一种社会的良序，固然是一种最为理想的方式，但是却不能够单纯依靠礼的教化来实现社会的治理，这是因为并不是每一个人都能自觉地实现"性伪合"，自觉地在内心遵循外在的社会规范，质言之，德的完成是一种应然，而不是必然。就连甚为推崇德的孔子也会感慨："吾未见好德如好色者也。"（《论语·子罕》）既然并不能确保每个人都能完成德的实现，"在政治这一公共的人类事物领域，仅仅依靠主体的觉解和境界的提升来寻求解决问题的办法又是极其靠不住的"①，那么，依靠礼的教化来实现"性伪合"，显然就不应该作为唯一的实现社会良序的方式。荀子对此做出的回应是：由礼向法过渡，在注重礼的规范作用的同时，加强外在法的制约。

第三节　法的强制

实现"群居和一"的人类社会，通过礼的规范固然是一种最为理想的方式，然而却不能仅仅停留在充满柔性色彩的规范之上，而必须加强外在的充满刚性色彩的法的强制。原因就在于，在现实社会中，并不是每个人都可以通过礼的规范而实现"性伪合"，对那些不自觉遵守礼的人又该如何对待呢？荀子认为必须用法来对其进行制约："由士以上则必以礼乐节之，众庶百姓则必以法数节之。"（《荀子·富国》）这里的"众庶百姓"就是指不能自觉遵循礼的大部分人，对这些人就必须"以法数节之"，由此可见，在荀子看来，仅仅依靠礼的规范来实现"群居和一"的社会也是不现实的。荀子对法的重视，就明显不同于孔孟那种单方面侧重于教化的态度，如孔子讲："道之以政，齐之以刑，民免而无耻；道之以德，齐之以礼，有耻且格。"（《论语·为政》）孟子讲："为政不难，不得罪于巨室。巨室之所慕，一国慕之；一国之所慕，天下慕之；故沛然德教溢乎四海。"（《孟子·离娄上》）孔孟都强调治理国家要以德的教化为主，而对

---

① 林存光：《政治的境界——中国古典政治哲学研究》，中国政法大学出版社 2014 年版，第143 页。

法的外在制约并没有引起足够的重视。

如果只强调礼的规范，而不注重法的强制，这在荀子看来显然是行不通的。因为，有的人注定会选择成为小人："故小人可以为君子而不肯为君子，君子可以为小人而不肯为小人。小人、君子者，未尝不可以相为也，然而不相为者，可以而不可使也。"（《荀子·性恶》）对于不肯接受道德规范的小人，显然就不能期望其依靠内在之德，而必须加强外在之法。其实，这也类似于霍布斯对人类自然状态的看法，如果没有外在的强力制约，人很容易陷入一种相互"战争"的状态："因为各种自然法本身（诸如正义、公道、谦谨，以及［总起来说］己所欲，施于人），如果没有某种权威使人们遵从，便跟那些驱使我们走向偏私、自傲、复仇等的自然激情相互冲突。没有武力，信约便只是一纸空文，完全没有力量使人们得到安全保障。"① 荀子那里的法显然就具有这样一种外在的权威性，通过对人们的自然激情来加以制约，以助于实现一种"群居和一"的良序社会。

荀子尽管非常重视法的作用，然而荀子讲的法并不是礼的对立面，而恰恰是由礼而法的，其实荀子在讲礼的同时，已经将礼赋予了一种法的色彩，所以经常"礼法"并称，这与以韩非为代表的法家之法有着根本差异，法家的法完全是以人性趋利避害为出发点的，而不是如荀子那样以礼作为出发点。在重视法的同时，荀子也不反对用刑，由法而刑也是荀子思想的必然发展，这与孔子对刑所持的成见形成了鲜明的对比，在荀子看来，法之所以有外在的强制力量，必须依靠刑来对人们的心理形成一种震慑力，这就是荀子所谓的"重刑罚以禁之"（《荀子·性恶》）。由礼而法、由法而刑反映了荀子对法的重视，认为一种"群居和一"的社会秩序离不开法的外在制约，然而荀子同时又认为"法不能独立"（《荀子·君道》），法尽管不可或缺，但是法并不是万能的。其实这也不难理解，在荀子那里，法是来源于礼的，而礼是由"圣人"制定的，因此，法与"圣人"相比较而言，显然"圣人"更处于一种决定性的地位，所以荀子讲："故法不能独立，类不能自行，得其人则存，失其人则亡。法者，治之端也；君

---

① ［英］霍布斯：《利维坦》，黎思复、黎廷弼译，商务印书馆1985年版，第128页。

子者，法之原也。故有君子则法虽省，足以遍矣；无君子则法虽具，失先后之施，不能应事之变，足以乱矣。"（《荀子·君道》）荀子所谓的君子显然就是在位的"圣人"，法只是君子治理国家的一种工具，并不具有终极的价值依据，而君子才是国家治理的最终依靠。

一 由礼而法

荀子非常重视法的作用，那么法又是如何产生的呢？荀子认为是由礼产生的，礼是法产生的基础，这也是荀子经常"礼法"并称的重要原因。其实，在荀子那里，礼本身已经具备法的属性，强调一种外在的制约，而与孔孟侧重强调礼的内在性有所不同。然而，尽管荀子强调法的外在制约性，然而与以韩非为代表的法家的法又有着显著差异，法家的法并没有以礼作为基础，而只是对人性的趋利避害性进行赤裸裸地利用，荀子的法具有深厚的道德根基，这是法家的法所不具备的。

首先，荀子所讲的礼本身就具备了某些法的属性，因此经常"礼法"并称。《荀子·王霸》中有言："君臣上下，贵贱长幼，至于庶人，莫不以是为隆正。然后皆内自省以谨于分，是百王之所同也，而礼法之枢要也。然后农分田而耕，贾分货而贩，百工分事而劝，士大夫分职而听，建国诸侯之君分土而守，三公总方而议，则天子共己而止矣。出若入若，天下莫不均平，莫不治辨，是百王之所同而礼法之大分也。"在荀子看来，礼本身就具备了一种外在规范性，而这正是法的属性，李桂民就认为："在荀子思想中，'礼法'并不能拆分为'礼'和'法'，而是把'礼'看成国家的根本大法。"① 确实如此，荀子认为礼是治理国家的根本，牟宗三认为："在中国以前，从社会文化上总持而言，儒家的道德、礼乐自是一骨干。"② 由此，荀子所强调的法，也必然是从礼延伸出来的，否则便成为无源之水。荀子明确地讲："至道大形，隆礼至法则国有常，尚贤使能则民知方，纂论公察则民不疑，赏克罚偷则民不怠，兼听齐明则天下归之。"（《荀子·君道》）荀子强调"隆礼至法"显然就是认为法必须以礼为基

---

① 李桂民：《荀子法思想的内涵辨析与理论来源》，《孔子研究》2010 年第 2 期。
② 牟宗三：《政道与治道》，吉林出版集团有限责任公司 2010 年版，第 17 页。

础，由礼而法，"在'礼法'关系上，荀子把'礼'置于首要地位"①。礼是法产生的终极依据："《礼》者，法之大分，类之纲纪也，故学至乎《礼》而止矣。"（《荀子·劝学》）

儒家自孔子开始就非常重视礼，那么为什么在孔子和孟子那里，没有如此强调法的作用，或者说没有由礼延伸出法的思想呢？究其根本原因在于，孔孟的礼更侧重于一种内在的道德觉醒，而忽视外在的规范制约。《论语·八佾》中有言："人而不仁，如礼何？人而不仁，如乐何？"在孔子看来，礼主要依靠内在的仁，如果缺少了内在仁的道德支撑，那么外在的礼仪制度是没有任何作用的。"礼既然属于道德范畴，就要表达出精神性品格，它不是要求人的盲目服从，而是基于个人意识的自觉体认"②，在孔子那里，礼更多地体现为一种精神性质的仁，而不是外在规范性质的法。在孟子那里，同样将礼根植于人的内心，孟子讲"辞让之心，礼之端也"（《孟子·公孙丑上》），认为礼是内在于人心的，"仁义礼智的家园在心，即'根于心'"③。总之，在孔孟那里，礼在本质上是根治于人心的，其必然凸显的是礼的内在性，而不是礼的外在性。而在荀子看来，礼本身就具备了法的规范性："程者，物之准也；礼者，节之准也。"（《荀子·致士》）杨倞谓："节，谓君臣之差等也。"④ 很显然，荀子的礼具有了一种外在的规范性，用以制约人们的行为，从而在现实生活中能够按照自己的身份地位来行事。荀子看到了过于依靠内在道德来治理社会的局限性，因此将孔孟充满道德意蕴的内在之礼进一步外化，赋予了礼一种外在的规范性，从而为由礼而法打下了基础。其实，在荀子那里，礼与法的关系也并不是截然分开的，而是水乳交融，彼此之间密不可分的，礼具备法的规范性，法借助礼的道德根基。

荀子的法是建立在礼的基础之上的，正如霍布斯的社会契约是建立在自然律的基础上一样。霍布斯认为："自然律是理性所发现的戒条或一般

---

① 朱学恩：《"隆礼至法"还是"隆礼""重法"——荀子政治哲学观探讨》，《社会科学家》2009 年第 3 期。

② 王国良：《论孔子仁学的主体性》，《社会科学战线》2000 年第 6 期。

③ 许建良：《先秦儒家的道德世界》，中国社会科学出版社 2008 年版，第 165 页。

④ （清）王先谦撰：《荀子集解》，沈啸寰、王星贤点校，中华书局 2013 年版，第 309 页。

法则。这种戒条或一般法则禁止人们去做损毁自己的生命或剥夺保全自己生命的手段的事情,并禁止人们不去做自己认为最有利于生命保全的事情。"① 霍布斯认为自然律是一种理性的发现,同样在荀子那里的礼也是通过"圣人"的理性而得以发现的;霍布斯的社会契约是通过自然律进一步推导出来的,荀子的法也是通过礼建立起来的。质言之,礼就是法得以建立的基础,荀子认为礼具有一种恒常性:"彼先王之道也,一人之本也,善善恶恶之应也,治必由之,古今一也。"(《荀子·强国》)因此以礼为基础的法也便必然具有某种恒常性,而不能因个人意志而随意发生改变。正如黑格尔所认为的那样:"法学是哲学的一个部门,因此,它必须根据概念来发展理念——理念是任何一门学问的理性——或者这样说也是一样,必须观察事物本身所固有的内在发展。"② 法的理念是与任性等情感根本对立的:"如果把内心的感情、倾向和任性跟实定法和法律相对立,哲学至少不能承认这些权威。"③ 因此法律便不是一些随意性的命令,而必须有牢固可靠的理论基础,这种理论基础在荀子那里便是礼。

其实,荀子所讲的法与以韩非为代表的法家所讲的法,根本的差异之处就在于:前者是以礼作为理论基础的;而后者则是利用人的趋利避害性来为君主服务的。荀子打破了"儒者不入秦"的传统,"孔子、孟子、荀子都曾到达过齐国等一些诸侯国家,然而,三人之中,唯有荀子到达过秦国"④,而秦国正是通过法家人物商鞅的变法之后,才逐渐强盛起来的,其治国的理念基本是采用法家的思想,荀子入秦从另一个侧面反映了荀子对法的重视,这与孔孟是大为不同的。荀子在考查秦国的社会状况后,在大加赞美一番后,也指出了其根本的不足。

> 其固塞险,形势便,山林川谷美,天材之利多,是形胜也。入境,观其风俗,其百姓朴,其声乐不流污,其服不挑,甚畏有司而顺,古之民也。及都邑官府,其百吏肃然,莫不恭俭、敦敬、忠信而

① [英]霍布斯:《利维坦》,黎思复、黎廷弼译,商务印书馆1985年版,第98页。
② [德]黑格尔:《法哲学原理》,范扬、张企泰译,商务印书馆1961年版,第2页。
③ [德]黑格尔:《法哲学原理》,范扬、张企泰译,商务印书馆1961年版,第4页。
④ 杨金廷、范文华:《荀子史话》,人民出版社2014年版,第94页。

不楛，古之吏也。入其国，观其士大夫，出于其门，入于公门，出于
公门，归于其家，无有私事也，不比周，不朋党，偶然莫不明通而公
也，古之士大夫也。观其朝廷，其间听决百事不留，恬然如无治者，
古之朝也。故四世有胜，非幸也，数也。是所见也。故曰："佚而治，
约而详，不烦而功，治之至也，秦类之矣。虽然，则有其諰矣。兼是
数具者而尽有之，然而县之以王者之功名，则偶偶然其不及远矣。是
何也？则其殆无儒邪！"故曰："粹而王，驳而霸，无一焉而亡。此亦
秦之所短也。"（《荀子·强国》）

荀子认为，尽管秦国的社会看起来非常强盛并且有秩序，然而，还远远没
有达到一种理想的状态，也就是荀子所谓"王者之功名"的状态，荀子认
为秦国只能算作一种"驳而霸"的状态。是什么原因造成这种局面呢？荀
子认为是"无儒"，也就是秦国的政治不是建立在礼的基础之上的，而只
是依靠武力而取得一种霸主地位。如果只是依靠武力来使别国臣服，则就
会有被其他国家联合起来对抗自己的隐忧："威强乎汤、武，广大乎舜、
禹，然而忧患不可胜校也，諰諰然常恐天下之一合而轧己也，此所谓力术
止也。"（《荀子·强国》）也就是臣服于秦的国家并不是处于一种心悦诚
服的状态，这就是孟子所谓的："以力假仁者霸，霸必有大国；以德行仁
者王，王不待大——汤以七十里，文王以百里。以力服人者，非心服也，
力不赡也；以德服人者，中心悦而诚服也，如七十子之服孔子也。"（《孟
子·公孙丑上》）秦国正是处于一种霸的状态，而臣服的国家也并非"中
心悦而诚服"，荀子认为这是秦国面临的最大问题，也是其短命而亡的根
本原因。

　　尽管荀子通过考查秦国的政治，提出了任用儒者的建议，然而以法家
思想为宗旨的秦国显然并不能采纳荀子的建议，下面我们就来探讨一下，
在法家那里法的确切内涵。

　　首先，法家之法的依据不是作为道德性的礼，而是趋利避害的人性。
商鞅首先就对儒家仁义思想予以批判："六虱：曰礼乐，曰诗书，曰修善，
曰孝第，曰诚信，曰贞廉，曰仁义，曰非兵，曰羞战。国有十二者，上无
使农战，必贫至削。十二者成群，此谓君之治不胜其臣，官之治不胜其

民，此谓六虱胜其政也。"（《商君书·靳令》）商鞅将儒家的道德规范比喻为虱子，认为对社会没有丝毫效用，这就在根本上瓦解了法的道德基础。许建良认为商鞅法家否定仁义等现实道德有着深刻的缘由[1]，也就是商鞅之所以会否定儒家的仁义，是因为看到了人性是趋利避害的："人［生］而有好恶，故民可治也。人君不可以不审好恶；好恶者，赏罚之本也。夫人情好爵禄而恶刑罚，人君设二者以御民之志，而立所欲焉。夫民力尽而爵随之，功立而赏随之，人君能使其民信于此如日月，则兵无敌矣。"（《商君书·说民》）因此，在商鞅那里，所谓的法其实就是一种赏罚制度，并且这些赏罚制度完全是基于人性的好恶，并不存在任何道德的因子，"法家基于人性恶的观点，认为人人都具有'好利而恶害'或者'就利而避害'的本性，人的这种本性是不可改变的，因此，仁义道德是无济于事的，只有法令才能奏效"[2]。韩非子同样揭示了人性的趋利避害："好利恶害，夫人之所有也。赏厚而信，人轻敌矣；刑重而必，夫人不北矣。长行徇上，数百不一人；喜利畏罪，人莫不然。"（《韩非子·难二》）总之，法家的法，其实就是建立在人性趋利避害基础上的一系列赏罚措施，而与具备道德色彩的礼无关。

其次，荀子的法的实施是建立在对民众教化的基础之上的，而法家的法则相对忽视教化作用，其本质是"以刑去刑"。荀子明确反对"不教而诛"："故不教而诛，则刑繁而邪不胜；教而不诛，则奸民不惩；诛而不赏，则勤厉之民不劝；诛赏而不类，则下疑俗险而百姓不一。"（《荀子·富国》）故也可以认为荀子是先礼后法，即先通过礼对民众进行教化，实现"化性起伪"，对无法实现教化的个体才用法加以制约。霍布斯也有一段意味深长的话："对人民严厉就是惩罚他们的无知，而这种无知却有大部分要归罪于主权者，其过失在于没有使人民更好地受到教导。"[3] 这与荀子的主张确有类似之处，那就是要先对人民进行教导，然后才可以对违法行为进行惩罚，只不过在霍布斯那里教导的最终依据是自然法，而在荀子

---

① 许建良：《先秦法家的道德世界》，人民出版社2012年版，第201页。

② 马珺：《略论先秦时期儒家与法家对法的认识》，《中州学刊》2004年第6期。

③ ［英］霍布斯：《利维坦》，黎思复、黎廷弼译，商务印书馆1985年版，第272页。

那里是礼。在法家那里则不然，道德的教化在法家的思想中没有任何位置，恰恰相反，法家往往认为赏罚的本身就是一种教化，只不过这种教化是强制性的而已，也就是所谓的"以刑去刑"。《商君书·去强》中有言："以刑去刑，国治，以刑致刑，国乱。故曰：行刑重轻，刑去事成，国强；重重而轻轻。刑至事生，国削。刑生力，力生强，强生威，威生惠，惠生于力。"在这里，商鞅非常重视刑的作用，认为只要实现"以刑去刑"，国家就自然治理好了，暗含的意思便是：根本不需要仁义道德的教化。《韩非子·二柄》中有更为直接的表述："明主之所导制其臣者，二柄而已矣。二柄者，刑、德也。何谓刑德？曰：杀戮之谓刑，庆赏之谓德。为人臣者畏诛罚而利庆赏，故人主自用其刑德，则群臣畏其威而归其利矣。"由此可见，韩非子认为刑赏之于国家的作用，要远远高于道德教化之于国家的作用，"在韩非看来，法具有功利性，能够为国家和人民带来好处，是最为适宜的治国方式。实行法治，暂时痛苦却可以长久得利；实行仁道，苟乐而后患无穷"①。总之，法家所讲的法，更多指的是一种"刑赏"措施，排除了礼的道德教化作用，认为只要依靠"以刑去刑"就完全可以实现国家的长治久安；而这种思想，荀子显然是不能同意的，荀子对这种依靠刑赏而霸的态度是："然而仲尼之门人，五尺之竖子，言羞称五伯，是何也？曰：然！彼非本政教也，非致隆高也，非綦文理也，非服人之心也。"（《荀子·仲尼》）荀子认为只有先通过礼的教化，才能够"服人心"，国家才能够得到很好的治理。荀子认为在法实施之前首先要对民众进行教化，而法家则忽视教化的作用，主张直接采用刑罚措施来达到"以刑去刑"的目的。

总之，荀子非常重视法的作用，认为良好社会秩序的实现，不仅需要内在道德的提升，更需要外在法的制约，这与孔孟侧重礼的内在性是不同的，荀子是在礼的基础上向外延伸出了法。与此同时，荀子的法与法家的法也有根本差异，法家之法是以人性的趋利避害为基础的，缺少礼的道德根基，这是荀子对法家批判最为严厉之处。

---

① 时显群：《论法家"务实功利"的价值观》，《社会科学家》2010年第1期。

二 由法而刑

荀子尽管不赞同像法家那样，将治理国家的手段完全集中在"刑赏"措施上，然而其并没有否定刑罚的作用。荀子认为，对于那些违背法的人，采用刑罚措施是十分必要的："听政之大分：以善至者待之以礼，以不善至者待之以刑。两者分别则贤不肖不杂，是非不乱。贤不肖不杂则英杰至，是非不乱则国家治。"（《荀子·王制》）瞿同祖这样评价荀子刑的思想："这种礼刑分治的看法无异于融合儒法两家主张于一炉。"① 确实如此，荀子对刑的肯定确实带有一些法家的影子，受到当时法家思想的影响。

荀子认为采取刑罚措施的主要作用在于预防违法行为的产生，也就是荀子所谓的"戒其心"："故必将撞大钟、击鸣鼓、吹笙竽、弹琴瑟，以塞其耳，必将錭琢、刻镂、黼黻、文章以塞其目必将刍豢稻粱、五味芬芳以塞其口，然后众人徒、备官职、渐庆赏、严刑罚以戒其心。使天下生民之属皆知己之所愿欲之举在是于也，故其赏行；皆知己之所畏恐之举在是于也，故其罚威。"（《荀子·富国》）人们在内心中对违法行为的后果产生了一种畏惧感，自然就会减少违法的概率，正如霍布斯所认为的那样："因为惩罚的本质要求以使人服从法律为其目的；如果惩罚比犯法的利益还轻，便不可能达到这一目的，反而会发生相反的效果。"② 如果惩罚力度较低，人们就会不惜采用违法的方式来获取利益，也就达不到"戒其心"的功效。

同时，荀子认为要使刑罚达到良好的效果，还必须做到"刑罪相当"："故刑当罪则威，不当罪则侮；爵当贤则贵，不当贤则贱。古者刑不过罪，爵不踰德，故杀其父而臣其子，杀其兄而臣其弟。刑罚不怒罪，爵赏不踰德，分然各以其诚通，是以为善者劝，为不善者沮，刑罚綦省，而威行如流，政令致明而化易如神。"（《荀子·君子》）而要实现"刑罪相当"，则就必须首先保证法的明确性和公正性，只有惩罚措施在法律中有了明确的

① 瞿同祖：《中国法律与中国社会》，中华书局 2003 年版，第 336 页。
② ［英］霍布斯：《利维坦》，黎思复、黎廷弼译，商务印书馆 1985 年版，第 243 页。

规定，并让广大民众知晓，才能保证法实施的客观公正性，也才能在根本上保障"刑罪相当"，因此荀子讲："君法明，论有常，表仪既设民知方。进退有律，莫得贵贱孰私王？君法仪，禁不为，莫不说教名不移。"（《荀子·成相》）

荀子认为刑罚的实施必须严格按照法的规定，而法又是以礼为基础制定的，因此荀子的刑便不是单纯以惩罚为目的，而带有"禁暴恶恶"的色彩。荀子讲："凡刑人之本，禁暴恶恶，且征其未也。杀人者不死，而伤人者不刑，是谓惠暴而宽贼也，非恶恶也。"（《荀子·正论》）杨倞对"征其未"的"未"注解曰："未为将来。"[1] 也就是刑罚的作用更多的是着眼于将来，使人们的行为在以后能够更好地遵守法的要求。总之，在荀子那里，刑罚只是教化失效后的一种补救措施，而并不是如法家那样认为"刑赏"是治国理政之根本，储昭华也认为，在荀子那里刑罚是对礼的一种补充，"法更多的指的是罚或者刑。对于这个意义上的法……将其视为礼的补充"[2]。美国汉学家孟旦（Donald J. Munro）讲："人如何激发自愿服从规范的顺从之心？君王应该用惩罚违法者的恐惧来控制大众呢，还是应该促使他们对楷模——那些在自身行为中体现了'礼'的人——的效法以养成正确习惯？"[3] 很显然，对于这个问题的态度，荀子认为首先应该通过礼的教化，即使是施行惩罚措施，其目的也不是为了"控制大众"，而是为了起到警示作用，达到"戒其心"的效果。

刑罚在荀子那里，只是一种不得已而为之的手段，正如卢梭认为的那样："此外，刑罚频繁总是政府衰弱或者无能的一种标志。决不会有任何一个恶人，是我们在任何事情上都无法使之为善的。"[4] 确实如此，在荀子看来，刑罚虽然不可避免，然而刑罚远远不是目的，而只是一种使人为善的手段，只不过这种手段较之礼的教化更具有一种强制性而已："尚贤使

---

① （清）王先谦撰：《荀子集解》，沈啸寰、王星贤点校，中华书局2013年版，第525页。

② 储昭华：《明分之道——从荀子看儒家文化与民主政道融通的可能性》，商务印书馆2005年版，第300页。

③ ［美］孟旦：《中国早期"人"的观念》，丁栋、张兴东译，北京大学出版社2009年版，第104页。

④ ［法］卢梭：《社会契约论》，何兆武译，商务印书馆2003年版，第43—44页。

能而等位不遗；折愿禁悍而刑罚不过，百姓晓然皆知夫为善于家而取赏于朝也，为不善于幽而蒙刑于显也。夫是之谓定论。是王者之论也。"（《荀子·王制》）杨倞对"刑罚不过"注解曰："刑罚不过，但禁之而已，不刻深也。"[1] 采用刑罚的主要目的在于"禁之"。

由此可见，在荀子那里刑远远不是目的，而只是一种维护礼的手段而已，由于法是以礼为基础的，因此刑也必然以礼为基础。在荀子那里，刑罚的依据便是礼，也就是刑罚不能根据执法者的个人意志而加以实施："怒不过夺，喜不过予，是法胜私也。"（《荀子·修身》）徐克谦认为："不能凭自己一时的喜怒随意增减处罚或奖赏。"[2] 这与法家的"刑赏"显然是有所不同的，法家的"刑赏"措施完全是君主依据人们的趋利避害性而加以制定的，其本质上便不是以礼为基础，而是以君主的个人意志为基础。可以这样讲，在礼、法和刑三者的关系上，荀子是由礼而法，由法而刑，三者是紧密联结在一起的，并且礼处于核心的基础地位，法和刑只是作为礼的保障而存在，因此荀子讲："礼者，治辨之极也，强国之本也，威行之道也，功名之总也。"（《荀子·议兵》）质言之，一切关于法和刑的治理举措都是围绕礼这个中心的，因此梁启超也认为荀子是以"礼义"治天下的。[3]

三 法不能独立

尽管荀子非常重视法的作用，但是并不主张僵化地使用法，而是提出了"法不能独立"的思想。荀子讲："有乱君，无乱国；有治人，无治法。羿之法非亡也，而羿不世中；禹之法犹存，而夏不世王。故法不能独立，类不能自行，得其人则存，失其人则亡。法者，治之端也；君子者，法之原也。"（《荀子·君道》）在荀子看来，法固然重要，然而君子更为重要。即使有良好的法，如果没有君子来加以实行，也起不到良好的效果。法并不是孤立存在的，而在君子的作用下才能生效。荀子"法不能独立"其实

---

[1] （清）王先谦撰：《荀子集解》，沈啸寰、王星贤点校，中华书局2013年版，第188页。
[2] 徐克谦：《荀子：治世的理想》，上海古籍出版社2009年版，第120页。
[3] 参见梁启超《先秦政治思想史》，东方出版社2012年版。

包含两个层面的内容：其一，荀子认为君子是"法之原"，君子的出现才是实现良好社会秩序的最终保障；其二，法是一个不断继承与积累的过程，这也是荀子主张"法先王"及"法后王"的重要原因。

首先，君子是"法之原"。在本质上讲，君主是法的制定者和实施者，法只有先制定出来，才有可能付诸实施，这也是荀子为什么如此重视君子的原因。如果在位的统治者不是君子的话，那么即使有再好的法，也终将会被废弃，正如卢梭所认为的那样："国家的生存绝不是依靠法律，而是依靠立法权。"① 而在荀子那里，君子正是这样的立法者："君子也者，道法之总要也，不可少顷旷也。"（《荀子·致士》）君子是"道法之总要"，如果没有君子的出现，很难想象会有良好的法，储昭华认为："荀子所谓的'君子'，主要有两重含义：其一是指理想的人格；其二则是指的君主、人君。"② 其实，就政治哲学的层面来讲，荀子的君子主要是指后者，也就是君主和"人君"，因为作为没有在位的道德人格的君子，在根本上讲，是无法制定法的，更无法促进法的实施。

荀子之所以讲"法不能独立"，就是因为法是依赖于君子的。在当时残酷的现实政治中，也确实证明了这一点，就是在暴君当政时，即使之前有好的法，也终究是无用的："夫桀、纣何失，而汤、武何得也？曰：是无它故焉，桀、纣者，善为人所恶也；而汤、武者，善为人所好也。人之所恶何也？曰：污漫、争夺、贪利是也。人之所好者何也？曰：礼义、辞让、忠信是也。"（《荀子·强国》）当桀、纣这样的暴君当政时，必然充满了"污漫、争夺、贪利"，法也就不可能得以实行，最终也必将落得个丧国的下场。很显然，荀子认为只有在君子当政之时，法才能够发挥良好的效用，法是不能够孤立存在的。其实，在荀子这种"法不能独立"的思想中，已经隐含着一种君主专制的意味，法所能制约君主的力量是十分有限的，君主的权力完全可以将良好的法破坏殆尽，由此，在荀子的政治哲学中，君主的权力通过什么方式来加以制约，便成为一个重要问题。总

---

① ［法］卢梭：《社会契约论》，商务印书馆 2013 年版，第 113 页。
② 储昭华、张晓明：《落实还是消解？——荀子"君主——礼义"关系思想之政治哲学考量》，《邯郸学院学报》2014 年第 3 期。

之，荀子赋予了君主无限的权力，确实有导向君主专制的倾向，这也难怪谭嗣同这样说道："故常以为二千年来之政，秦政也，皆大盗也；二千年来之学，荀学也，皆乡愿也。惟大盗利用乡愿；惟乡愿工媚大盗。"[①] 但主张一种完全的君主专制其实并不是荀子的本意，这个我们在后面再加以探讨。总之，"法不能独立"的思想确实反映了在荀子思想中君子地位的重要性。

其次，"法不能独立"的思想也反映了法应该是一个不断被继承与积累的过程，这也是荀子强调"法先王"与"法后王"的重要原因。荀子讲："法先王，统礼义，一制度，以浅持博，以古持今，以一持万，苟仁义之类也，虽在鸟兽之中，若别白黑；倚物怪变，所未尝闻也，所未尝见也，卒然起一方，则举统类而应之，无所儗怍，张法而度之，则晻然若合符节，是大儒者也。"（《荀子·儒效》）又讲："王者之制：道不过三代，法不二后王。道过三代谓之荡，法二后王谓之不雅。衣服有制，宫室有度，人徒有数，丧祭械用皆有等宜，声则非雅声者举废，色则凡非旧文者举息，械用则凡非旧器者举毁。夫是之谓复古。是王者之制也。"（《荀子·王制》）在这里，荀子不管是讲"法先王"还是"法后王"，都是主张对前代行之有效的法加以继承。荀子之所以反复强调要对前代的法加以继承，也从侧面反映出其实在当时的社会并没有做到这一点，好的法往往随着君主的改变而中断，这也就是所谓的"法不能独立"，必须依靠新的君主对此前行之有效的法重新加以确立。

面对"法不能独立"的情况，君主就必须通过"法先王"和"法后王"的方式对法进行重新确认。"在如何法古的问题上，荀子极力主张既'法先王'又'法后王'的大儒思想"[②]，其实荀子主张效法的主要还是"先王"和"后王"的礼仪制度，也就是"先王"和"后王"之法。这也正如法国思想家卢梭对国君制的担忧一样："一个国王逝世，就需要有另一个国王；选举造成了一种危险的间断期，那是狂风暴雨式的。"[③] 正是由

---

① 谭嗣同：《仁学》，高等教育出版社 2010 年版，第 167 页。

② 张杰：《荀子"法先王""法后王"思想新探》，《陕西师范大学学报》（哲学社会科学版）1996 年第 3 期。

③ ［法］卢梭：《社会契约论》，商务印书馆 2013 年版，第 94 页。

于不同君主在位存在的间断期，很容易造成法的失落。荀子之所以强调"法不能独立"，从侧面也警示了君主，要想很好地治理国家，首先应该做一个人格上的君子，从修身做起；其次，应该努力"法先王"和"法后王"，继承前代优秀的治国之法。在荀子那里，君子与法的关系中无疑君子更具有核心地位，法只是君子的附属品而已。

在荀子的政治哲学中，"圣人"和君子始终是处于中心地位的，那么"群居和一"的社会秩序，显然只能依靠通过"圣王制礼"的方式来加以实现。没有"圣王"也就没有礼，也就更谈不上法和刑，在荀子那里，"圣王"就像一个人的大脑，有着中枢的地位："圣人也者，道之管也。天下之道管是矣，百王之道一是矣。"（《荀子·儒效》）正是有了"圣人"之后，"群居和一"的社会秩序才有可能建立。荀子认为"圣人"并不是天生的，也是通过后天的不断学习积累而成的："彼求之而后得，为之而后成，积之而后高，尽之而后圣。故圣人也者，人之所积也。"（《荀子·儒效》）"圣人"正是靠不断地积累礼而成的，这也是"圣人"为什么能够制定出礼的根本原因。

总之，在荀子的政治哲学中，"群居和一"之所以可能，就在于"圣王"能够制礼，并进而由礼而法，由法而刑，并通过不断学习前代的"礼法"来进行社会治理。很显然，没有"圣王"，礼和法也就不可能发挥出应有的效用。正如许建良所认为的那样："在荀子的心目中，圣人乃是最高的人格类型。"[1] 也就是说，荀子认为"圣人"理应是国家的最高统治者，只有"圣王"在位，"群居和一"的社会秩序才有可能最终得以实现，"圣王制礼"是"群居和一"政治理想的建构路径。

四 荀子与韩非法之比较

我们可以通过比较荀子与韩非法的不同来加深对荀子"礼法观"的理解。尽管荀子与韩非都十分重视法的作用，然而二者对法的来源的认知存在巨大差异。法是从何而来的，或者说法最终的依据是什么？荀子与韩非分别给出了不同的答案。荀子认为，法在本质上是以礼为准绳的，是礼的

---

① 许建良：《先秦儒家的道德世界》，中国社会科学出版社 2008 年版，第 595 页。

制度化，因此他经常"礼法"并称；而韩非则提出了"因道全法"的思想，认为法的最终依据是道，而不是礼。"礼法"与"道法"的差异就在于："礼法"具有很强的因袭性，因为礼是社会经验的积累，具备一定的稳定性；而"道法"则具有很强的变革性，其强调的是尊重社会变化的规律性，适时地对法进行变革，以适应自然之道。

荀子如此论述法的起源："故圣人化性而起伪，伪起而生礼义，礼义生而制法度。"（《荀子·性恶》）很显然，在荀子看来，"法度"是以"礼义"为基础的，并且"礼义"与"法度"都是"圣人化性起伪"的结果。其实，荀子的礼本身就具备了法的内涵，他讲："取人之道，参之以礼；用人之法，禁之以等。"（《荀子·君道》）王先谦曰："禁之以等，犹言限之以阶级耳。"① 之所以能取得"禁"与"限"的效果，在根本上是因为"参之以礼"，可见，在荀子那里，礼本身就提供了一种标准性，具备了法的内涵。因此，荀子经常"礼法"并称："出若入若，天下莫不均平，莫不治辨，是百王之所同而礼法之大分也。"（《荀子·王霸》）总之，荀子的法是以礼为准绳，是由礼而法的。而在韩非那里，法的最终来源却是道，呈现为一种"道法"，韩非认为："祸福生乎道法，而不出乎爱恶；荣辱之责在乎己，而不在乎人。"（《韩非子·大体》）在韩非看来，道本身就是万物的普遍法则，法的产生必然来源于道，"'道'作为判明是非的纲纪、准则以成文的方式表现出来就是'法'"②，因此称之为"道法"。进而，韩非提出了"因道全法"的思想："因道全法，君子乐而大奸止。"（《韩非子·大体》）由此可见韩非对道的重视，认为道才是法的根源和依据，只有顺应道才能制定出完备的法。很明显，荀子的法是以礼为准绳的，而韩非的法则是以道为依据的，那么，我们要进一步考察荀子与韩非法的来源，则就必须把握礼与道的特性。

从根本来讲，荀子的礼具有一定的稳定性，其更多地表现为一种社会经验的积累。荀子明确地讲："后王之成名：刑名从商，爵名从周，文名从礼。"（《荀子·礼论》）很显然，"文名从礼"就是指礼具有一种跨越时

---

① （清）王先谦撰：《荀子集解》，沈啸寰、王星贤点校，中华书局2013年版，第284页。

② 王威威：《韩非子思想研究：以黄老为本》，南京大学出版社2012年版，第69页。

代的延续性与稳定性，其表现为一种经验层面的传承，后代完全可以效法前代的礼。由此，荀子提出了"法先王"与"法后王"的思想，其实，荀子那里的"先王"与"后王"只是时间久远的程度有差异，其都是指已经过去的时代，荀子认为当下完全可以通过"法先王"与"法后王"来延续前代的礼，"荀子与孟子相比，可能更重礼义"①，他讲："法先王，顺礼义，党学者，然而不好言，不乐言，则必非诚士也。"（《荀子·非相》）又讲："法后王，一制度，隆礼义而杀《诗》《书》……以是尊贤畏法而不敢怠傲，是雅儒者也。"（《荀子·儒效》）由"顺礼义"以及"隆礼义"可以看出，不管是"法先王"还是"法后王"，效法的都是前代的礼，由此可见，荀子认为礼具有一种跨越时代的延续性，"强调礼存在的恒久性"②。正是由于荀子的礼具有一种稳定性，因此以礼为准绳的"礼法"也便呈现出一种因袭性，更加凸显的是社会经验层面的积累，荀子这样讲："循法则、度量、刑辟、图籍，不知其义，谨守其数，慎不敢损益也，父子相传，以持王公，是故三代虽亡，治法犹存，是官人百吏之所以取禄秩也。"（《荀子·荣辱》）这里的"三代虽亡，法治犹存"凸显的正是"礼法"的稳定性与延续性。

而在韩非那里，法必须遵循着道的要求，而道更多地体现为一种社会的客观规律，是不以任何人的意志为转移的，因此，随着时代的变化，法必然也要做出相应的改变，体现出"道法"的变革性。韩非明确地讲："道者，万物之始，是非之纪也。是以明君守始以知万物之源，治纪以知善败之端。"（《韩非子·主道》）可见，韩非认为只有遵从道才会成为"明君"，强调了道在社会治理中的客观规律性。并且，韩非认为，道并非一成不变的，而是处于一种不断变化之中："万物各异理，而道尽稽万物之理，故不得不化；不得不化，故无常操。"（《韩非子·解老》）就是说，万物遵循道而发生变化，并没有一定的规则，因此在本质上讲，道也并不是变动不居的，许建良这样评价韩非的道："'道'没有固定的样式，是

① 姚海涛：《荀子读书为学的抽绎与省思》，《重庆三峡学院学报》2018 年第 2 期。
② 李桂民：《荀子思想与战国时期的礼学思潮》，中国社会科学出版社 2012 年版，第 72 页。

'柔弱随时''与理相应'的存在，而且是'不制不形'。"① 正是由于道没有固定的样式，是随着时代的变迁而发生变化的，于是，以道为基础的法必然也要随着发生变化，体现出了"道法"变革性的一面，正如韩非所言："道者，下周于事，因稽而命，与时生死。"（《韩非子·扬权》）其中，"与时生死"说明了道随着时间的变化而变化，因而，法也必然要顺应道做出相应的变革。

荀子的"礼法"与韩非的"道法"都是立足于人性的，然而二者对待人性的方式并不相同。荀子的"礼法"是通过"化性"的方式来矫治人性之恶的，这本质上是一种"逆性"的路线；而韩非的"道法"则是通过"因人情"的方式，通过赏罚措施来发挥法的作用，这本质是一种"顺性"的路线。也就是说，荀子的"礼法"与韩非的"道法"分别对人性采取了不同的处理方式。

我们首先来审视荀子对法与人性关系的看法，荀子认为，法之所以是必要的，就是因为如果顺应人性的话，就必然导致社会的混乱，法是规范人性的必要手段。荀子讲："人之生固小人，无师无法则唯利之见耳。"（《荀子·荣辱》）也就是说，由于人的本性使然，必然导致追逐自己的利益，所以必须需要法来对人性进行矫治，正如美国汉学家倪德卫对荀子人性的看法："人是'恶'的；他们有难以控制的欲望；如果一种欲望想要得到满足，必须对他们的行为加以制约和秩序化。"② 确实如此，荀子明确地提出了"性恶"学说，他讲："人之性恶，其善者伪也。今人之性，生而有好利焉，顺是，故争夺生而辞让亡焉；生而有疾恶焉，顺是，故残贼生而忠信亡焉；生而有耳目之欲，有好声色焉，顺是，故淫乱生而礼义文理亡焉。"（《荀子·性恶》）因此如果想化恶为善，必须实行后天之"伪"，而后天之"伪"依赖于"师法之化"："故必将有师法之化，礼义之道，然后出于辞让，合于文理，而归于治。"（《荀子·性恶》）"礼义法度在荀子被理解为正面的价值，依礼义法度而行即可成就'正理平治'而

---

① 许建良：《先秦法家的道德世界》，人民出版社 2012 年版，第 290 页。
② ［美］倪德卫：《儒家之道：中国哲学之探讨》，［美］万白安编，周炽成译，江苏人民出版社 2006 年版，第 330 页。

为善"①，在荀子那里，"礼义法度"就是防止顺应人的本性，从而化恶为善的。

总体而言，荀子更加关注"礼法"对人性的制约作用，不管是通过内在的教化方式还是外在的强制方式，最终所要起到的效果都是"化性"，改变人性的本来状态。荀子讲："由士以上则必以礼乐节之，众庶百姓则必以法数制之。"（《荀子·富国》）在这里，荀子分别主张用"礼乐节之"与"法数制之"的方式来对待"士"和"众庶百姓"，主要是因为"士"能够自觉地遵循礼的要求来克制人性，而"众庶百姓"却很难自觉来改变自己的人性，因此就必然使用"法数制之"的方式迫使他们做出行为上的改变，从而符合"礼义"的要求。总之，"礼法"所要达到的最终目的是"化性"。荀子明确地讲："性也者，吾所不能为也，然而可化也；情也者，非吾所有也，然而可为也。"（《荀子·儒效》）荀子肯定了人性是"可化"的，并且对"化"做出了进一步的阐发："状变而实无别而为异者，谓之化。"（《荀子·正名》）很显然，荀子的"化性"也是一种"状变而实无别"的过程，人性的本质并没有发生变化，但是通过"礼法"的作用，改变了人性的呈现形态，从而约束人们一味顺应自身欲望的行为。也就是说，在荀子那里"礼法"采取的是一种"逆性"的方式，通过矫治人的本性，使人们的行为符合外在的法，而荀子所讲的法始终是以礼为根基的。

与荀子采用"逆性"的方式不同，韩非的"道法"则采取的是"顺性"的方式，主张"因人情"，通过赏罚措施来顺应趋利避害的人性。韩非明确地讲："凡治天下，必因人情。人情者，有好恶，故赏罚可用；赏罚可用，则禁令可立而治道具矣。"（《韩非子·八经》）韩非认为，正是由于人情有好恶，所以赏罚才能够起作用，而各种赏罚措施其实就是韩非法的主要内容，韩非讲："法者，宪令著于官府，刑罚必于民心，赏存乎慎法，而罚加乎奸令者也。"（《韩非子·定法》）总之，韩非所谓的"道法"就是通过顺应人情，采用各种赏罚措施来对社会进行治理，"在韩非看来，人有好利的天性，而这种天性是无法改变的"②，而法其实就是建立

---

① 林宏星：《〈荀子〉精读》，复旦大学出版社 2011 年版，第 74 页。
② 郭春莲：《韩非法律思想研究》，上海人民出版社 2012 年版，第 141 页。

在顺应人的天性的基础之上的，而人的天性就是趋利避害。我们往往将韩非的人性论视为"性恶"，其实韩非并没有明确地讲人性是恶的，而只是采取一种客观的态度来审视人性，认为外在的赏罚措施只能建立在顺应人性的基础上，才能够取得良好的效果。韩非认为趋利避害的人性是不可改变的，他列举现实中的例子讲道："医善吮人之伤，含人之血，非骨肉之亲也，利所加也。故舆人成舆，则欲人之富贵；匠人成棺，则欲人之夭死也。"（《韩非子·备内》）在韩非看来，不管是"欲人之富贵"还是"欲人之夭死"都是人性趋利的自然表现，并不存在任何道德的因子，因此赏罚措施要善加利用这种自然的人性："士无幸赏，无逾行；杀必当，罪不赦：则奸邪无所容其私。"（《韩非子·备内》）韩非认为，趋利避害的人性并不必然导致恶，外在的法只要善于顺应人性，就会取得良好的效果。

荀子的"礼法"与韩非的"道法"尽管最终都是通过君主加以制定产生的，然而二者与君主之间的关系却并不完全相同。在荀子那里，法的根基是礼，而所谓的礼完全是"圣人"以自己为出发点而制定的，"圣人"落实到现实中即为君主，因而荀子的"礼法"几乎完全受制于君主一人，君主是"明君"还是"闇君"就显得至关重要；而在韩非那里，法的来源是道，道体现为一种现实社会的客观规律性，尽管"道法"也是由君主制定的，然而其并不受制于君主一人的意志，而必须遵循客观的道，在韩非看来，能够遵循道的君主即为"圣人"。

荀子的"礼法"几乎完全是以君主为中心的，其主要体现在荀子的礼完全是以"圣人"，也就是现实中的君主为出发点的，因而以礼为基础的法也必然完全受制于君主。荀子明确地讲："圣人者，以己度者也。故以人度人，以情度情，以类度类，以说度功，以道观尽，古今一度也。"（《荀子·非相》）很显然，荀子理想中的"圣人"是以自己为出发点来实现"以己度人"的，英国汉学家葛瑞汉这样评价荀子的"以己度人"："这个思想始于孔子所谓'恕'，以己度人，虽然荀子在下面的段落中没有使用这个词。但是可从中发现，人际关系应该通过以己度人的方式而使之有序。"① 确实如此，荀子的礼正是由"圣人"以自己为出发点而制定的：

---

① ［英］葛瑞汉：《论道者：中国古代哲学论辩》，张海晏译，中国社会科学出版社2003年版，第298页。

"凡性者，天之就也，不可学，不可事；礼义者，圣人之所生也，人之所学
而能，所事而成者也。"（《荀子·性恶》）在这里，荀子认为"礼义"完全
是"圣人之所生"。而我们前面已经讲过，荀子的法是一种"礼法"，是
以礼为根基的，因而法也必然是"圣人之所生"，也就是由现实中的君主
采用"以己度人"的方式所制定。由此可见，在荀子那里，君主不仅是法
的制定者，并且其制定的方式完全是以自身为出发点的。

正是由于荀子的"礼法"是君主以自身为出发点加以制定的，因而君
主自身的情况对法的产生与实施便具有一种决定性的影响。现实中的君主
是"明君"还是"闇君"就变得至关重要，因此荀子提出了"法不能独
立"，荀子讲："有乱君，无乱国；有治人，无治法。羿之法非亡也，而羿
不世中；禹之法犹存，而夏不世王。故法不能独立，类不能自行，得其人
则存，失其人则亡。"（《荀子·君道》）也就是说，荀子认为，如果是
"乱君"在位的话，即便存在良好的法，也无法治理好国家，廖名春这样
评价荀子的"有治人，无治法"："既然'人'与'法'是源与流的关系，
因此他的结论是法的好坏完全取决于作为统治者的'人'的好坏。"[1] 相
较于法而言，荀子显然更重视的是君主是"明君"还是"闇君"，他讲：
"故明君之所赏，闇君之所罚也；闇君之所赏，明君之所杀也。"（《荀
子·臣道》）显然，一旦现实中的君主是"闇君"的话，其并不必然按照
法来行事，也就是说法并不能在根本上制约君主的行为，君主能否很好地
利用法，完全取决于君主个人的素质修养。很显然，在荀子那里，君主的
地位是高于法的，也就是说荀子的"礼法"仍然属于传统意义上的人治范
畴，极容易导致法律的实施者最终凌驾于法律之上的后果，而这正是当前
建设法治社会所应竭力避免的。

在韩非那里，"道法"尽管也是由君主制定和实施的，然而在韩非看
来，法的来源是道，道作为一种客观规律并不是以君主为本位的，作为君
主必须遵循道来制定法。韩非明确地讲："凡先王以道为常，以法为本。"
（《韩非子·饰邪》）在这里韩非将道置于法的前面，所谓的道即为一种客
观规律。万物正是遵循着道的客观规律性，才能够得以最终呈现，因而君

---

[1] 廖名春：《〈荀子〉新探》，中国人民大学出版社 2014 年版，第 106 页。

主制定法的时候也必然遵循道的要求，而不能如荀子理想中的"圣人"那样以自身为出发点。由此可见，在韩非那里，道并不是由君主所产生的，君主也无法左右道的存在，因而君主也无法左右由道而产生的法，君主也必然在法的范围内行事，而不能以自身为出发点来突破法，韩非讲："治强生于法，弱乱生于阿，君明于此，则正赏罚而非仁下也。"（《韩非子·外储说右下》）韩非认为君主应该彻底摒弃"阿"仁等私人情感，完全按法办事，只有这样才能够使国家强盛。很明显，韩非的"道法"思想蕴含着现代的法治精神，那就是法律的制定者也决不能凌驾于法律之上，而必须与所有人一样受到法律的规范和制约。

　　总体上来讲，在荀子和韩非那里，法与君主的关系既有相同之处，也存在着明显的差异。相同之处在于：不管是荀子的"礼法"还是韩非的"道法"都是由君主制定和实施的，君主都处于一种核心的地位。不同之处在于，在荀子那里，君主制定法的标准是礼，而礼则完全是以君主自身为出发点而制定和实施的，因而荀子的法几乎完全受制于君主个人；而在韩非那里，君主制定法的标准是道，道作为一种客观规律性的存在，并不受制于君主个人，而是君主必须遵循的，因而君主并不能从自身出发来制定和实施法律。实质上，荀子的礼治在本质上是一种人治，过分依赖治理者的个人素质；而韩非的"道法"则蕴含着现代法治精神的因子。由于我们受儒家人治思想的影响过深，因而在当前建设法治社会的进程中，必须合理吸收韩非"道法"思想的有益成分，使法律的制定和实施者也不能逃离法律的制约。

第四节　乐的"合同"

　　不管荀子强调礼，还是由礼进而重视法的作用，主要是为了突出"分"的效果，也就是实现人与人之间的差异性，从而避免因为趋同而造成的纷乱与争端。然而，荀子同时也注意到，如果仅仅突出人与人之间的差异性还是远远不够的，在"分"的基础上，必须实现一种"和"，才能够最终实现社会政治的"群居和一"。由此，荀子十分重视乐在现实政治生活中所起到的"合同"作用，他明确地讲："乐合同，礼别异。礼乐之统，管乎人心矣。"(《荀子·乐论》)很明显，荀子认为音乐对人们的现实行为有着十分重要的影响作用，直接关涉社会秩序的稳定，凸显了乐与政治之间的紧密联系。从音乐与政治关系的视角出发，乐就不仅仅是一种个人娱乐行为，而是关系着"群居和一"政治理想的实现，因此，荀子对墨子的"非乐"进行了批评，并同时阐发了礼与乐的关系，认为乐必须遵循礼的要求，才有可能实现一种"合同"的政治功效。

一 乐与礼

荀子认为乐是基于人性的，是"人情所必不免"的，乐必然对人们的行为产生重要的影响，荀子讲："夫乐者，乐也，人情之所必不免也，故人不能无乐。"(《荀子·乐论》)正是人们的生活无法摆脱音乐，所以墨子所提出的"非乐"主张就是不可施行的，荀子认为墨子没有认识到音乐的重要作用。并且，正是由于乐对人们的行为可以产生重要影响，所以选择什么类型的音乐就变得至关重要，荀子认为应该选择礼乐，而摒弃"邪音"，他讲："故礼乐废而邪音起者，危削侮辱之本也。故先王贵礼乐而贱邪音。"(《荀子·乐论》)在这里，荀子讲礼乐连用，明确表明了乐应该遵循礼的要求，而不遵循礼的乐便是一种"邪音"。

首先，荀子认识到了乐基于人情，而人情是具有相通之处的，因而乐可以起到一种"和"的作用。荀子明确地讲："故乐在宗庙之中，君臣上下同听之，则莫不和敬；闺门之内，父子兄弟同听之，则莫不和亲；乡里族长之中，长少同听之，则莫不和顺。"(《荀子·乐论》)在这里，荀子接连提到了"和敬""和亲"及"和顺"，由此可见乐的作用之巨，其首要的作用便是"和"，正如孔繁所认为的那样："因为音乐是人的社会需要，禁止音乐是不成的，正确的办法是积极地用健康的音乐去引导、陶冶人的性情，使人的行为符合于礼义。"[1] 而一旦人们的行为合于"礼义"，那么必然就会产生一种"合同"的局面。因而，在荀子那里，乐与礼是紧密联系在一起的，他经常礼乐并称，也就是说，只有遵循礼的乐才能真正起到一种"合同"的作用。总之，乐可以通过陶冶人们的性情，来使不同

---

[1] 孔繁：《荀子评传》，南京大学出版社1997年版，第230页。

的个体处于一种和谐的状态之中，荀子充分肯定了乐的作用："乐者，圣王之所乐也，而可以善民心，其感人深，其移风易俗，故先王导之以礼乐而民和睦。"（《荀子·乐论》）乐正是在顺应人情的基础之上，遵循礼的要求，实现一种"礼乐之统"，从而达到一种"合同"的境界。

其次，荀子明确区分了乐的种类，他指出音乐不仅有礼乐，同时也存在着"邪音"，而只有礼乐才能实现"合同"的效果，"邪音"则容易导致混乱。荀子阐发了不同的音乐类型对人们行为所起的不同作用："故齐衰之服，哭泣之声，使人之心悲；带甲婴胄，歌于行伍，使人之心伤；姚冶之容，郑、卫之音，使人之心淫；绅端章甫，舞韶歌武，使人之心庄。"（《荀子·乐论》）正是由于不同类型的乐可以起到截然不同的现实效果，因此人们就应该慎重地选择音乐："故君子耳不听淫声，目不视邪色，口不出恶言。"（《荀子·乐论》）也就是说，对于不遵循礼的乐要坚决抵制，因为"邪音"并不利于人们实现彼此之间的"合同"。荀子讲："故礼乐废而邪音起者，危削侮辱之本也。故先王贵礼乐而贱邪音。"（《荀子·乐论》）总体上来讲，荀子将音乐划分为两大类，一类是礼乐，另一类是"邪音"。荀子认为只有遵循礼的乐才能够产生良好的效果，而违背礼的乐都可以归之于"邪音"，其起到了破坏社会秩序的作用。由此我们可以发现，荀子主要是从功用层面来对音乐加以分类的，而并不是单纯从音乐的韵律美感出发进行划分，荀子讲："金石丝竹，所以道德也。"（《荀子·乐论》）荀子认为乐必须与德紧密联系在一起，而乐只有遵循礼的要求，才可能促进个体之德，从而使不同的个体产生一种"合同"，"这种以乐昭德的思想对后世儒家的德行论、礼乐论也发生了深刻的影响"[①]，荀子明显是从音乐现实功用的角度出发的，他认为只有礼乐才会使人们之间产生一种和睦之情："乐者，圣王之所乐也，而可以善民心，其感人深，其移风易俗，故先王导之以礼乐而民和睦。"（《荀子·乐论》）

总之，荀子经常礼乐并称，他认为只有遵循礼的音乐才会起到良好的现实效果，使人们之间实现一种"合同"。礼与乐是紧密联系在一起的，二者是不可分割的，荀子认为脱离了礼的音乐，只能归为"邪音"。在荀

---

① 王楷：《天然与修为：荀子道德哲学的精神》，北京大学出版社 2011 年版，第 178 页。

子那里，礼强调"分"，也就是人与人之间的差异性；而乐强调"合同"，也就是人与人之间的和睦性。"分"与"合同"表面上看起来是存在矛盾的，其实不然，"合同"必须建立在"分"的基础之上，正是因为如此，荀子才会将礼乐并称，也就是认为音乐必须遵循礼的要求，必须在个体差别的基础上实现一种"合同"。荀子一方面强调了礼与乐所起到作用的不同，礼强调"分"，而乐强调"合同"；另一方面也肯定了礼与乐的不可分割性，乐应该作为一种礼乐而存在，而不能是一种"邪音"，这充分强调了乐的现实功用性，其实这种现实功用性就是为了实现一种"合同"，即"群居和一"的社会政治秩序。

二 乐与政治

荀子认为乐必须遵循礼的要求，实现一种"礼乐之统"，而"礼乐之统"在本质上讲就是一种政治诉求，在荀子那里，乐的最终指向是政治性的，也就是实现一种"群居和一"的社会秩序。其实我们也不难理解乐与政治的密切关系，荀子是通过"圣人制礼"的方式来实现其"群居和一"的政治理想的，固然礼强调"分"，而乐强调"合同"，但是其最终的指向是一致的，那就是为了实现"群居和一"的社会秩序。并且，正是由于荀子认为乐必须遵循礼，从而礼乐并称，所以在某种程度上讲乐始终不能脱离礼而独立存在，不管是礼强调"分"，还是乐强调"合同"，其最终都指向了现实的政治生活。

首先，荀子明确地指出，乐具有十分重要的政治效果。荀子讲："乐中平则民和而不流，乐肃庄则民齐而不乱。民和齐则兵劲城固，敌国不敢婴也。如是，则百姓莫不安其处，乐其乡，以至足其上矣。然后名声于是白，光辉于是大，四海之民莫不愿得以为师。是王者之始也。"（《荀子·乐论》）很明显，荀子认为乐可以使得国家"兵劲城固"，是"王者之始"，也就是说乐是君王重要的治理手段。谭绍江认为："声乐能够深入人之内心，影响、改变人的品质也会很快，所以'先王'需要谨慎地制作'乐'章。"①确实如此，正是由于音乐能够对人心，进而对政治产生如此

① 谭绍江：《荀子政治哲学思想研究》，华中科技大学出版社 2014 年版，第 152 页。

重大的影响，所以君主必然要对乐进行取舍，荀子讲："君子乐得其道，小人乐得其欲。以道制欲，则乐而不乱；以欲忘道，则惑而不乐。"（《荀子·乐论》）也就是说，乐必须做到"以道制欲"，很显然这与礼的作用有着某种相似之处，可以这样认为，荀子不管是讲礼，还是讲乐，都是将现实的政治效果放在首位的，并且，乐同礼一样，在很大程度上也是由先王制定而出的："乐者，圣王之所乐也，而可以善民心，其感人深，其移风易俗，故先王导之以礼乐而民和睦。夫民有好恶之情而无喜怒之应则乱。先王恶其乱也，故修其行，正其乐，而天下顺焉。"（《荀子·乐论》）在这里，荀子明确地指出，乐在本质上讲就是"先王之乐"，其根本的目的是"天下顺"，也就是实现一种良好的社会治理效果，正如王军所认为："荀子依据的是音乐的政治价值。这也提醒我们：荀子的乐必须以服务政治为目的，这也是儒家一贯的传统。"[①] 确实如此，在荀子那里，乐绝不仅仅是为了愉悦人们的身心，其最为关键的作用是服务于政治，礼用来区别人们之间的身份，而乐则是在这种身份区别的基础之上，通过沟通人们之间的普遍情感，来实现一种"合同"，从而使人们之间建立一种良好的社会关系。并且，在某种程度上讲，乐正是礼的一种延伸，因为荀子倡导的是礼乐，而非"邪音"，乐必须符合礼的要求，并且由先王来加以制定，从而服务于现实政治，荀子称之为"礼乐之统"。

既然荀子的乐是与政治紧密联系在一起的，那么其最终的目的就是实现一种"群居和一"的社会秩序，我们前面讲荀子是通过"圣人制礼"的方式来实现"群居和一"的，其实"制礼"当中已经包含着"制乐"的成分，因为在荀子看来，乐必须遵循礼，乐即为礼的一部分，因而，不管是荀子讲礼还是讲乐，其最终的目的都是实现一种"群居和一"的社会秩序。由此可见，荀子强调乐的"合同"与其"群居和一"的政治理想也是紧密联系在一起的，或者所谓的"合同"其实也就是"群居和一"的另一种表达。荀子讲："故乐行而志清，礼修而行成，耳目聪明，血气和平，移风易俗，天下皆宁，美善相乐。"（《荀子·乐论》）这里的"天下皆宁"显然就是一种"群居和一"的社会状态。正如林宏星所讲："荀子认为，

① 王军：《荀子思想研究：礼乐重构的视角》，中国社会科学出版社 2010 年版，第 134 页。

良好的音乐却如同礼一样，可以影响、修正和转化人的自然质性，并不自觉地使整个的人化于音乐的节拍之中，最终与整个社会的秩序相融相恰。"① 由此可见，乐最终与社会秩序紧密联系在一起，而不仅仅是作为个体的娱乐方式，这充分体现了乐在荀子"群居和一"政治哲学中的重要作用。

　　总之，荀子认为乐与政治是紧密相关的，是实现其"群居和一"政治理想的重要保障。其实，在"圣王制礼"的环节中，已经将荀子乐的思想包含其中了，在本质上讲，荀子的乐也是由先王制定的，并且必须遵循礼的要求，这从荀子礼乐并称中也可以看出端倪。荀子正是通过乐的"合同"作用，从而将音乐与其"群居和一"的政治理想紧密联系在了一起。

---

① 林宏星：《〈荀子〉精读》，复旦大学出版社 2011 年版，第 207—208 页。

第五章 "君主、民本、臣辅"："群居和一"的社会构成

"圣王"通过制定礼来对国家进行治理，其治理的对象显然是民，因此君民之间的关系便成为荀子政治哲学中首先要考虑的内容。然而在现实政治中，荀子认为并非是君对民直接进行教化和治理，而是需要一个中间阶层来辅佐君主进行治理，这便是臣，因此君臣关系也是荀子关注的重要内容。由此，我们可以发现，在荀子的政治哲学中，社会阶层是比较明晰的：就是君、臣和民，这三者共同构成了荀子视野下的社会群体。并且荀子认为社会阶层的出现是合理的："分均则不偏，势齐则不一，众齐则不使。有天有地而上下有差，明王始立而处国有制。夫两贵之不能相事，两贱之不能相使，是天数也。势位齐而欲恶同，物不能澹则必争，争则必乱，乱则穷矣。先王恶其乱也，故制礼义以分之，使有贫富贵贱之等，足以相兼临者，是养天下之本也。书曰：'维齐非齐。'此之谓也。"（《荀子·王制》）荀子认为君、臣和民这三者的地位是不同的，其发挥的作用也不同，这就是他所谓的"维齐非齐"，这种社会阶层之间的"不齐"恰恰是一种"齐"。质言之，只有在这种社会阶层的差异中，"群居和一"的社会秩序才有可能得以实现。

在君、臣和民三者之间的关系中，荀子着重探讨的是君民关系和君臣关系，其实质是以君为中心来展开的，而对于民之间的关系，荀子认为"各安其职"即可。在君民关系中，荀子认为是"君原民本"，首先是"君原"，也就是君主处于中心地位："君者，民之原也，原清则流清，原浊则流浊。"（《荀子·君道》）同时，荀子认为不能忽视民的力量，力主"民本论"，君主的统治应该从人民的利益出发，否则人民就有权推翻暴君

的统治："君者舟也，庶人者水也。水则载舟，水则覆舟；君以此思危，则危将焉而不至矣！"（《荀子·哀公》）在君臣关系中，荀子认为是"君主臣辅"，占主导地位的是君主，臣是由君主任命的："论德而定次，量能而授官，皆使人载其事而各得其所宜。上贤使之为三公，次贤使之为诸侯，下贤使之为士大夫，是所以显设之也。"（《荀子·君道》）因此在君臣关系中君必然处于主导地位，而臣则处于辅佐君主的地位，负责具体社会治理的职能。

由是，在君、臣和民三者之间的关系中，君主便处于绝对核心的地位，或者说君主具有无限的权力，从而最终形成了"君主、民本、臣辅"的社会构成。君主获得如此绝对权力的合理性何在？在展开对君、臣和民三者之间关系的论述之前，我们必须首先解决这一问题。通过考查我们可以发现，荀子对君权合法性的论证与其天人关系紧密结合在一起，并且也继承了前代关于君权合法性论述的观点。

第一节　君权的合法性

既然君主具有如此至上的地位，那么君权合法性的依据究竟是什么呢？其实在荀子之前，已经有了诸多的论述，但归结起来都是将天作为君权的形而上基础，如《左传·宣公四年》楚箴尹克黄言："君，天也，天可逃乎？"直接将天与君对举。《诗经·商颂·烈祖》有言："天命玄鸟，降而生商，宅殷土芒芒。古帝命武汤。"意思是说，上天命令玄鸟降临，从而建立了商朝的统治。那么获得天命的依据是什么呢？那便是德，尤其到了周朝之后，德便在某种程度上被当作了获得天命的终极依据，《尚书·周书·多士》有言："惟时上帝不保，降若兹大丧。惟天不畀，不明厥德。凡四方小大邦丧，罔非有辞于罚。"《尚书·周书·康诰》又言："故天降丧于殷。罔爱于殷，唯逸。"也就是说，殷商之所以丧失天命，是因为不修德的缘故。于是，天成为君权合法性的形而上基础，而德则成为君权合法性的现实考量，这就是所谓的"以德配天"。

其实，荀子对于君权合法性的论证，其中具有明显"以德配天"的影子。荀子讲："故天地生君子，君子理天地。君子者，天地之参也，万物之总也，民之父母也。"（《荀子·王制》）其实，荀子这句话是其对君权合法性论证的精要，其中包含着两个层面的意蕴：其一，"天地生君子"暗示着君子之所以能够获得至上的权力，其形而上基础就是"天地"，也即为天；其二，"天地之参"则是对君权获得过程的现实考量，也就是君子如何才能够以天为参，从而获得政权合法性的问题。很显然，在荀子政治哲学体系中，第一个层面解决了君权合法性的形而上问题，君权获得了与天同等至高无上的地位；第二个层面才是君权合法性论证的真正展开，荀子只是将传统的"以德配天"置换成"以礼配天"，荀子认为君子正是对礼的把握，才使能其成为"天地之参"，从而取得统治的合法性。

一 "天地生君子"

荀子认为君权合法性的基础在于"天地"，也就是他所讲的"天地生君子"。"天地生君子"中的天一方面指自然层面的物质之天，另一个层面则暗含着君权来源的合法性问题。其实在荀子的论述中，这两个层面也是紧密结合在一起的，一方面，正是因为君子同普通民众一样同属于天地万物，是"天地"之间的产物，也就是说君子的肉体生命的基础正是"天地"；另一方面，荀子通过将君子与天相比附，从而使君子获得了与天同等至上的地位，为其统治的合法性提供了形而上的根基，荀子讲："天有常道矣，地有常数矣，君子有常体矣。"（《荀子·天论》）正如林宏星认为的那样，荀子论天的目的是致力于人为世界的开拓①，荀子在做出"天人之分"的同时，最终并没有放弃将天作为人间政治的形而上依据，君子始终与天存在着极为密切的联系。下面我们就从天的自然物质层面以及天的形而上层面分别论述之。

首先，从天的自然层面来看，君子也是生于"天地"的。荀子讲，"天地者，生之始也"（《荀子·王制》）也就是说万物都是由"天地"而化生，君子作为万物中的一员，其自然生命当然也是由"天地"所生。荀子讲："列星随旋，日月递照，四时代御，阴阳大化，风雨博施，万物各得其和以生，各得其养以成，不见其事而见其功，夫是之谓神。皆知其所

---

① 参见林宏星《〈荀子〉精读》，复旦大学出版社2011年版。

以成，莫知其无形，夫是之谓天。"（《荀子·天论》）又讲："材性知能，君子小人一也。好荣恶辱，好利恶害，是君子小人之所同也，若其所以求之之道则异矣。"（《荀子·荣辱》）这两段表面上看似不相关的话，其实有着紧密的内在逻辑，这种逻辑在于：君子与小人之所以有着相同的"材性知能"，其根本原因就在于都是生于天地之间，都是作为组成万物的一部分而存在，是"万物各得其和"的结果。总之，荀子认为，"'天地'为生命之万物得以产生、生存之根源"①，君权并不是神授的，因为君子也是和普通人一样是天地之间的产物，君权的来源不是神，而是立足于现实世界的人。

荀子"天地生君子"中的"天地"更多的是一种自然性的天，而非神秘性的天，荀子在《天论》中也着重强调了天的自然义，而否定了天的神秘性："星队、木鸣，国人皆恐。曰：是何也？曰：无何也，是天地之变，阴阳之化，物之罕至者也，怪之可也，而畏之非也。"（《荀子·天论》）因此，荀子认为要寻找君权合理性的依据，首先要立足于自然性的天，而非神秘性的天，其实这种自然性的天最终指向是人。正如英国汉学家葛瑞汉认为的那样："'天'生成人，人作为一种有机体与社会共同体相似。"②正是因为荀子认为社会最终是由人所建构的，而非天所主宰的，因此，君权合理性的依据只能立足于人。

其次，尽管荀子肯定天的自然性，否认天具有任何神秘色彩，然而依然赋予天一种形而上的色彩，其目的就是为君权合理性提供一种形而上的理论支撑。荀子经常拿天与"圣人"、君子做比附："故天者，高之极也；地者，下之极也；无穷者，广之极也；圣人者，人道之极也。"（《荀子·礼论》）其目的显然就是为了突出"圣人"与君子具有天一样至高的地位，因而其作为统治者当然就是合理的。其实荀子在否定天的神秘性的同时，并没有否认对天的赞美之情："大天而思之，孰与物畜而制之？从天而颂之，孰与制天命而用之？望时而待之，孰与应时而使之？因物而多

---

① 谭绍江：《荀子政治哲学思想研究》，华中科技大学出版社 2014 年版，第 28 页。

② ［英］葛瑞汉：《论道者：中国古代哲学论辩》，张海晏译，中国社会科学出版社 2003 年版，第 281 页。

之，孰与骋能而化之？思物而物之，孰与理物而勿失之也？愿于物之所以生，孰与有物之所以成？故错人而思天，则失万物之情。"（《荀子·天论》）其中，杨倞对"从天而颂之，孰与制天命而用之"做如下注解："颂者，美盛德也。从天而美其盛德，岂如制裁天之所命而我用之？"①在这一意义上，荀子便赋予了天一种"盛德"，从而值得人们敬仰和赞美，只不过荀子认为不能仅仅停留在"颂之"的层面，而要进一步来"用之"。

那么，如何"用之"呢？其实荀子在文中并没有详细地进行探讨。在学界，"制天命而用之"大多被阐发为征服自然或者利用自然规律之意，除了杨倞做"制裁天之所命"解之外，梁启雄也认为："与其顺从天道而颂扬它的功德，岂如制裁天道而利用它呢！"②杨柳桥同样也认为："顺从天，而歌颂它，哪如控制天命而利用它呢！"③梁先生的"制裁天道"、杨先生的"控制天命"与杨倞的"制裁天之所命"几乎如出一辙，都有征服自然之意。而有的学者则将天命释为"天生之万物"，含有利用自然规律之意，如李涤生认为："'天命'，天之所命，谓天生之万物。裁制天生之万物以为我用。"④然而不管是将"制天命而用之"理解为征服自然还是利用自然，都只是仅仅从字面上来加以理解，其实"制天命而用之"的背后具有更深层次的内涵，那就是荀子在这里将天命提高到一种形而上的层面，为其政治哲学提供支撑。我们可以注意到这样一个现象，那就是荀子在大部分时候都是在谈论天，而谈天命却仅仅只有这一处，以致之前的学者往往不加分别地将此处的天命等同于天，如此一来，必然忽视一些最为本质的东西，既然天命等同于天，为什么还要加上"命"字呢？《说文》将"命"解释为"使也，从口从令"，"可见'命'确实是由'令'字而来，是'令'的衍生字"⑤，由此可见，尽管荀子指出了天与人无涉，天不会干预人事，然而天依然具有一种"命"的意蕴，而不仅仅指一种客观的自然性，可以这样认为，在荀子那里，天大多数时候指的是客观自然

---

① （清）王先谦撰：《荀子集解》，沈啸寰、王星贤点校，中华书局2013年版，第275页。
② 梁启雄：《荀子简释》，中华书局1983年版，第229页。
③ 杨柳桥：《荀子诂诂》，齐鲁书社1985年版，第462页。
④ 李涤生：《荀子集释》，台北：台湾中华书局1979年版，第378页。
⑤ 丁为祥：《命与天命：儒家天人关系的双重视角》，《中国哲学史》2007年第4期。

性，而天命则显然具有一种形而上的意蕴。"荀子所谓'命'，就其与先秦时期一般所谓命运最具相关性者而言，应首推这里所指的、外在境遇对于主体显出的那么一种不可把握和不可抗拒性"①，这种"不可抗拒性"显然也具有"令"的意味，而不纯粹是天的客观自然性。

既然在荀子那里天和天命的表达是有差别的，因此也就不能将"制天命"等同于"制天"，单纯强调天的自然客观性。进而，"制天命而用之"的"用之"也不能单纯解读为征服自然或者利用自然规律之意，我们在前面已经指出，天命中的"命"含有"令"的意蕴，"令"显然就具有一种权威性，而这与君权的特性就具有相通性，因此我们有理由得出这样的推论：荀子的"制天命而用之"有其更深层次的内涵，那就是为君权合法性提供形而上的支撑。这种"用之"显然就不单纯是利用自然，而是要为君权合法性提供依据，正是在这种意义上，君子与天地之间便有了某种可类比性："天地者，生之始也；礼义者，治之始也；君子者，礼义之始也；为之，贯之，积重之，致好之者，君子之始也。"（《荀子·王制》）正是有了这种可类比性，因此君子或者"圣人"才有可能"参于天地"："今使涂之人伏术为学，专心一志，思索孰察，加日县久，积善而不息，则通于神明，参于天地矣。"（《荀子·性恶》）显然，这里的"参于天地"不可能仅仅是对天的自然性的认识，而是像天一样就有一种"神明"，正是由于这种"神明"，君权的合法性就有了可靠的依据。而要获得与天一样的"神明"，则必须"积善而不息"，也就是人后天的不断努力积习，而积习的内容便是礼，正是通过君子不断对礼的学习，从而为治理国家打下良好的基础。

二 "君子理天地"

荀子讲："君子者，天地之参也，万物之总也，民之父母也。"（《荀子·王制》）就是说，君子之所以能够"理天地"就是因为能够成为"天地之参"。那么，如何才能够成为"天地之参"呢？荀子认为成为君子就可以参于"天地"，而成为君子的关键在于礼："人积耨耕而为农夫，积斵

---

① 韩德民：《荀子"制天命"新解》，《中国文化研究冬之卷》第 26 期。

削而为工匠，积反货而为商贾，积礼义而为君子。"（《荀子·儒效》）质言之，正是通过礼，君子获得了"理天地"的资格。

那么，何谓"理天地"呢？"天地"在这里显然不是指自然的世界，因为荀子已经多次强调作为自然性的天，人类是无法加以改变的，这里的"理天地"只能理解为对现实人类社会的治理，于是天与人在瞬间便打通了："无君子则天地不理，礼义无统，上无君师，下无父子，夫是之谓至乱。君臣、父子、兄弟、夫妇，始则终，终则始，与天地同理，与万世同久，夫是之谓大本。"杨倞对此句注解曰："言上下尊卑，人之大本，有君子然后可以长久也。"① 很显然，"天地"在这里获得了一种现实性，与"上下尊卑"的社会秩序联系在了一起。正如赵明所讲："先秦儒家虽然大谈'天（地）道'，其实是为了探究'人道'。"② 在荀子那里，君子是通过对礼的把握来贯通"天道"的，而礼无疑是属于"人道"范畴的，因此荀子所谓的"君子理天地"无疑就是指君子对"人道"的治理，并没有任何的神秘色彩，其目标直指现实社会。

君子又是如何"理天地"的呢？荀子认为是通过礼，荀子讲："故人无礼则不生，事无礼则不成，国家无礼则不宁。"（《荀子·修身》）礼在社会治理的过程中，具有中枢的地位，君子之所以能够"理天地"，也就是取得治理社会的资格，在本质上讲，就是因为对礼的掌握，"荀子认为引法入礼的礼治是化性起伪改造人的自然天性、使人具道德社会属性的根本所在"③，质言之，礼并不是人生而具有的，只是作为社会治理的一种方式而存在。因此在荀子那里，君权合法性的取得就在于掌握礼，不断地积习"礼义"就成为君子，反之则成为小人。礼正如一条纽带，贯通了君子与"天地"之间的联系，使君子获得了与"天地"同等尊贵的地位，使之处于社会治理的最高端。在本质上讲，荀子对君权合法性的论证是基于礼的，正是对礼的掌握使君子具备了治理社会的资格与能力，荀子所谓的"君子理天地"中的"天地"也并非自然义的，而是以"天地"指代人类

---

① （清）王先谦撰：《荀子集解》，沈啸寰、王星贤点校，中华书局 2013 年版，第 275 页。

② 赵明：《先秦儒家政治哲学引论》，北京大学出版社 2004 年版，第 75 页。

③ 谢树放：《试论荀子礼治思想对孔孟德治思想的继承与超越》，《人文杂志》2011 年第 1 期。

社会。然而从另一方面来看,君子与"天地"又具有相似性,那就是都处于一种至高尊贵的地位,并且君子的生命也是由自然义的"天地"所给予的,因此荀子以"天地"来类比君子,从而提出"参于天地"也就不难理解了。总之,荀子认为君子之所以能够"理天地",也就是取得社会治理的资格,根本原因在于对礼的掌握。

然而,我们也许会进一步追问,礼又是从何而来的?荀子认为一方面有既成的礼,也就是前人已经制定出的礼,如荀子讲:"后王之成名:刑名从商,爵名从周,文名从礼。散名之加于万物者,则从诸夏之成俗曲期,远方异俗之乡则因之而为通。"(《荀子·正名》)荀子这里讲"从礼",就是遵从那些被制定出来并流传下来的礼仪规范;另一方面也遵从在当下制定出的礼,荀子讲:"先王恶其乱也,故制礼义以分之,以养人之欲,给人之求。使欲必不穷于物,物必不屈于欲。"(《荀子·礼论》)总之,礼是后天人为的,并且是不断被丰富和完善的。但是存在一个根本问题是不变的,那就是不管是已经被制定出的礼,还是正在被制定的礼,其目的都是为了协调人与人之间的关系,从而实现一种良好的社会秩序。也就是说,尽管从形而上的层面来看,君权的合法性在于通过礼贯通了君子与"天地"之间的关系,然而其根基却存在于处理现实社会关系的土壤中,礼也正是在处理人与人之间的关系中,才能彰显出自己的价值,也就是说荀子对君权合法性的论证始终没有脱离现实人与人之间的关系。

三 道也者,治之经理也

荀子讲:"君子者,天地之参也,万物之总也,民之父母也。"(《荀子·王制》)一旦君子成为"天地之参",那么君权合法性的论证就自然得以完成。我们前面也已经讲过,君子之所以能够成为"天地之参",是由于不断积习礼的结果,正如徐克谦认为的那样:"在荀子的理想社会中,国家政治,就是应该交给'圣人'和'君子'来管理。"[1] 君子正是因为掌握了礼,才能够去管理国家。然而这里仍然有一个问题,为什么人们都会认同君子制定出来的礼呢?很显然是因为礼具有一种普遍性,也就是荀

---

[1] 徐克谦:《荀子:治世的理想》,上海古籍出版社 2009 年版,第 66 页。

子所谓的道："道者，古今之正权也，离道而内自择，则不知祸福之所托。"（《荀子·正名》）通过礼每个人可以实现一种更好的生活，因此礼就应该作为一种普遍性的道而存在，荀子认为那些违背礼的人并非不想过一种更好的生活，而只是被蒙蔽无法认清何为一种更好的生活："曲知之人，观于道之一隅而未之能识也，故以为足而饰之，内以自乱，外以惑人，上以蔽下，下以蔽上，此蔽塞之祸也。"（《荀子·解蔽》）"解蔽必须溯本求源，还人以本真，即要对人类自我的存在在本体上做合适的定位，对自我存在的价值位向做合宜的判断，对自我存在的终极指向有高明的领悟"①，而礼正是这样一种人类社会生存中的合适定位，也即为道。而正是由于每个人都有"知道"的能力，礼作为一种道才能够成为社会治理的关键："心也者，道之工宰也。道也者，治之经理也。"（《荀子·正名》）在这里，荀子同时强调了心的作用，也就是，正是由于心具有认识功能，才能够认识礼，认识道。

因此，在根本上讲，礼之所以能够作为一种道被人类普遍接受，最终还是要回归到人类自身，也就是人的心天然就有一种认知功能："心者，形之君也，而神明之主也，出令而无所受令。自禁也，自使也，自夺也，自取也，自行也，自止也。故口可劫而使墨云，形可劫而使诎申，心不可劫而使易意，是之则受，非之则辞。"（《荀子·解蔽》）又讲："凡以知，人之性也；可以知，物之理也。"（《荀子·解蔽》）也就是说，心具有一种自主的认识能力，而这种认识能力不管是君子还是小人都具备，"如果我们没有这种认识的能力，即使礼义一直在教我们什么事情该做，什么事情不该做，我们也不能把握为什么这么做或不做的理由，因而也就不能从内心里遵从这些规则"②。正是由于心具备这种普遍存在的认知功能，礼才有可能被当作一种道来加以把握，也才有可能为现实的社会治理提供动力。质言之，人类先天存在的认知之心，为后天达成一种社会治理之道提供了基础，正如路德斌所认为的那样："所以在荀子看来，人只要能'虚

---

① 高芳：《荀子解蔽与自我发现》，《内蒙古社会科学》（汉文版）2004 年第 3 期。
② 孙伟：《"道"与"幸福"：荀子与亚里士多德伦理学比较研究》，北京大学出版社 2015 年版，第 147 页。

壹而静'，善加养护，使其始终处在一个'大清明'的状态，那么在群体生活之待人接物的实践中，人便可做到中心有定，虑清不疑，思虑抉择皆出于'道'，行止动静皆合于'礼'，于是乎，偏险悖乱不生，正理平治遂成。"[1] 人能够认识礼并合于道的基础就在于人的心具有先天的认知功能，而君子与小人的区别就在于，能否保持心合于道："材性知能，君子小人一也。好荣恶辱，好利恶害，是君子小人之所同也，若其所以求之之道则异矣。"（《荀子·荣辱》）显然，社会治理的根本任务就在于使每一个人都认同礼而合于道，而正是人先天具有认识礼的认知之心，于是君子才能够通过礼来实现治理社会的重任，如果人本身不具备认知之心，君子的礼最终也就无处安放，正如郭齐勇所讲："礼义是圣人制定的，人们通过学习和践行才能够变为道德品质。"[2] 而学习和践行无疑首先要依赖于心的认知。于是在荀子那里，君权之所以是合理的，其过程呈现为"心——礼——道——天"的发展图式，心是起点，礼作为一种手段，贯通了人类与"天地"的联系，从而为君权合法性提供了形而上的论证。

荀子对于君权的论证，最终将之类比于天，"将天的价值权威做了肯定，又将天的确当作保障做了强调，伦理政治的理论等于获得了天的同等权威性"[3]，从而使君权具有了一种至高无上性。荀子讲："人君者，所以管分之枢要也。"（《荀子·富国》）掌握了道的君子无疑处于社会治理的中枢地位，因此顺理成章地，在君民关系、君臣关系中，君主自然也处于主导的地位，尽管荀子也并没有忽视民和臣的重要作用，然而从根本来讲，民和臣的地位远没有君那般重要，正像荀子描述处于自然状态的人类一样，在没有君的情况下，人类注定处于一种纷争混乱的状态，君子是整个人类社会获得和平秩序的关键。

第二节 君民关系

从荀子论证国家起源的进程来看，无疑是先有君民关系，也就是一位

---

① 路德斌：《荀子与儒家哲学》，齐鲁书社 2010 年版，第 61—62 页。
② 郭齐勇：《中国儒学之精神》，复旦大学出版社 2009 年版，第 199 页。
③ 杨高男：《原始儒家伦理政治引论》，湖南人民出版社 2007 年版，第 291 页。

通晓礼义并能够制定礼义的君子或者"圣人"与大量普通民众之间的关系。前面我们也已经讲过，荀子认为君子之所以能够获得社会的统治权，不是以力服人，而是以礼服人。因此君子要有效地治理好国家，首先就要从自身做好道德的表率，从而使普通民众能够效仿自己，这就是荀子所讲的"君者，仪也，仪正而景正"（《荀子·君道》）。其次，荀子认为民是社会的主体，如果没有民的存在，君的存在也就没有意义了，如果君得不到民的支持，君也就必然要失去其统治的合法性，这就是荀子所讲的"君者舟也，庶人者水也。水则载舟，水则覆舟"（《荀子·哀公》）。无疑，礼在荀子的君民关系中起着一种纽带的作用，从根本来讲，礼代表着社会整体的公共利益，而不是君主的私人利益。也就是说礼的出发点是维持整个国家和社会的秩序，而不是满足个人的私欲，君必须从民的利益出发，做到亲民爱民，正是因为这一点，君与民才有可能达成一种目标的一致，实现君与民关系的良性发展。

一 "君者，民之原也"

在荀子看来，如果没有君的出现，人们就无法从充满纷争的自然状态当中解脱出来，因此，君在君民关系中具有核心的地位，君是民实现和平稳定生活的决定因素，荀子讲："君者，民之原也，原清则流清，原浊则流浊。"（《荀子·君道》）无疑，"君主是一个国家地位最尊最显之人，君主的威严和表率作用是无穷的"[1]。因此，君主要想得到人民的拥护，首先要从修身做起，为人民做好模范表率作用，荀子讲："请问为国，曰闻修身，未尝闻为国也。"（《荀子·君道》）其次，君主要从广大民众的利益出发，做到亲民爱民，只有这样才能得到人民的支持，荀子讲："故有社稷者而不能爱民，不能利民，而求民之亲爱己，不可得也。民不亲不爱，而求为己用，为己死，不可得也。"（《荀子·君道》）最后，君主不仅要为人民起到表率作用，做到亲民爱民，而且更为重要的是要以礼来教化民众，并以法来制约民众。总之，不管是为人民做表率，还是亲民爱民，还是以礼、以法来教育和制约民众，君相对于民而言，都处于一种主导地

---

① 魏义霞：《七子视界——先秦哲学研究》，中国社会科学出版社 2005 年版，第 83 页。

位，因此荀子才讲"君者，民之原也"。

首先，荀子认为要处理好君民关系，君主必须率先从自身做起，为人民做好模范表率，主要的方式就是修身，使自己成为道德上的完备者，从而使人民信服并遵从。荀子讲："古者先王审礼以方皇周浃于天下，动无不当也。故君子恭而不难，敬而不巩，贫穷而不约，富贵而不骄，并遇变态而不穷，审之礼也。"（《荀子·君道》）正是有了礼，君主才能够得心应手地治理国家，而礼的取得，无疑要经历一个艰苦的修身过程。方尔加认为："既修身又治国平天下、既为圣又外王乃儒家所一贯倡导。然而，儒家的至圣与亚圣孔孟却始终没有将两者有机地结合起来。两者均有强烈的参政意识，但都迂腐，终身奔走，一事无成。荀子则不然，他力图寻找，亦可说多少探寻到了儒家君子由空想家、空谈家变成务实的政治家的途径。"[①] 确实如此，荀子认为君主修身首先就要体现在行动上，只有表现为一种行为，人民才能够受到感召并效仿之，如荀子讲："体恭敬而心忠信，术礼义而情爱人，横行天下，虽困四夷，人莫不贵。劳苦之事则争先，饶乐之事则能让，端悫诚信，拘守而详，横行天下，虽困四夷，人莫不任。"（《荀子·修身》）这里的"术礼义而情爱人"与"劳苦之事则争先"无不体现在行动之上，而"人莫不贵"与"人莫不任"则体现为如此修身的必然结果。而能够最终实现修身的人无疑就是君子："君子之求利也略，其远害也早，其避辱也惧，其行道理也勇。君子贫穷而志广，富贵而体恭，安燕而血气不惰，劳倦而容貌不枯，怒不过夺，喜不过予。"（《荀子·修身》）

一旦君主能够实现修身，并切实以行为的方式表现出来，自然就会形成一种感召力，使广大人民信服自己并拥护自己。荀子讲：

> 君子者，治之原也。官人守数，君子养原，原清则流清，原浊则流浊。故上好礼义，尚贤使能，无贪利之心，则下亦将綦辞让、致忠信，而谨于臣子矣。如是则虽在小民，不待合符节、别契券而信，不待探筹、投钩而公，不待冲石、称县而平，不待斗、斛、敦、概而

---

① 方尔加：《荀子修身论简析》，《北京社会科学》2003 年第 2 期。

喷。故赏不用而民劝，罚不用而民服，有司不劳而事治，政令不烦而俗美。百姓莫敢不顺上之法，象上之志，而劝上之事，而安乐之矣。（《荀子·君道》）

正是由于君主的一系列"好礼义"的行为，才能够达到"赏不用而民劝，罚不用而民服"的客观效果，"只有君主清明公正，百姓也才能纯正而不污浊，只有君主爱民利民，百姓也才会为君主所用，为君主效死"[1]。其实，在孔孟那里就十分重视君主自身之德的重要性，荀子对君主修身的重要性的强调是一以贯之的，只不过荀子更加重视君主修身在政治生活中的现实效果。确实如此，儒家想要从"内圣"转向"外王"，就必须将内在之德发展为外在的行为，而荀子就十分强调作为君主的行为对人民所起到的示范作用。许建良认为："学的最后环节之所以是行，这是因为知识都是经得起生活的检验且能够实行的。"[2] 确实如此，在荀子看来，君主不仅应该具有丰富的关于礼的知识，而且是能够将这些礼表现为外在的行为的人，从而使民众心悦诚服地服从自己。

其次，君主在做好修身给人民以表率的同时，还要做到亲民爱民，从人民的利益出发，才能够维持良好的君民关系。荀子讲："因其民，袭其处，而百姓皆安，立法施令莫不顺比。是故得地而权弥重，兼人而兵俞强，是以德兼人者也。"（《荀子·议兵》）杨倞注解曰："因其民之爱悦，袭取其处。皆安，言不惊扰也。"[3] 荀子这里讲的就是，君主要尽量顺应人民的所好，满足人民的利益，其实这与他所讲礼的作用是一致的，也就是所谓的"以养人之欲，给人之求"。于是，我们可以看到，尽管荀子认为在君民关系中，君主处于核心的地位，但是君主绝对不应该是一个专制者，而是首先顺应人民的利益，所谓的礼也只是满足人们合理欲望的手段而已，这与很多先入为主地将荀子视为君主专制倡导者的看法是大相径庭的。荀子明确地讲："故有社稷者而不能爱民，不能利民，而求民之亲爱

---

① 黄克剑：《由"命"而"道"——先秦诸子十讲》，中国人民大学出版社 2010 年版，第 191 页。

② 许建良：《先秦哲学史》，上海三联书店 2014 年版，第 166 页。

③ （清）王先谦撰：《荀子集解》，沈啸寰、王星贤点校，中华书局 2013 年版，第 341 页。

己，不可得也。"（《荀子·君道》）这也从另一层面说明了，民并不是对君无条件地绝对服从，而只是在君主能够"利民"的前提之下，人民才会完全服从君主。其实，在儒家那里，君和民自始至终都是一种双向互动的关系，正如孟子所讲的："爱人不亲，反其仁；治人不治，反其智；礼人不答，反其敬——行有不得者皆反求诸己，其身正而天下归之。"（《孟子·离娄上》）君主不能很好地治理人民，首先要反省自身，荀子则更为直接地讲："故人主欲强固安乐，则莫若反之民；欲附下一民，则莫若反之政；欲修政美国，则莫若求其人。"（《荀子·君道》）君主只有"反之民"，才能够做到"强固安乐"，所谓的"反之民"也就是从人民的利益出发，做到亲民爱民。

最后，作为"民之原"的君主，固然要做到亲民爱民，但是更为重要的是要用礼来教化人民，用法来制约人民。我们也可以这样认为，君主亲民爱民是一种目的，然而如何实现亲民爱民这一目的呢？荀子认为最好的方式便是以礼来教化人民，并进而用法来制约人民。在荀子看来，由于欲望的存在，人民并不是天然地倾向于遵守礼仪规范的："言无常信，行无常贞，唯利所在，无所不倾，若是，则可谓小人矣。"（《荀子·不苟》）如果民无法遵循礼的话，也就势必造成社会的混乱，从而危及君主利益，也不利于形成和谐的君民关系。因此，荀子认为首先要对民进行教化，而教化的内容便是礼，荀子讲："国无礼则不正。礼之所以正国也，譬之犹衡之于轻重也，犹绳墨之于曲直也，犹规矩之于方圆也，既错之而人莫之能诬也。"（《荀子·王霸》）也就是说礼是评判民行为对错的一种手段，君必须为民指定一套行为的准则，这样人民在现实中才不会无所适从。正如汉学家安乐哲（Roger T. Ames）认为的那样："在儒家传统中，社会交流关系与功能是通过'礼'来确立和维系的。"① 同样，君与民之间和谐关系的达成也要依赖于礼，君主通过礼来对人民进行教化，通过君与民的良性互动，形成一种稳定的社会秩序。韦政通认为："要使人群相安，必须使他们各安其位，各司其职，也就是要组织一个分工的社会，厘清他们

---

① ［美］安乐哲：《和而不同：中西哲学的会通》，温海明等译，北京大学出版社 2009 年版，第 49 页。

的权利与义务。"① 而人民之所以能够"各安其位，各司其职"，当然离不开君主的教化，而教化的内容便是礼。由此可见，在君与民的关系中，君通过礼来对民进行教化是非常重要的。

然而，荀子认为单纯依靠礼对人民进行教化还是远远不够的，还必须依靠法的强制力量，来促使人民遵循社会规范，从而形成良好的君民关系。荀子讲："由士以上则必以礼乐节之，众庶百姓则必以法数制之。"（《荀子·富国》）"以礼乐节之"和"以法数制之"分别代表着教化与强制两种不同手段，荀子固然十分重视君对民的教化作用，然而也并不否认君对民采取必要的强制措施。因为在现实中并不是每个人都能够自觉地接受教化，并遵循礼仪规范的，因此必须以法来制约人们的行为，荀子明确地讲："故古者圣人以人之性恶，以为偏险而不正，悖乱而不治，故为之立君上之势以临之，明礼义以化之，起法正以治之，重刑罚以禁之，使天下皆出于治，合于善也。"（《荀子·性恶》）在这里，荀子清晰地指出了君主处理君民关系的三个层次："明礼义以化之""起法正以治之""重刑罚以禁之"。其中，"明礼义以化之"就是我们在前面提到的教化，而"起法正以治之"和"重刑罚以禁之"则是指法的强制作用，其中刑罚只是作为法的一种延伸而已。

其实，荀子之所以主张君主用法对人民的行为进行规范，这是因为荀子从经验层面看到这样一个事实：并不是每个人都能够成为自觉守礼的君子，相反道德素质并不高的小人占多数。也就是说，虽然每个人都有成为君子的潜质，但在现实中，作为小人的人是不会主动去遵守社会礼仪规范的。而不遵守社会礼仪规范的直接后果便是使"先王制礼义"以解决社会纷争的努力化为了泡影，质言之，小人不遵守礼是对君的最直接否定，如果任凭人们顺从自己的欲望行事，那么君主也就没有任何存在的必要了，因此人类又将重新回到充满纷争的自然状态。而法的制约则为君民关系提供了一种强力的保障，通过一种外在强制力使人们的行为符合礼的规范，从而使君治理社会的使命得以完成，并形成和谐的君民关系。从本质来看，只要君民关系能够和谐，这个社会自然就治理好了，这是因为在荀子

---

① 韦政通：《中国思想史》（上），吉林出版集团有限责任公司2009年版，第228页。

看来，这个社会上主要只有君子与小人两种人格类型，那么对应的社会的主要社会阶层也便是君与民。崔宜明也认为："统治者有一个好心肠、一心想做好事是远远不够的，要让天下的老百姓都能过上好日子，根本要有'章'有'法'。"[1] 显然，所谓的"有'章'有'法'"就是指要依靠法的制约，来使人们遵从礼仪规范，从而使君与民两种社会阶层能够和谐相处，而法又完全是由君主制定的，因此，在君与民的关系中，君无疑处于一种主动地位，君与民的关系能够处理好，在很大程度上取决于君主的所作所为。

因此，"君者，民之原也"便是君主在君民关系中所处地位的最好表述。"王者是尽其礼乐规仪的践行者"[2]，君主处于一种核心的主动地位，其主要是通过三个层面来处理君民关系的：其一，君主通过修身完善自身的道德，做好人民的表率，从而引导人民信服并归顺自己；其二，君主要做到"亲民爱民"，从人民的利益出发，这样就能得到人民的支持，从而促进君民关系的和谐；其三，君主要以礼对人民进行教化，同时以法来对人民的行为进行制约，这样才能保障民的行为合乎礼，从而营建良好的君民关系。总而言之，荀子认为君主在君民关系中处于主导地位，是君民关系和谐的关键因素。

二 "天之立君，以为民也"

尽管荀子认为君在君民关系中起着主导的地位，但是同时也认为如果没有民的支撑和拥护，君也就失去了存在的意义，并且荀子认为君的确立是为了民，而不是民的存在是为了君："天之生民，非为君也。天之立君，以为民也。"（《荀子·大略》）因此很多学者认为荀子持有"民本论"。其实所谓的"本"，也就是一种根本目的，通过考查荀子自己的理论体系，我们也很容易发现，在荀子的理论中，尽管君的社会地位非常之重要，然而从本质来讲，君仍然是一种手段，而非目的。荀子之所以强调君的重要性，其根本目的在于实现一种"群居和一"的社会，荀子只是认为君主在

---

[1] 崔宜明：《先秦儒家哲学知识论体系研究》，上海人民出版社 2014 年版，第 120 页。
[2] 汤一介：《儒学十论及外五篇》，北京大学出版社 2009 年版，第 81 页。

实现"群居和一"的过程中起着主导的地位,而并非君是根本目的。而实现一种"群居和一"的社会无疑是最贴近民的利益的,就荀子政治哲学理论体系的终极目的来讲,并不是为君,而是为民,因此认为荀子持"民本论"是没有任何问题的。

荀子的"民本论"思想在处理君民关系中具有两个层面的内涵:其一,进一步揭示君权合法性的根基在民。君主之所以能够得到人民的拥护,是因为他能够"制礼",从而维持社会秩序的稳定,礼的制定显然是要从民的利益出发的,荀子讲:"治民者表道,表不明则乱。礼者,表也。非礼,昏世也。昏世,大乱也。"(《荀子·天论》)其二,警示在位的君主要从民的利益出发,而不能从自己的利益出发。荀子认为,伤害人民利益必然会遭到人民的反抗,注定会走向失败,荀子讲:"君者舟也,庶人者水也。水则载舟,水则覆舟;君以此思危,则危将焉而不至矣!"(《荀子·哀公》)

首先,通过阐发君民关系,荀子进一步揭示君权的合法性根基在于民。前面我们已经说明,"圣人"通过礼而获得了与天同等尊贵的地位,君主之所以能够处于社会的主导地位,就是因为他能够通过礼的方式,实现社会的"群居和一"。在荀子那里,礼并不是一种虚无缥缈的存在,而是与现实生活紧密联系在一起的生存方式,荀子讲:"宜于时通,利以处穷,礼信是也。凡用血气、志意、知虑,由礼则治通,不由礼则勃乱提僈;食饮、衣服、居处、动静,由礼则和节,不由礼则触陷生疾;容貌、态度、进退、趋行,由礼则雅,不由礼则夷固僻违,庸众而野。故人无礼则不生,事无礼则不成,国家无礼则不宁。"(《荀子·修身》)也就是说,礼是与普通民众的生活息息相关的,那么显而易见,礼尽管是"圣人"制定的,然而其产生却必须扎根于民,得不到民心的礼并不是真正的礼。正如周绍贤认为的那样:"礼与义相通,礼者、理也,义为处事合理,礼为由合理之原则而制定一切事物之规范,令人对于一切事物皆有一定之准则。"① 显然,礼最终落实为人民的一种行为规范,是与民的利益息息相关的,礼在本质上应该是全体人民利益的反映,因此"圣人"通过礼获得政

---

① 周绍贤:《荀子要义》,台北:台湾中华书局 1977 年版,第 58 页。

权合法性的基础就在于民。

质言之，礼尽管是由"圣人"制定的，然而其目的是为民的，而不是为君的，君权合法性的根基在民。为什么讲君权合法性的基础在民呢？这其实有两个层面的内涵：其一，在根源上讲，君是从民中产生的；其二，在依存关系上看，没有民的存在，君就失去了存在的价值。

第一，在根源上讲，荀子理想中的君是从民中产生的，只有不断积习礼的民才有可能成为君。荀子讲："故积土而为山，积水而为海，旦暮积谓之岁，至高谓之天，至下谓之地，宇中六指谓之极；涂之人百姓，积善而全尽谓之圣人。"（《荀子·儒效》）"圣人"来源于人之所积，"涂之人百姓"都有成为"圣人"的可能性，而"圣人"就具备为君的资格，因此普通百姓在本性上讲也具备为君的可能性，君是从民中产生的，没有人生来就为君。只是由于礼义完备者才可以成为"圣人"，才可能为君，因此才产生了君与民的区分，正如姚中秋所讲："君子确实享有治理的权威和权力，但这并不是相对于小人的不平等，而是不同。不同的人承担与自己之德、能相配的责任。"① 君子与小人的平等指的是其都源自于民，而其"不同"则指的是其积习礼的程度不同，从而产生的能力差异。正如许建良所认为："事实上，一般人都能明辨父子之义和君臣之方。所以，只要本着这种素质来发展的话，就必定成为禹那样的圣人。"② 只不过，在现实中并不是每个人都能够做到不断地学习礼义，因此才会有君子与小人的差别，才会有君与民之分。但是不管怎么讲，荀子认为君是从"涂之人百姓"当中产生的，君是来源于民的。

第二，在依存关系上看，如果没有民的存在，君也就失去了其存在的价值。可以这样认为，如果没有普通民众的话，也就根本上不需要产生一位所谓的君主。荀子也讲得很清楚："君者何也？曰：能群也。能群也者何也？曰：善生养人者也，善班治人者也，善显设人者也，善藩饰人者也。"（《荀子·君道》）由此可见，君的作用就是"养人""治人"及"藩饰人"，这里的人其实也就是民，显然如果没有了民的存在，君就没有

---

① 姚中秋：《重新发现儒家》，湖南人民出版社 2012 年版，第 132 页。
② 许建良：《先秦儒家的道德世界》，中国社会科学出版社 2008 年版，第 516 页。

了要"养"、要"治"及要"藩饰"的对象，也就不需要君的作用了，自
然，君的存在也就失去了根基。正如李明辉所认为的那样，王者的一切作
为均是为人民，而非以人民为手段，以遂行一己之目的。[①] 也就是说君的
存在本质上是为民的，民才是君存在的根基。君主的存在就是为了实现
"群居和一"的社会，而"群居和一"的主体无疑是占社会大多数的民
众，只有人民安居乐业，君主才能实现其自身的价值。质言之，君与民绝
不是一种对立的关系，而是一种依存关系，尤其是君对民的依赖性更大。
正如荀子讲的那样，"天之立君，以为民也"，君主的存在是无法脱离人民
的，凡是背离人民利益的君主，也就丧失了其统治的合法性。

其次，荀子正是进一步从君的合法性根基在民出发，对在位的君主提
出了警示。荀子讲："君者舟也，庶人者水也。水则载舟，水则覆舟；君
以此思危，则危将焉而不至矣！"（《荀子·哀公》）荀子提醒在位的君主
要时刻具有忧患意识，认识到自己地位合法性的基础始终在民，只有从人
民的利益出发，才能够使自己避免处于危亡的境地。正如谭绍江所言：
"荀子所讲的'天之立君，以为民也'的理念提醒我们，人民作为权力的
来源是带有神圣性的。执政者不可只将人民利益作为巩固政权的工具与手
段，而是必须从根本处对人民的意志抱有敬意与尊重，真正做到'以民为
本'。"[②] 荀子进一步认为，如果君主违背了人民的意志，而使人民生活于
水深火热之中，人民就有理由推翻自己的君主，甚至将其杀死。荀子讲：
"汤、武之诛桀、纣也，拱挹指麾而强暴之国莫不趋使，诛桀、纣若诛独
夫。"（《荀子·议兵》）从根本来讲，汤、武之所以能够推翻桀、纣的统
治，完全是由于人民的支持，在某种意义上讲，汤、武只是代表人民诛杀
了桀、纣而已，桀、纣的统治本质上是被人民所推翻的，正如荀子的舟水
之喻，只有水才能将舟打翻，只有人民才能推翻暴君的统治。

那么，在位的君主如何才能得到人民的支持呢？荀子认为必须"平政
爱民"。而要做到"平政爱民"，首先就要使人民富裕，荀子讲："故王者
富民，霸者富士，仅存之国富大夫，亡国富筐箧，实府库。"（《荀子·王

[①] 参见李明辉《儒家视野下的政治思想》，北京大学出版社 2005 年版。

[②] 谭绍江：《论荀子的"民本"政治哲学》，《武汉大学学报》（人文科学版）2011 年第 5 期。

制》）富民本质上就是从人民利益出发的，"要用适当的政令法度使百姓富裕"①，因而必然得到人民的拥护和支持，从而王天下。质言之，君主不是为了自己利益而存在的，而是为了人民的利益而存在的，君权合法性的根基在民，荀子讲："足国之道，节用裕民而善臧其余。节用以礼，裕民以政。"（《荀子·富国》）荀子认为君主之"政"从根本上应该是用来"裕民"的，只有这样国家才能够富足，人民生活才能够安定，人民生活安定之后，自然就会拥护和支持自己的君主，从而君民关系就会处于一种和谐状态。在某种意义上讲，君主只有做到"平政爱民"，才能够安于自己的位置，这就是荀子所讲："故君人者欲安则莫若平政爱民矣，欲荣则莫若隆礼敬士矣，欲立功名则莫若尚贤使能矣，是君人者之大节也。"（《荀子·王制》）之所以"平政爱民"会产生如此显著的效果，在根本上也是因为君权合法性的根基在民，这也从另一方面佐证了君与民并不是一种对立的关系，而是相互依存的，民需要君来教化并保障自己的利益，而君则更需要民的拥护和支持，"君主的兴废在于天下之民"②。

目前，仍有不少学者对荀子持"民本论"还是"君本论"存在争议，如陈雍认为："荀子清晰地论述了君主在社会起源和社会运作中的作用，毫无疑问，他是一个'君本主义者'，当然这个'君本主义者'并不是'君主至上者'。"③ 其实之所以会产生这种争论，其关键就在于混淆了君主的作用与君主的地位之间的关系，将君主的作用与君主的地位加以等同，这不能不说是对荀子思想的一种误读。诚然，君在社会治理中起着关键的作用，民在表面上看来只是其治理对象，荀子本人也讲过："君子也者，道法之总要也，不可少顷旷也。"（《荀子·致士》）然而这只是就君主的作用而言的，君主在社会治理中的作用显然远远大于普通的民众，或者说普通民众在荀子那里，根本没有获得社会治理的能力与资格；至于君主处于怎样的社会地位，荀子的舟水之喻已经很形象地说明了这个问题，舟必须依靠水才能够行驶，同样，君只有依靠民才能够存在，民才是君得

---

① 王天海、宋汉瑞：《荀子富民强国思想阐释》，《现代哲学》2014 年第 1 期。
② 廖名春：《论荀子的君民关系说》，《湖南大学学报》（社会科学版）1996 年第 4 期。
③ 陈雍：《"君本"抑或"民本"——荀子君民关系思想探源》，《学习与探索》2007 年第 11 期。

以存在的基础，这是一种明显的"民本论"思想。因此，当我们在根本上厘清君主作用与君主地位之间的区别之后，我们再回头来看荀子民本与"君本"的争议，我们就会发现持"君本论"者实质是将君主的作用误当作了君主的地位，从而得出"君本"的论断。

真实情况是，荀子早已经明确地为我们指出："天之生民，非为君也。天之立君，以为民也。"（《荀子·大略》）君纵然在社会治理中具有关键的作用，但其最终目的是为民的，人民才是君权的根基，这才是问题的关键。君主只有得到人民的同意，才有资格进行社会治理，正如《尚书·泰誓》中所认为的"天视自我民视，天听自我民听"那样，天的意志始终是代表民的，而不是君。由此，君、天与民三者之间形成了如下的关系：君通过礼而"参于天地"，获得与天同等尊贵的地位；而礼的制定标准在根本上又是从人民利益出发的，礼中天然蕴含着民的诉求。换言之，君只有通过民才能够"参于天地"，天的意志从根本讲就是民的意志。人民的利益通过天最终获得了一种形而上的高度，君主的存在只是实现人民利益的一种必要的手段而已。

一旦君主无法保障人民的利益，人民就可以推翻君主的统治，荀子称这种情况为"权险之平"，荀子讲："夺然后义，杀然后仁，上下易位然后贞，功参天地，泽被生民，夫是之谓权险之平，汤、武是也。"（《荀子·臣道》）人民通过武力的方式来更换君主的做法，其实就是荀子所讲的"水则覆舟"。其实，这无形中也是对在位君主的一种警示：君主必须从人民的利益出发，才能避免被人民推翻的悲惨结局。

总之，荀子认为在君民关系中，君权的合法性根基始终在民，君主只有从人民的利益出发，才有可能建立良好的君民关系。在此基础上，荀子给予在位的君主以严厉的警示：如果君主违背人民的意愿，人民就可以将其推翻，通过武力的方式来更换君主，从而能够更好地保护自己的利益。

第三节　君臣关系

在荀子那里，人民是社会的主体，为了建立一种"群居和一"的社会秩序，在根本上维护人民的利益，就需要依靠君主的作用，因此顺理成章地，君民关系便成为一种最为根本的社会关系。然而，仅靠君主的一己之力来管理为数众多的民众，肯定是力不从心的，因此君主就必须要有人来辅助其实现"群居和一"的社会理想，这种人便是臣。君臣关系在本质上是君主臣辅的，也就是君主起主导的作用，而臣子起辅助作用。

臣子虽然只是起辅助君主的作用，但是臣子对国家的兴亡同样具有重要的影响。荀子讲："故明主急得其人，而闇主急得其势。急得其人，则身佚而国治，功大而名美，上可以王，下可以霸；不急得其人，而急得其势，则身劳而国乱，功废而名辱，社稷必危。故君人者劳于索之，而休于使之。"（《荀子·君道》）这里"急得其人"中的人就是指君主任用的臣子，"急得其人"则"身佚而国治"，"不急得其人"则"身劳而国乱"，由此可见臣子对国家的重要性，正如周桂钿所言："封建社会的各级官员，是这个国家机器的各个部件。他们之间的配合协调、分工合作，是这部机器正常运转的保证。"① 在荀子理想的社会之中，臣子正应该是君主的有力辅佐者。

臣子对于国家的兴亡既然具有如此重大的作用，君主选用臣子的标准就变得十分关键，荀子认为君主必须做到"尚贤使能"。荀子十分重视贤能在国家治理中的作用，主张任用臣子必须以贤能为标准，他讲："贤能不待次而举，罢不能不待须而废，元恶不待教而诛，中庸民不待政而化。分未定也则有昭缪。虽王公士大夫之子孙也，不能属于礼义，则归之庶人。"（《荀子·王制》）其实，这与他对君主合法性的论证如出一辙，那就是人是否为"圣人"为贤能，完全取决于能否"属于礼义"，相应地，"圣人"则为君主，贤能则为臣子。荀子认为不论是君还是臣都是从民中产生的，只不过他们是其中的佼佼者，也就是能够掌握"礼义"者，因此从根本来看，普通的民众皆有成为国家重臣的可能性，关键在于其要能够"属于礼义"。

荀子认为，同君民关系一样，君臣之间的关系同样是相互依存的，不是单方面的隶属关系。臣子不应该是君主的完全附属品，而应该有自己独立的人格。这种相互依存的关系，一方面表现为君对臣的影响，君主人格

---

① 周桂钿：《中国传统政治哲学》，河北人民出版社 2001 年版，第 215 页。

的高低直接左右着臣子的表现，荀子讲："上好权谋，则臣下百吏诞诈之人乘是而后欺。探筹、投钩者，所以为公也；上好曲私，则臣下百吏乘是而后偏。衡石、称县者，所以为平也；上好覆倾，则臣下百吏乘是而后险。斗、斛、敦、概者，所以为啧也；上好贪利，则臣下百吏乘是而后丰取刻与，以无度取于民。"（《荀子·君道》）另一方面臣子对君主的作为也具有至关重要的影响，荀子讲："故用圣臣者王，用功臣者强，用篡臣者危，用态臣者亡。态臣用则必死，篡臣用则必危，功臣用则必荣，圣臣用则必尊。"（《荀子·臣道》）

更为重要的一点是，荀子在君臣关系的探讨中，涉及了君权如何有效制约的问题。我们知道，在荀子的政治哲学体系中君主处于主导的地位，这种主导地位很容易导致权力的过度集中，从而导向君主专制。如果君主是一位明君的话，那么就能够遵从道的要求，实现社会的"群居和一"；一旦君主是一位昏君，必然就会违背道的要求，造成社会秩序的混乱。如何对君权进行有效的制约呢？荀子寄希望于"臣道"，臣子可以通过进谏规劝等方式对君主的行为进行制约，使君主的行为更好地遵循道，甚至在极端的情况下，可以采用"从道不从君"的方式，挽救社会于危亡之中。因此，荀子尽管十分强调君主在社会治理中的主导地位容易导向君主专制，然而荀子绝不是君主专制的鼓吹者，他始终认为君主的行为应该受到有效的制约，从而更好地合于道，代表人民的根本利益，这与法家的君权思想是截然有别的，在后面我们会加以探讨。

一　君之主导

在君臣关系中，荀子同样认为君主处于主导的地位。君主的主导地位主要表现在两个方面。其一，君主的人格直接影响着臣子的行为方式，可以说君对臣同样具有榜样的作用，荀子讲："君射则臣决。楚庄王好细腰，故朝有饿人。"（《荀子·君道》）其二，君对臣具有任免权，选用怎样的人为臣完全是由君主决定的，荀子认为君主应该"尚贤使能"，这当然只是一种理想状态。现实社会中的君主，荀子也认为有"明主"与"闇主"之分，正是由于君主处于主导地位，因此"明主"与"闇主"所导致的结局就会完全不同。正如美国汉学家狄百瑞所认为的那样："儒家思想的问题不在于它赋予作为个体的君子太小的空间或者太微弱的意义,而是在于它或许给得太多了。"① 确实如此,在荀子那里,君在社会治理中相对于臣和民始终处于一种绝对主导的地位。

首先,荀子认为君主人格的高低直接影响着臣子的行事方式。正如荀子所讲:"上好权谋,则臣下百吏诞诈之人乘是而后欺。探筹、投钩者,所以为公也;上好曲私,则臣下百吏乘是而后偏。衡石、称县者,所以为平也;上好覆倾,则臣下百吏乘是而后险。斗、斛、敦、概者,所以为啧也;上好贪利,则臣下百吏乘是而后丰取刻与,以无度取于民。"(《荀子·君道》)"臣下百吏"很容易受到君的影响,"臣下采取何种类型的行为方式在根本上取决于君主的私人喜好或价值取向,而君主的私人喜好或价值取向必须呈现于客观的现实世界"②,其实这正是荀子强调君主修身的重要原因。

荀子十分肯定地讲:"请问为国?曰闻修身,未尝闻为国也。君者,仪也,仪正而景正;君者,槃也,槃圆而水圆;君者,盂也,盂方而水方。君射则臣决。楚庄王好细腰,故朝有饿人。"(《荀子·君道》)荀子之所以认为修身即是"为国",在根本上讲就是因为君主自身的行为能够对臣子产生重大的影响,从而直接影响着社会治理的效果。其中"君射则臣决"尤其能够体现君主的主导地位,将君主比喻为射箭者,而臣子只是钩弦者,"《毛诗传》:'决,钩弦也。'郑玄《仪礼》注:'决,犹闿(开)也';以象骨为之,著右巨指,所以钩弦而闿之"③,同样,在治理国家的过程中,就像在射箭中一样,君主是拉弓射箭的主导者,而臣子只是负责钩弦的辅助者,君主的行为直接影响着臣子的行为。因此荀子认为君主个人的修身,对周围的臣子能够起到很好的示范作用,促使臣子采取正确的行为,放弃错误的行为,从而对君主形成有效的辅佐,以实现社会的"群居和一"。总之,荀子认为君主的行为直接影响着臣子的行为,从这一层意义来讲,在君臣关系中,君处于一种主导的地位。

其次,在君臣关系中,君处于主导地位还体现在:臣都是由君主亲自

---

① [美]狄百瑞:《儒家的困境》,黄水婴译,北京大学出版社 2009 年版,第 27 页。
② 曹兴江:《荀子君道思想论纲》,《湖北社会科学》2015 年第 3 期。
③ 杨柳桥:《荀子诂译》,齐鲁书社 2009 年版,第 229—230 页。

选拔出来的,其依据的标准是贤能。荀子讲:"贤能不待次而举,罢不能不待须而废,元恶不待教而诛,中庸民不待政而化。分未定也则有昭缪。虽王公士大夫之子孙也,不能属于礼义,则归之庶人。虽庶人之子孙也,积文学,正身行,能属于礼义,则归之卿相士大夫。"(《荀子·王制》)由此可见,荀子认为不管是"举贤"还是"罢不能",都是由君主一人所决定的,所以君主自身人格的高下直接决定着其是否能够真正"用贤",荀子讲:"人主之患,不在乎不言用贤,而在乎诚必用贤。夫言用贤者口也,却贤者行也,口行相反而欲贤者之至,不肖者之退也,不亦难乎!"(《荀子·致士》)正如周炽成认为的那样:"君王只有言行一致,不仅在口头上而且也在实际行动上做到用贤,那才是真正的用贤。"① 因此,能否真正地任用到贤能,在根本上讲是取决于君主自身是否贤明。其实,由于在现实中君主存在人格上的差异,并不是每一位君主都会任用贤能,有时候还会恰恰相反,任用小人而排挤贤能,荀子讲:"周而成,泄而败,明君无之有也;宣而成,隐而败,闇君无之有也。故人君者周则谗言至矣,直言反矣,小人迩而君子远矣。"(《荀子·解蔽》)在现实政治中,往往会出现"小人迩而君子远"的情况,这也完全是由于君主的个人原因所造成的,由此可见,君主在臣子的任用方面处于绝对的主导地位。

综上所述,君主在君臣关系中处于主导的地位,君主的个人人格在国家治理中起着关键的作用,不仅君主的行为直接影响着臣子的行为,并且臣子的任用和选拔也是出于君主一人之手。

二 臣之辅助

尽管荀子认为在君臣关系之中,君处于一种主导地位,社会能否得到有效治理,在某种程度上讲,主要取决于君是否贤明。然而荀子同时也肯定了臣对国家治理的重要性,因为国家的治理并不是靠君主一个人就能够完成的,必须有臣子参与其中,因此臣必然对社会治理产生重大影响,臣子对君主所起的辅助作用依然不可小视。

君主有"明君"与"闇君"之分,荀子对臣同样进行了分类,分别为

---

① 周炽成:《荀韩人性论与社会历史哲学》,中山大学出版社 2009 年版,第 67 页。

"态臣""篡臣""功臣"和"圣臣"。荀子对之进行了详尽的论述。

> 内不足使一民，外不足使距难；百姓不亲，诸侯不信；然而巧敏
> 佞说，善取宠乎上：是态臣者也。上不忠乎君，下善取誉乎民；不恤
> 公道通义，朋党比周，以环主图私为务：是篡臣者也。内足使以一
> 民，外足使以距难；民亲之，士信之；上忠乎君，下爱百姓而不倦：
> 是功臣者也。上则能尊君，下则能爱民；政令教化，刑下如影；应卒
> 遇变，齐给如响；推类接誉，以待无方，曲成制象：是圣臣者也。
> （《荀子·臣道》）

由此可见，臣的人格高下直接影响着社会治理的效果，其中"态臣"和
"篡臣"属于对国家社会有害的一类，而"功臣"和"圣臣"则属于对国
家社会有利的一类。荀子进一步指出，用"圣臣"和"功臣"的结果是王
和"强"，而用"篡臣"和"态臣"的结果是"危"和"亡"："故用圣
臣者王，用功臣者强，用篡臣者危，用态臣者亡。"（《荀子·臣道》）"荀
子是站在儒家推行王道的立场区分忠臣和奸臣，此为以功臣、圣臣和态
臣、篡臣进行褒贬的根据"①，其实"王道"在荀子那里就是实现一种
"群居和一"的社会，显然任用"态臣"和"篡臣"是不可能实现所谓
"王道"的，只有任用"功臣"和"圣臣"才是推行"王道"的根本
途径。

其实，由于在君臣关系中，君主处于绝对主导的地位，不管是"态
臣""篡臣"还是"功臣""圣臣"，其最终都是通过影响君主的方式而起
作用的，因此荀子又从更为具体的角度将臣分为"顺""忠""篡""国
贼""谏""争""辅"和"拂"等种类。

> 从命而利君谓之顺。从命而不利君谓之谄；逆命而利君谓之忠，
> 逆命而不利君谓之篡；不恤君之荣辱，不恤国之臧否，偷合苟容，以
> 持禄养交而已耳，谓之国贼。君有过谋过事，将危国家、陨社稷之惧

---

① 孔繁：《荀子评传》，南京大学出版社1997年版，第99页。

也；大臣、父兄有能进言于君，用则可，不用则去，谓之谏；有能进
言于君，用则可，不用则死，谓之争；有能比知同力，率群臣百吏而
相与强君挢君，君虽不安，不能不听，遂以解国之大患，除国之大
害，成于尊君安国，谓之辅；有能抗君之命，窃君之重，反君之事，
以安国之危，除君之辱，功伐足以成国之大利，谓之拂。故谏、争、
辅、拂之人，社稷之臣也，国君之宝也，明君所尊厚也，而闇主惑君
以为己贼也。（《荀子·臣道》）

总之，不管臣子对国家起好的作用还是坏的作用，都是通过影响君主的行
为得以实现的，这也从侧面证明臣子处于对君主的辅助地位。然而臣子的
辅助作用依然不可小视，如果臣子能够忠诚履行自己职责的话，就可以
"尊君安国""成国之大利"，这就是荀子所谓的"辅""拂"之臣的作用；
反之，如果臣子只从自己的私利出发，则会"危国家""陨社稷"，这便
是荀子所称的"国贼"。这也再次证明了君主"尚贤使能"的重要性，从
某种意义来讲，任用臣子是否得当直接影响着国家的安危，"君主虽然拥
有至高无上的地位和权势，但要做好治国理政的管理工作，不可独裁专
制，必须任用德贤才高之人，建立起上下一体管理有效的统治集团"①。质
言之，君主选用什么样的人作为臣子，来辅助自己进行社会治理就变得至
关重要。

因此，君主在选用臣子的时候要费一番功夫，而一旦得到了适合的臣
子，那么君主就可以不用费力地进行社会治理了。荀子讲："相者，论列
百官之长，要百事之听，以饰朝廷臣下百吏之分，度其功劳，论其庆赏，
岁终奉其成功以效于君。当则可，不当则废，故君人劳于索之，而休于使
之。"（《荀子·王霸》）在这里，"劳于索之，而休于使之"的对象便是
臣，如果臣是"仁人"的话，君主就很轻松地实现"垂衣裳而天下定"：
"故君人者立隆政本朝而当，所使要百事者诚仁人也，则身佚而国治，功
大而名美，上可以王，下可以霸；立隆正本朝而不当，所使要百事者非仁
人也，则身劳而国乱，功废而名辱，社稷必危：是人君者之枢机也。故能

---

① 周静：《荀子的治国理政思想探析》，《东岳论丛》2015 年第 8 期。

当一人而天下取，失当一人而社稷危，不能当一人而能当千百人者，说无之有也。既能当一人，则身有何劳而为，垂衣裳而天下定。"（《荀子·王霸》）这里的"当"杨倞注解曰："当，谓能用人之当也。"① 也就是指君主只有恰当地任用臣子，才能够实现"上可以王，下可以霸"的现实效果，由此可见臣在社会治理中的重要作用。

总之，荀子认为在君臣关系中，相对于君的主导地位而言，臣处于辅助地位。然而处于辅助地位的臣子，却对社会治理发挥着至关重要的作用，因此荀子认为，作为君主应该谨慎地选择任用臣子，以便更好地实现君臣共治，实现"群居和一"的政治理想。

三 君权如何制约

在荀子的政治哲学中，君主处于绝对主导的地位，这一点是没有任何疑问的。问题在于，处于绝对地位的君权如何可能得到有效的制约，荀子理想中的君主是"圣人"，然而在现实政治中，君主却未必是"圣人"，荀子在某种程度上也默认了这一点，他将君主分为"明主"与"闇主"就是明证。在君民关系中，荀子将君民关系比喻为舟和水的关系，认为如果君主不能从人民的利益出发，使人民生活在水深火热之中，人民就有权利群起而攻之，并最终推翻君主的统治。然而通过这种暴力的方式来易主，其实是一种迫不得已的无奈之举。如何在源头上对君主的行为进行有效的制约和规范，荀子其实在君臣关系中给出了一定的探讨，那就是利用臣对君进行规范和制约，尽管臣作为辅助者的身份，未必能够必然起到制约君的作用，然而毕竟在一定程度上能够规范君主的行为，臣在君与民之间起到一种调节和缓冲的作用，在一定程度上能够制约暴君的所作所为。

于是，荀子明确地提出了"从道不从君"的主张："入孝出弟，人之小行也；上顺下笃，人之中行也；从道不从君，从义不从父，人之大行也。若夫志以礼安，言以类使，则儒道毕矣，虽尧舜不能加毫末于是矣。"（《荀子·子道》）这里的"从道不从君"所指的对象便是臣。要出现"从道不从君"有一个必要的前提，那就是君与道之间是一种明显对立的关

---

① （清）王先谦撰：《荀子集解》，沈啸寰、王星贤点校，中华书局2013年版，第263页。

系，君如果违背了道，臣就可以选择不从君。如果君主能够自觉遵从道，对臣子来讲，遵从君的同时也就是遵从道，根本就不会存在"从道不从君"的问题。"从道不从君"是臣子的价值选择和坚守，是对君权的一种制约。我们知道，君权合理性的基础就在于遵循道的要求，实现一种"群居和一"的社会秩序，而一旦君主违背了道的要求，臣子就有义务遵从于道而非听从于君，从而对君权形成一定的制约，减轻由于君主违背道对社会所造成的危害程度，"从伦理秩序上来说，君君、臣臣、父父、子子，是不可亵渎的，然而上下尊卑的伦理秩序并不是卑服从尊、下服从上的绝对理由"[①]，质言之，只有君在遵循道的前提下，君权才具有一种至高的地位，反之，臣则有义务做到"从道不从君"。因此，在本质上讲，能否做到"从道不从君"，是臣是否能够实现对君的行为有所制约的关键。

由于在荀子政治哲学的体系中，君主处于一种绝对主导的地位，尽管荀子并不主张君主专制，但却存在着导向君主专制的风险。英国哲学家洛克（John Locke）认为："只要有人被认为独揽一切，握有全部立法和执行的权力，那就不存在裁判者；由君主或他的命令所造成的损失和不幸，就无法向公正无私和有权裁判的人提出申诉，通过他的裁决可以期望得到救济和解决。"[②] 荀子政治哲学中的君正是由于存在这种"独揽一切"的风险，因此才需要臣对其进行一定的制约。正是由于臣是君的意志的执行者，因此才可能对君主不合乎道的意志，采取规劝或者拒绝执行的方式，来对君权形成有效的制约。在臣的有效牵制下，君就不可能做到"独揽一切"，因此有学者认为荀子是君主专制的支持者，这是不符合荀子真正意图的，因为一方面荀子理想中的君主是作为"圣人"出现的，"圣人"是道德人格的完备者，不可能出现君主专制，另一方面即使在位的君主不是"圣人"，而是"闇主"，那么依然可以通过臣的有效制约，使君主的行为有所收敛，防止君主"独揽一切"。总之，臣的存在可以有效地对君的行为形成一种制约。现实政治的实践也充分证明，臣子对君主权力的制约是中国传统社会得以平稳发展的重要原因。如果整个社会阶层只有君和民，

---

① 傅绍良：《论儒家政治观念中的君权有限理论》，《社会科学评论》2009 年第 4 期。

② ［英］洛克：《政府论·下篇》，叶启芳、瞿菊农译，商务印书馆 1964 年版，第 55 页。

而缺少臣这一中间环节的话，君权就必然缺少有效的制约机制，一旦君主为"闇主"的话，就很容易激化君与民之间的矛盾，从而使国家走向解体，社会就会重新陷入纷争的状态，这便与荀子所力求克服的自然状态无异。也就是说，荀子在给予君主在社会治理中主导地位的同时，并没有给予君主没有任何限制的权力，"君主及其权力在一定程度上也要受到政治体制和社会规范的制约"①，这种政治体制便是臣对君的制约。

臣首先可以采取"进谏"的方式，通过对君主进行规劝，从而使君主的行为合乎道，荀子讲："桀死于亭山，纣县于赤斾，身不先知，人又莫之谏，此蔽塞之祸也。"（《荀子·解蔽》）荀子认为作为暴君的桀和纣之所以会得到可悲的结局，除了他们自身的原因之外，没有臣子的进谏也是一个重要的原因，缺少了臣子的"谏"，就会使君主处于一种"蔽塞"的状态，荀子称之为"蔽塞之祸"。当然，臣子对君主进行进谏，只是君主行为合于道的外在原因，至于君主是否愿意接受臣子的进谏，仍然取决于君主自身，而且往往还会出现这样的情况，残暴的君主会对进谏的忠臣进行迫害："桀、纣者，其志虑至险也，其志意至闇也，其行为至乱也；亲者疏之，贤者贱之，生民怨之，禹、汤之后也，而不得一人之与；剖比干，囚箕子，身死国亡，为天下之大僇，后世之言恶者必稽焉；是不容妻子之数也。"（《荀子·正论》）由此可见，桀、纣等暴君对"亲者""贤者"采取"疏之""贱之"的措施，怎么可能接受比干、箕子等忠臣的进谏呢，所以最终落得个"身死国亡，为天下之大僇"的结局。

当君主不能接受臣子正确的谏言时，臣子能够做什么呢？只能采取"从道不从君"的方式，来挽救国家于危亡。荀子讲："入孝出弟，人之小行也；上顺下笃，人之中行也；从道不从君，从义不从父，人之大行也。"（《荀子·子道》）荀子之所以认为"从道不从君"是臣子的"大行"，在根本上是因为如果顺从"闇主"，就将危机国家和人民的利益，这显然是不符合道的要求的，如此一来也就无法实现一种"群居和一"的社会秩序。而臣的义务和责任本来是辅助君来实现道的，在君主的行为违背道，臣子进谏又无效的时候，臣子在迫不得已的情况之下，只能采取"从道不

① 孙秀民、楚双志：《中国古代封建君权制约述略》，《中共中央党校学报》2006 年第 5 期。

从君"的方式，拒绝执行君主不合道义的命令，维护普通民众的根本利益，从而对君与民之间的矛盾起到缓和的作用，维持国家的正常运转。否则的话，在君主是"闇主"的情况下，如果臣子只是一味地从君不从道，那么国家很快就会走向衰亡，"荀子认为政治是天下为公的，不是属于一姓一家的私门私事，因而在根本上反对君主的独断独裁"[1]，因此臣在本质上讲，并不是为君服务的，而是为天下之民服务的。

总之，荀子认为由于君是为民设立的，那么由君所任命的臣理所当然也是为民的，一旦当君主违背人民的利益时，臣子首先应该采用进谏的方式来规劝君主，如果君主的行为依然不合于道，那么臣子就应该"从道不从君"，以尽自己的义务和责任来实现国家的长治久安。尽管荀子赋予了君主在国家社会治理中的主导地位，然而却并不主张君主专制，而是认为君主的权利应该受到一定程度的制约，防止"闇君"导致国家灭亡，这种对君权进行制约的历史使命便落在臣子的身上。

第四节 "维齐非齐"的社会阶层

由此，我们可以明晰地看出，荀子政治哲学认定的三个基本的社会阶层为君、臣和民，并且这三个主要社会阶层之间是一种"维齐非齐"的关系。何为"维齐非齐"，以及"维齐非齐"与"群居和一"之间存在怎样的关联，这是我们需要进一步加以探讨的内容。

荀子认为在自然状态中，人类之所以会产生纷争，就是因为没有做到"分"，没有实现"维齐非齐"。荀子讲："势位齐而欲恶同，物不能澹则必争，争则必乱，乱则穷矣。先王恶其乱也，故制礼义以分之，使有贫富贵贱之等，足以相兼临者，是养天下之本也。"（《荀子·王制》）荀子认为如果人们的地位相同的话，必然会引起争乱，无法实现社会的稳定。因此在荀子看来，君、臣与民之间的阶层区分是社会发展的必然结果，或者说，这种地位上的"非齐"才是真正的"齐"，正如陶希圣所认为："确

---

① 王国良：《从忠君到天下为公——儒家君臣关系的演变》，《孔子研究》2000 年第 5 期。

定身份等级，是儒者所主张的要政。"① 身份等级一旦确定下来，人们只需要按照自己身份等级的职责去行事就可以了，从而不容易发生纠纷。

其实，在荀子政治哲学中，"维齐非齐"即为"群居和一"的呈现形式。"群居和一"是荀子所要最终实现的社会理想，而要实现"群居和一"，显然只能通过"维齐非齐"的阶层区分来实现。荀子的"群居和一"注定是一种差别性的"和一"，这与孔子强调的"和而不同"具有异曲同工之妙，只有彼此"不同"才能够真正地实现"和"。反之，如果每个人都相同，就会出现荀子所讲的"势位齐而欲恶同"的情况，反而无法实现真正的"和一"。因此，在荀子那里，"维齐非齐"的社会阶层划分与"群居和一"的社会理想实现是紧密联系在一起的，只有做到了"维齐非齐"，才有可能实现"群居和一"，"维齐非齐"的社会阶层是"群居和一"的呈现形式。

一 何为"维齐非齐"

荀子所言"维齐非齐"中的"维齐"的"齐"是"相同"的意思，与《论语·里仁》所言"见贤思齐焉，见不贤而内自省也"中的"齐"意思相近，都是接近或者等同之意。"维齐非齐"用通俗的话讲就是：真正的相同是不相同，表面上来讲存在一种逻辑上的矛盾，或者是一种有意的诡辩，其实不然，其核心在于我们如何理解"维齐非齐"中"非齐"的深刻意蕴。其实，这个"齐"并不是等同或者接近之义，而是有其具体所指，这种所指在荀子那里是面向社会的，侧重讲如何建立一种"群居和一"的社会秩序，荀子认为一种"齐"的社会秩序恰恰在于差别性的存在，没有差别性的社会不可能实现真正意义的"齐"。或者可以这样讲，"维齐非齐"中"非齐"的意蕴恰恰指向的是现实中的"不齐"，在现实中，只有"不齐"的社会阶层才能构成一个和谐的社会，这正是区分君、臣和民的关键所在，君、臣和民作为社会的三个阶层，只要各自安守自己的本分和职责，自然就会形成一种稳定的社会秩序。

荀子的"维齐非齐"在某种程度上与庄子的"齐物"思想有着一致之

---

① 陶希圣：《中国政治思想史》（上），中国大百科全书出版社2011年版，第390页。

处，即都承认差别性的存在才是"齐"。《庄子·秋水》中讲到："万物一齐，孰短孰长？道无终始，物有死生，不恃其成；一虚一满，不位乎其形。"在庄子看来，正是万物有短有长、有生有死、有虚有满，才构成了"一齐"，这种"齐"的本质在于各足其性："民湿寝则腰疾偏死，鳅然乎哉？木处则惴栗恂惧，猨猴然乎哉？三者孰知正处？民食刍豢，麋鹿食荐，蝍蛆甘带，鸱鸦耆鼠，四者孰知正味？猿猵狙以为雌，麋与鹿交，鳅与鱼游。毛嫱丽姬，人之所美也；鱼见之深入，鸟见之高飞，麋鹿见之决骤。四者孰知天下之正色哉？"（《庄子·齐物论》）也就是说，不同的事物不可能存在完全相同的选择，只要适合他们自身就可以了。同样，在荀子那里，这种"齐"的思想体现为"各安其职"，即不同阶层的人们各自按照各自阶层的标准和职责生活就可以了。

> 序官：宰爵知宾客、祭祀、享食、牺牲之牢数，司徒知百宗、城郭、立器之数，司马知师旅、甲兵、乘白之数。修宪命，审诗商，禁淫声，以时顺修，使夷俗邪音不敢乱雅，大师之事也。修堤梁，通沟浍，行水潦，安水臧，以时决塞，岁虽凶败水旱，使民有所耘艾，司空之事也。相高下，视肥硗，序五种，省农功，谨蓄藏，以时顺修，使农夫朴力而寡能，治田之事也。修火宪，养山林薮泽草木鱼鳖百素，以时禁发，使国家足用而财物不屈，虞师之事也。顺州里，定廛宅，养六畜，闲树艺，劝教化，趋孝弟，以时顺修，使百姓顺命，安乐处乡，乡师之事也。论百工，审时事，辨功苦，尚完利，便备用，使雕琢文采不敢专造于家，工师之事也。相阴阳，占祲兆，钻龟陈卦，主攘择五卜，知其吉凶妖祥，伛巫、跛击之事也。修采清，易道路，谨盗贼，平室律，以时顺修，使商旅安而货财通，治市之事也。折愿禁悍，防淫除邪，戮之以五刑，使暴悍以变，奸邪不作，司寇之事也。本政教，正法则，兼听而时稽之，度其功劳，论其庆赏，以时慎修，使百吏免尽而众庶不偷，冢宰之事也。论礼乐，正身行，广教化，美风俗，兼覆而调一之，辟公之事也。全道德，致隆高，綦文理，一天下，振毫末，使天下莫不顺比从服，天王之事也。（《荀子·王制》）

也就是说,不同阶层的人分别做好自己的分内之事,在荀子看来这便是一种最大的"齐","在这样的思维逻辑下,人与人之间的差等,也就很自然地必须被强调,唯有确知了差等的存在,人才能确认自己的权限"①,于是,荀子与庄子对于"齐"的认识具有某种惊人的一致性:固守一种合理的"差等"便是"齐","齐"并不是趋同,而是坚持各自不同的权限。

尽管荀子与庄子对"齐"的理解具有一致性,但是其最终目的却大相径庭:庄子讲"齐"是满足于个体的自适,极力反对人为;而荀子讲"齐"则是要建立一种"群居和一"的社会,大力主张人为。或者可以这样讲,荀子"维齐非齐"的社会秩序是人为努力的结果,而非顺应自然的结果。恰恰相反,荀子认为人类在自然状态中,恰恰容易处于一种纷争的状态,这种纷争的状态在本质上是一种"不齐"。而要建立一种"维齐非齐"的社会秩序,则必须通过后天的人为,以外在的"礼义"来规范和约束人类的自然本性。因此,庄子的"齐物"是顺应人类自然本性而实现的,而荀子的"维齐非齐"则是通过制约人类的自然本性而实现的。因为在荀子看来,在自然状态下之所以会发生纷争,就是源于他们在地位上是平等的,这是一种自然之"齐",不是一种社会之"齐",荀子追求的是一种社会之"齐",而这种社会之"齐"恰恰是存在差等的,是一种"不齐"的状态。

总之,荀子之所以主张"维齐非齐",其最终的指向是建立一个稳定的社会秩序,而这种社会秩序恰恰是在有差等的基础上才能够得以实现的,于是君、臣和民作为不同社会阶层的出现便是合理的。荀子理想中真正的"齐"恰恰是一种"不齐",并且这种"齐"指向现实的社会秩序,是谋求如何"群居和一",而并非如庄子那样强调个体的各适其性。

二 "维齐非齐"与"群居和一"

荀子"维齐非齐"的思想与"群居和一"的政治理想之间具有紧密的联系。或者可以这样认为,"维齐非齐"的有差等的社会秩序正是"群居和一"的呈现形式,而礼的作用也正是通过确定每个人不同的名分和职责,使

---

① 杜明德:《荀子的礼分思想与礼的阶级化》,《中国文化研究》2006 年春之卷。

社会处于一种良序当中，因此荀子政治哲学在逻辑上便呈现为"礼——维齐非齐——群居和一"的过程。

首先，我们来看礼与"维齐非齐"之间的关系。荀子讲："礼者，贵贱有等，长幼有差，贫富轻重皆有称者也。"（《荀子·富国》）因此，礼的本质就是"有等""有差"，即为"非齐"。正是由于"圣人"制定了"礼义"，人类才有了差等和区分，从而走出了自然状态中虽然平等但却陷入纷争的境地。既然我们认为礼的本质是"非齐"，那么与之相对的，礼产生之前人类的自然状态便是一种"齐"。然而，荀子认为自然状态中的"齐"并不是我们想要的生活状态，因为在自然状态中，由于人们都各自顺从自己的欲望，从而使社会陷入一种混乱状态。荀子认为人们之所以在自然状态中会出现争斗，从根本来讲，就是因为处于一种"齐"的状态，于是人们都有欲望去获取他们所要满足的事物，从而引起纷争。然而，具备了礼之后则不然，荀子讲："夫子之让乎父，弟之让乎兄，子之代乎父，弟之代乎兄，此二行者，皆反于性而悖于情也。然而孝子之道，礼义之文理也。故顺情性则不辞让矣，辞让则悖于情性矣。"（《荀子·性恶》）之所以要区分父子、兄弟的名分，就是为了使父子、兄弟遵守"礼义"，从而使行为符合于"悖于性情"的"孝子之道"。或者可以这样说，正是由于父子、兄弟之间"不齐"的地位，才能够使"辞让"成为可能，"若欲所获之'知'合乎道，则唯有以合乎道的礼义为认知对象"[1]，在荀子看来，"礼义"所产生的"不齐"，正是通往道的必由之路。

其次，我们再来看"维齐非齐"与"群居和一"的关系，可以这样认为，"群居和一"的社会秩序正是通过礼的"非齐"本质而实现的。礼在本质上即为一种有差等的存在，而这正是实现"群居和一"的重要保障，也就是说，只有做到"维齐非齐"，才能够真正地实现"群居和一"。荀子政治哲学中君、臣及民之间正是这样一种有差等的关系，三者具有各自的职责，而且只有遵循礼，君、臣和民之间才能保持一种和谐的关系。荀子所谓的"君道""臣道"都是在礼的范围之内而言的，道即为礼，"知道"即为知礼，因此荀子才如此强调"知道"的重要性："心不知道，则

---

[1] 洪涛：《心术与治道》，上海人民出版社 2013 年版，第 24 页。

不可道而可非道。人孰欲得恣而守其所不可，以禁其所可？以其不可道之心取人，则必合于不道人，而不合于道人。以其不可道之心，与不道人论道人，乱之本也。"（《荀子·解蔽》）之所以"心不知道"是"乱之本"，就是因为"不知道"就无法遵循礼，不遵循礼，就无法维持一种有差等的社会秩序，就会出现君不君、臣不臣、民不民的局面。因此，"不知道"的实质即为泯灭了社会生活中的差等，而没有差等的社会注定走向纷争与混乱。

因此可以这样认为，荀子"群居和一"的政治理想是以"维齐非齐"的社会阶层来显现的，这也是荀子如此重视礼的原因所在，因为礼的本质即为"有等""有差"。正是通过礼保持了"维齐非齐"的社会阶层，主要包含君、臣和民三种社会阶层，三者各自遵守各自的职责和本分，自然就会实现一种"群居和一"的社会秩序。这也从另外一个角度说明，"群居和一"并不代表每个人完全趋同，而恰恰是一种有差别的"和一"。正如丁成际所认为："荀子认为人类是以'群'为基本的社会组织，从而以秩序化状态存在的，群而无分则乱，'分'是'群'的秩序化存在的基础。"[1] 而"分"就是礼的差等性的体现，质言之，"群居和一"的社会秩序就是通过由礼而"分"，从而实现"维齐非齐"的过程，荀子的"维齐非齐"是与"群居和一"紧密联系在一起的，并进一步呈现为"君主、民本、臣辅"的社会构成。

---

[1] 丁成际：《"群居和一"如何可能——荀子"人能群"思想简论》，《哲学动态》2011年第9期。

第六章　荀子政治哲学的理论局限及其当代意义

　　荀子"群居和一"的政治哲学以人性论为起点，指出处在自然状态下的人必然顺从各自的欲望，从而陷入一种纷争的状态，此即为其"性恶"理论。荀子认为只有通过"圣人制礼"的方式，使每个人的行为受到外在礼义的规范和制约，人们才能够各安其职，走出纷争状态，实现一种建立在君、臣、民阶层差异基础上的"群居和一"。荀子"群居和一"的政治哲学固然有其不可避免的理论局限，然而其依然具有极其重要的当代意义，可以带给我们诸多的当代启示，并且这些当代启示只有通过对荀子政治哲学进行一种现代转化，才有可能对现实社会发挥积极作用。本章尝试探寻荀子政治哲学中隐藏着的理论难题，以及荀子哲学可以为我们带来什么样的当代启示，最后通过荀子政治哲学与其他思想文化的对话与沟通，努力克服其固有的理论局限，从而在全球文明对话的时代背景下实现一种现代转化，顺应时代潮流，为我们当前社会建设提供有益的理论支撑。荀子政治哲学之所以能够实现一种现代转化，一方面在于荀子政治哲学的理论难题蕴含着无穷的可能性，因为其理论不是封闭的，而是开放的，我们完全可以在荀子政治哲学理论的局限之处，注入一定的符合当代社会发展的内容，从而有效地保障社会的公平正义，促进社会秩序的和谐稳定；另一方面，当前我国社会发展进入了新时代，既关注中国传统优秀文化对当今社会的进步和发展的促进作用，也对优秀传统文化的发展给予了高度的重视，这种文化环境也给荀子政治哲学实现现代转化提供了一种难得的历史机遇。我们有理由相信通过正视荀子政治哲学的理论难题，看到其理论的当代意义，并进一步通过将荀子政治哲学与其他文化进行有效的沟通对话，使荀子政治哲学能够在当代焕发出其新的生机与活力，为推动社会的进步和发展提供有益的思想资源，并为构建"人类命运共同体"提供优秀的传统文化支撑。

具体来讲，荀子"群居和一"政治哲学的理论难题主要表现在三个方面。其一，荀子理想中的君主是"圣人"，且只有君主为"圣人"之时，"群居和一"的社会秩序才有根本保障。然而在现实政治中，君主却往往并非"圣人"。其二，礼作为实现社会"群居和一"的重要手段，在荀子看来是由"圣人"一个人制定的，问题在于这一个人制定的礼，如何能够适用于社会中每个不同的个体、每种不同的生活场景？个体与社会之间又是一种怎样的关系、个体自由在统一的礼的标准之下具有怎样的限度？荀子在理论构建中明显忽视了这一系列的重要问题，需要我们认真加以审视。其三，荀子"群居和一"的政治哲学是明显赞赏君主制的，不管现实的君主是否是理想中的"圣人"，然而一方面荀子推崇君主，另一方面却并没有明确指出君主产生的具体方式，这在某种程度上为在以后的历史发展中，以暴力方式夺取君位的行为频繁出现埋下了隐患，导致君位往往被强力者所占，而不是有德者拥有。

尽管荀子"群居和一"的政治哲学存在如上的理论难题，表现出其理论上的局限性，然而其依然蕴含着诸多极有价值的思想资源，可以为当前社会的发展带来有益的启示。荀子"群居和一"政治哲学的当代启示主要体现在四个方面。其一，荀子十分强调礼的外在规范性，并进而注重法在社会治理中的作用，这无疑可以为我们当前的法治建设提供有益的理论资源，中国传统文化并没有一味否定法治，倡导人治，恰恰相反，荀子认为不管君主还是平民，都应该遵循法的外在规范。其二，荀子尽管认为"群居和一"的社会必然是由不同阶层所组成的，各个阶层之间必然存在着一种差异性，然而荀子认为各个阶层之间并不是固化的，而是相互流动的，而流动的标准则完全依据礼义："虽王公士大夫之子孙也，不能属于礼义，则归之庶人。虽庶人之子孙也，积文学，正身行，能属于礼义，则归之卿相士大夫。"（《荀子·王制》）这无疑有利于保证社会基本的公平和正义。其三，最为重要的一点是，荀子"群居和一"的政治哲学是儒家思想由"内圣"而"外王"的关键一步，其更注重社会制度层面的可操作性，而不是如孟子一样，只停留在一种内在的理想层面。其对当前社会的意义在于，我们必须将美好的社会理想转化为一种制度设计，从而保证社会的长治久安，而不能就如荀子批评孟子的那样，社会治理处于一种"张而不可施行"的境地。其四，荀子政治哲学中的"和合"思想能够为当今世界的和平与发展提供重要的思想资源：其"仁义观"提示我们在处理国家与民族关系的时候，必须以相互尊重为前提，采取协商的方式，求同存异地和平解决各种矛盾与争端；其"天下观"则告诉我们，全人类是一个同呼吸共命运的整体，必须做到休戚与共，通过推动构建"人类命运共同体"来维护世界的和平与发展。

我们对荀子"群居和一"的政治哲学进行研究，并不是将荀子政治哲学当作一个已经过时的、固定不变的理论体系进行研究，而是将其视为一个尽管有诸多理论难题，然而却具有无限开放性的体系来加以对待。因此，这个具有无限开放性的理论体系，就完全有可能在当今社会的境遇中，通过与诸多其他思想的交锋和碰撞，化解其固有的理论难题，发扬其本身所具有的闪光智慧，实现荀子政治哲学的现代转化，为当前社会的制度建设和社会进步提供诸多有益的启发，而这正是我们研究荀子"群居和一"政治哲学的目的所在。对荀子政治哲学进行一种较为深入的阐发和研究，其最终目的是激发理论的活力，而不是沉浸在旧纸堆之中，荀子政治哲学始终是围绕"群居和一"这一政治理想而展开的，也就是说，荀子政治哲学探讨的是社会如何"群居和一"这一终极问题，这显然带有强烈的经世致用性，充分体现了儒学的"外王"品格，"群居和一"表述的是对一种良序社会的追求，尽管社会处于不停地发展之中，面临的社会问题不尽相同，然而对社会良序的追求却是始终如一的。荀子政治哲学所表述的主题是永远没有过时的，是历久弥新的，关键就在于，我们通过对荀子政治哲学的梳理，使其处于一种开放的而不是故步自封的状态，通过将其融入当下的生活之中，使荀子"群居和一"政治哲学获得创造性的转化与创新性的发展，努力克服荀子政治哲学固有的理论弊端，使其焕发出适应时代和当前社会发展的生机与活力，以期为我们当今的社会进步提供有益的理论支撑。

第一节　荀子政治哲学的理论局限

荀子政治哲学的终极目标是实现一个"群居和一"的人类社会，为此，荀子以人性论为起点，通过"圣人制礼"的方式，最终实现社会阶层之间的"维齐非齐"，构筑起相对完整的政治哲学理论体系。尽管荀子"群居和一"的政治哲学在理论上是完备的、自足的，然而其理论的内部依然存在着诸多难题，在当前的时代背景下存在着很大的局限性，具有极大的理论张力，其实这也是任何一种伟大的理论所共有的特质，我们无法对荀子求全责备，而只能客观地予以审视。下面我们就尝试阐发荀子"群居和一"政治哲学理论中存在的难题，进而揭示出其理论的局限性及内在张力，促使我们客观深入地理解荀子的政治哲学思想，以期为当前社会进步提供可供借鉴的理论资源。

一　君主未必为"圣人"

在荀子"群居和一"的政治哲学之中，圣人起着至关重要的核心作用。在荀子那里，要实现一种"群居和一"的社会秩序，"圣人"取得君主的地位是其重要保障，而现实中的君主却未必是荀子理想中的"圣人"。美国汉学家约瑟夫·列文森（Joseph R. Levenson）认为："从一开始，君主主义和儒学之间的矛盾就存在，而且一直延续了下来。"[1] 其实，这种矛盾的症结就在于：儒家包括荀子在内，其一切理论预设的前提是"圣人"在位，也就是说只有在位的君主是理想中的"圣人"之时，其社会政治理想才能够顺利实现，而现实中在位的君主却往往并非"圣人"，甚至是庸人，因此便与儒学理想中的"圣人"在位产生了矛盾。如何有效地处理这一矛盾，便是荀子"群居和一"政治哲学遗留下来的一大难题。

荀子认为只有"圣人"在位，才有可能实现"群居和一"的社会秩序。荀子讲："圣人也者，道之管也。天下之道管是矣，百王之道一是

---

[1] ［美］约瑟夫·列文森：《儒教中国及其现代命运》，郑大华、任菁译，广西师范大学出版社 2009 年版，第 159 页。

矣。"(《荀子·儒效》)杨倞将"管"注解为:"管,枢要也。"① 而道则显然指的是社会治理之道,也就是社会实现"群居和一"之道。在荀子看来,只有"圣人"才是社会治理之枢要,"圣人"对实现"群居和一"的社会秩序至关重要。与此同时,荀子也注意到现实中的君主并非总是"圣人",荀子明确地讲有"明君"与"闇君"之分:"故明君者必将先治其国,然后百乐得其中;闇君者必将急逐乐而缓治国,故忧患不可胜校也,必至于身死国亡然后止也,岂不哀哉!"(《荀子·王霸》)所谓的"明君"就是道德上的完备者,也就是所谓的"圣人",其必然是将"治其国"放在首要的位置,而"闇君"则不然,其首先考虑的是"急逐乐"。正如刘泽华所认为:"王应该成为圣人,这样才能真正王天下。"② 然而"应该"永远不是一种客观现实,只是一种理想状态,荀子不断提到的"圣人"也属于此种情况,"圣人"是荀子理想中的社会治理者,然而现实的社会治理者如何确保是"圣人"却成为一个难题。于是,在荀子的政治哲学体系中便产生了这样的冲突:"圣人"应该是君主,而君主未必是"圣人"。

这种困境与荀子哲学中"圣人"的产生方式有着直接的关系,荀子理想中的先王(也就是在位的"圣人")几乎是横空出世的:"人生而有欲,欲而不得,则不能无求;求而无度量分界,则不能不争;争则乱,乱则穷。先王恶其乱也,故制礼义以分之,以养人之欲,给人之求。"(《荀子·礼论》)其实这里既是讲礼的起源,同时也是讲先王产生的必要,因为礼是先王制定的,没有先王也就没有礼的存在。问题是,先王究竟是如何产生的,或者说他是如何获得了进行社会治理的资格?荀子则直接跳过了这一论证,他只给出了我们一种充满了理想色彩的期待:道德上的"圣人"理应成为在位的君主。然而,理想并不代表现实,我们禁不住要问,道德上的"圣人"是如何获得现实的统治权的?我们只能从荀子思想中去寻找相应的蛛丝马迹,试图呈现出荀子自己可能给出的最为接近的答案。

我们通过考查荀子所论"圣人"与君主之间的关系,可以得出这样的结论:荀子认为"圣人"到君主的转化,完全依赖于德之感化,道德人格

---

① (清)王先谦撰:《荀子集解》,沈啸寰、王星贤点校,中华书局 2013 年版,第 158 页。

② 刘泽华:《王权思想论》天津人民出版社 2006 年版,第 38 页。

上的完备足以使民众不自觉地接受"圣人"作为社会治理者的存在。荀子讲："圣人为知矣，不诚则不能化万民；父子为亲矣，不诚则疏；君上为尊矣，不诚则卑。夫诚者，君子之所守也，而政事之本也。"（《荀子·不苟》）荀子认为，道德上的"圣人"通过"诚"自然而然地就可以"化万民"，而"化万民"显然是进入了社会治理的领域，也就是荀子所讲的"政事之本"，由此，道德领域的"圣人"必然就转变为政治领域的君主。这一转化表面上是顺理成章的，然而内部却存在如下悖论：其一，在荀子那里，只有"圣人"才是"礼义"之完备者，其余的普通民众因为不懂礼很容易陷入彼此争斗之中，那么，原本不懂"礼义"的普通民众如何可能自觉地认可"圣人"之礼，从而承认"圣人"社会治理者的地位？其二，"圣人"只是道德上的完备者，而作为统治者的君主则同时需要社会治理才能，德能够与社会治理能力相等同吗？换言之，道德上的"圣人"直接转化为政治上的君主是可能的吗？下面我们分别来加以探讨。

其一，"圣人"作为"礼义"之完备者，原本不懂"礼义"的普通民众自觉地认同"圣人"之礼是可能的吗？我们知道，在荀子那里，"圣人"对民众进行教化，完全采取的是一种自上而下的方式，也就是说"礼义"完全是由"圣人"制定的。问题在于，"圣人"面对的是完全不懂"礼义"、处于自然状态的民众，也就是荀子所描绘的"争则乱，乱则穷"的状态，普通民众是如何可能自愿地接受"圣人"之礼，从而让"圣人"成为社会治理者的呢？如果普通民众不是自愿地接受礼的教化，而是在"圣人"的强制下遵循"礼义"，就如徐复观所言："这样一来，在孔子主要是寻常生活中的礼，到荀子便完全成为政治化的礼，礼完全政治化后，人对于礼，既失掉其自发性，复失掉其自主性，礼只成为一种外铄的、带有强制性的一套组织的机栝。"① 然而礼的强制性只有作为社会治理者才能够赋予，"圣人"在取得普通民众的信任并获得社会治理资格之前，这仍然是不可想象的。于是，普通民众如何可能认可"圣人"制定的"礼义"始终处于一种永久的悖论之中：一方面原本不懂"礼义"的民众不可能自觉地认同"礼义"，另一方面"圣人"的"礼义"在未得到民众认可之

---

① 徐复观：《学术与政治之间》，九州出版社 2014 年版，第 189 页。

前，也不可能获得君主的资格，更不可能以强力推行其"礼义"。

其实，造成这种悖论的关键就在于，荀子始终将"圣人"放在一个救世主的位置，其余的普通百姓则是未觉醒者，需要依靠"圣人"的力量才能够过上一种有序的社会生活。或者可以这样讲，荀子"群居和一"的社会秩序形成的动力不是来自普通民众，而完全是"圣人"的一己之力，而"圣人"转化为君主的过程，如果没有普通民众的参与与认可的话，如何可能便成为一个严峻的问题。或许，我们将荀子的"圣人制礼"与西方传统的"契约论"进行简单的比较，更有助于发现荀子的问题所在，"契约论"是西方政治哲学中一个悠久的传统，即使是大力倡导君权思想的霍布斯，其思想依然受着"契约论"深刻的影响。荀子与霍布斯都极为重视君权的作用，很多学者认为二者的思想都有君主专制的影子，这个我们暂且不论，然而实质上，荀子与霍布斯对君权的论证思路是完全不同的。荀子与霍布斯"君权论"的最主要差异在于：在霍布斯那里，君权是普通民众通过契约的方式而授予的，或者可以说霍布斯所言君权形成的动力在于普通民众，普通民众处在一种觉醒的、积极参与政治生活的状态，君权是通过一种自下而上的方式来实现的；而在荀子那里则不然，荀子认为普通民众大部分是不懂得"礼义"之人，因此才需要"圣人"取得君权来教化和规范普通民众，使他们按照"礼义"来行事，普通民众几乎完全处于一种未觉醒的、被动参与社会政治生活的状态，君权是通过一种自上而下的方式来实现的。质言之，霍布斯所言君权的形成过程已经揭示出其基础在于民众，君权的形成是民众自愿达成的契约："这就是一大群人相互订立信约、每人都对它的行为授权，以便使它能够按其认为有利于大家的和平与共同防卫的方式运用全体的力量和手段的一个人格。"① 而在荀子看来则不然，"圣人"并不是普通民众授权而产生的，而是其自身依靠德之完满而实现的，于是就产生了道德上的"圣人"成为政治上的君主如何可能的问题。

即使退一步讲，按照荀子的逻辑，道德上的"圣人"可以成为政治上的君主，然而问题依然是存在的，如果存在道德上的"圣人"的话，这种

---

① ［英］霍布斯：《利维坦》，黎思复、黎廷弼译，商务印书馆1985年版，第129页。

"圣人"是否是唯一的，如果不是唯一的，众多的"圣人"又该如何判定谁来做君主？由此，我们可以发觉，问题远非我们想象中的那般简单，荀子由"圣人"而成为君主的主张的症结在于德的标准问题。我们发现，儒家的德明显带有一种理想化的色彩，正如牟宗三所言："儒家德治，由孔子定其型范，后来儒者以及政治上的基本观念一直遵守不渝。"[①] 荀子同样将"圣人"定义为一种德的完满者，因此"圣人"很难给出一种固定的标准来加以评判。由于德的标准并不是明确的，而只是作为一种理想而存在，因此究竟谁为"圣人"其实很难形成一种共识。我们可以发现，荀子的"圣人"带有明显的理想化色彩，正因为其过于理想化，就很难确认究竟哪一个人是"圣人"，在无法确定谁为"圣人"的前提下，"圣人"向君主的转化也就成为一种空谈。质言之，荀子只是对君主做了一种人格上的期许，认为在位的君主应该是道德上的"圣人"，其并没有具体指明"圣人"是如何转化为君主的，而恰恰在这一点上，西方"契约论"的传统明确承认主权来源于普通民众，这其中当然包含君权。而在荀子看来，普通民众是不懂"礼义"的，完全处于一种被动的地位，因此从原初意义来讲，君权不可能是由普通民众给予"圣人"的，既然君权不是由普通民众给予的，那只有可能是"圣人"自己给予自己的，然而这更是一种悖论，自己给予自己如何可能？因此，我们发现，在荀子那里"圣人"是一种道德理想，而君主则成为一种无从考其来源之幽灵，"圣人"转化为君主既不是得到普通民众承认的，也不可能是自己所促成的。

其二，即使荀子理想中的"圣人"能够成为现实中的君主，然而由于荀子主要是从德的层面来评判"圣人"的，我们仍然会存在这样的疑问，君主作为一个社会治理者，德完全等同于社会治理能力吗？很显然，在荀子那里德就是一种最高的社会治理能力，这是儒家所一贯坚守的传统，荀子讲："志意致修，德行致厚，智虑致明，是天子之所以取天下也。"（《荀子·荣辱》）荀子认为只要具有"德行"就可以做到"取天下"，所谓的"取天下"显然包含着对社会进行良好治理之意。干春松这样评价荀

---

① 牟宗三：《政道与治道》，广西师范大学出版社 2006 年版，第 26 页。

子的"圣人"观念:"人所能发展的最高阶段就是圣人。在荀子的人才分层体系中,圣人是一个特殊的群体。"① "圣人"之所以"特殊",就是因为其是德之最高阶段,是超越于普通民众之上的。然而是否有德的君主必然具备治理国家的能力呢?我们只能说,在荀子那里,有德的君主具有将国家治理好的良好的意愿,如荀子讲:"古者禹、汤本义务信而天下治,桀、纣弃义背信而天下乱,故为人上者,必将慎礼义,务忠信然后可。此君人者之大本也。"(《荀子·强国》)可以这样讲,古代的君主认为只要做到"本义务信",就完全可以做到"天下治",这确实是荀子的美好理想,然而现实真的如此吗?作为君主只要具备了完满的道德人格就一定能将国家治理好吗?我们在前面也提到过,荀子认为君主在进行社会治理的时候,不可能依靠自己一个人的力量,而必须"尚贤使能",通过臣子的辅助来完成国家的治理,实现"群居和一"。荀子讲:"相者,论列百官之长,要百事之听,以饰朝廷臣下百吏之分,度其功劳,论其庆赏,岁终奉其成功以效于君。当则可,不当则废,故君人劳于索之,而休于使之。"(《荀子·王霸》)如此看来,君主在任命臣子的过程中必须"劳于索之",也就是有能力去挑选那些合适的人来做臣子,这种能力显然并不包含在德的范畴之内。也就是说,荀子的矛盾之处在于,"圣人"是由于德的完备而成为政治上的君主的,而这种德的完备其实并不天然地包含有"尚贤使能"的能力。君主所具备的这一系列的能力,在本质上讲,依然只是荀子对君主的良好期待,是在"圣人"转化为君主之后,荀子又额外地加之于其上的能力。质言之,道德上的"圣人"即使能够转化为政治上的君主,其也未必具有如荀子期待的治理国家的能力,因为德在本质上讲,只是从个体修为层面而言的,而管理国家所需要具备的能力远远超过了德的范围,这一点正是荀子所忽略的,也是整个儒家相对忽视的。正如徐复观所言:"德治者的模范性,是启发的性格,是统治者自己限制自己的权力的性格。"② 这也从另一个层面说明了德治的局限性:君主只能通过德来启发

---

① 干春松:《贤能政治:儒家政治哲学的一个面向——以〈荀子〉的论述为例》,《哲学研究》2013年第5期。

② 徐复观:《儒家思想与现代社会》,九州出版社2014年版,第132页。

普通民众，而现实却是，这种启发并不总是有效的，德的有效性在本质上讲依然是一种理想情怀。总之，荀子认为由"圣人"转化为君主的关键点在于德，然而有德之人必然在位只是一种理想，并且，即使真地成了可能，有德之"圣人"能否获得君主的地位，依然存在着很大的问题。这个问题便是，德并不等同于现实的社会治理能力，德主要通过启发和感化的方式来管理国家，而现实中启发和感化并不总是有效的。

荀子"圣人"在位的理想面临着很大的困境，在由"圣人"向君主转化的过程中，存在着一种内驱力的缺失，也就是"圣人"成为君主只是停留在理想层面，而远非现实。也就是说，"圣人"未必是君主，君主未必是"圣人"，这其中存在着两个层面的难题。其一，"圣人"尽管是"礼义"的完备者，然而由于普通民众天然是不懂"礼义"的，于是普通民众如何能够接受认同"圣人"的"礼义"，从而促成"圣人"向君主的转化便成为一个难题。其二，即使"圣人"能够成为君主，由于"圣人"主要是以德取得社会治理资格的，那么问题在于，德等同于现实的社会治理能力吗？显然，在现实的政治生活中，德并不完全等同于现实的社会治理能力。

我们也可以把荀子将"圣人"与君主合一的理想称之为"圣王"理论，荀子的"圣王"理论中充满了圣与王之间的紧张，这种紧张进一步造成了理想与现实的断裂，为以后君主专制社会的危机埋下了隐患。荀子之所以倾向于一种君主专制的社会制度，其前提是现实中的君主是道德上的"圣人"，并且荀子认为只有通过"圣人制礼"的方式，社会才能实现和平与稳定的局面，这在无形中忽视了个体在社会中的地位和作用，而将社会治理的重担完全放在了"圣王"一个人身上。然而，圣与王的合二为一又不是必然的，充满了浓重的理想色彩，于是就造成了理想与现实的断裂，荀子的"圣王"理论固然在一定程度上起到促使君主注重道德修养的作用，而更大的负面作用则是成为君主论证自己统治合法性的工具。荀子的"圣王"理论充满内在矛盾，其理想成分太多，这也就造成了其政治理想与社会现实之间的断裂，为君主专制社会的危机埋下了隐患。想要走出荀子"圣王"理论的困境，我们必须实现从民本到民主的转化，只有让普通民众参与"礼义"的制定，而不是由"圣王"一人制定"礼义"，才能有效地促进社会进步。

二　自由的限度

荀子其实并没有明确地提出自由这个概念，然而其政治哲学中却蕴含着丰富的关于自由的问题。为什么这样讲呢？荀子理想中的社会是通过"圣人制礼"的方式实现的，而礼的标准的制定明显是单向度的，也就是"圣人"与"众庶百姓"之间的关系，这明显是一种点与面之间的关系。问题在于，从"圣人"这一个点出发作为标准的礼，如何可能为"众庶百姓"所普遍接受？并且，用这一固定标准的礼去规范和要求每一个人的时候，个体自由的限度又在哪里？这一系列问题都凸显出个体与社会之间的紧张关系，如果设想荀子笔下的"众庶百姓"立足于自己个体的自由，他们达成的关于礼的标准与"圣人"制定的礼的标准能够达成一致吗？那么反过来说，从"圣人"这一个点出发制定的礼的标准，真的会适合于每一个人吗，这会不会对"众庶百姓"的个体自由形成一种戕害？

我们知道，在荀子那里，礼是一种最高的社会标准和行为规范，并且这一最高标准的制定完全是通过"圣人"的一己之力完成的。道德上的"圣人"一旦在理论上转化为政治上的君主，君主便在社会治理中处于绝对核心的地位，因为整个社会的标准都是源于君主，而非"庶民百姓"。正如美国汉学家本杰明·史华慈所言："以超强的普遍王权的概念为核心，建立全面的社会——政治秩序，这一理念在中国的文明世界里很早就孕育了，甚至可在商代的甲骨文中看到它的萌芽。"[①] 而在荀子这里已经不是萌芽了，完全是在理论上对王权的核心地位予以了肯定。那么，问题在于，在这样一种普遍王权之下，"庶民百姓"作为个体究竟还存在着多大程度的自由？很显然，在荀子那里一旦礼被"圣人"制定出来之后，"众庶百姓"是没有任何再选择的权利的，他们必须遵循礼的要求，以实现"群居和一"的社会秩序。其实，荀子在这里已经预设了一个前提，那就是"圣人"制定出来的礼也必然是"庶民百姓"的需求，他们存在着根本一致的

---

① ［美］本杰明·史华慈、王中江编：《思想的跨度与张力——中国思想史论集》，中州古籍出版社 2009 年版，第 123 页。

意志和目标，因此荀子讲："圣人者，以己度者也。故以人度人，以情度情，以类度类，以说度功，以道观尽，古今一度也。"（《荀子·非相》）正是因为人与人之间是可以"度"的，那么显然礼也必然是每个人都自愿接受的，然而真实的情况果真如此吗？

其实，荀子在预设这一前提之时，明显忽略了"众庶百姓"作为个体的多样性存在，片面地用一种单一的礼的标准去要求每一个人，其局限性也是很明显的。一旦礼的标准被运用于现实政治领域，作为个体多样性的存在必然在一定程度上受到了压制，正如英国哲学家伯林（Berlin, I.）对穆勒的评价一样："他所憎恨与恐惧的，是心胸狭隘、千篇一律、压迫戕害，以及用权威、习惯、公共舆论对个体的碾压；他起而反抗秩序、整齐划一甚至和平，如果它们要以消灭未被驯服的、带有不可扑灭激情和自由自在想象的人类多样性与色彩为代价的话。"① 很显然，荀子的礼一旦成为一种礼制，同样有使每一个人都"千篇一律"的危险性，在这种情况下，礼往往并不是每个人的自主选择，而带有明显的强制意味。我们知道，自由的实现必须首先立足于个体，否则自由就无从谈起，而很显然，在荀子那里是没有个体存在的空间的，"圣人"制定出来的礼已经将所有人整齐划一。或者说，在荀子那里，个体已经彻底淹没在了"集体"之中，我们已经听不到个体的任何诉求，他们唯一遵循的标准就是礼，为了实现一种"群居和一"的社会，这是他们不得不如此的选择。

那么，荀子自由问题的症结究竟在哪里呢？因为时代与文化的原因，荀子从来没有明确地提出自由这个概念，然而荀子"圣人制礼"的背后却处处凸显出了自由的问题。其实，荀子自由问题的症结就在于：完全以德之完善来规定每一个人，完全忽略了个体在社会现实中的其他与德无关的诉求。真实的情况是，首先，德的标准自始至终存在着一种模糊性，致使德的标准如何达成一致就成为一个问题；其次，在现实社会中，人们除了德的认同层面外，当然还存在着其他不同的利益诉求，这些不同的利益诉求用礼可以得到协调吗？或者说，礼能够解决现实中一切复杂的利益纠纷

---

① ［英］以赛亚·伯林：《自由论》（修订版），胡传胜译，译林出版社2011年版，第220—221页。

吗？这样一来，荀子就用人们在德的层面上模糊的一致性，取代了人们在现实生活中实质存在的利益多样性，于是，个体的自由无形中被遏制，在荀子那里，每个人完全成为在德的引导下有着共同目标的个体，于是，个体的面貌变得模糊而不可辨认，只剩下了"群体"的概念，荀子如此强调"群"从一个侧面反映出其对个体自由的忽视。在这种情况之下，固然有利于实现荀子理想中"群居和一"的社会，而现实中却无形造成了对个体自由的忽视。

荀子同孟子一样，假定了人在道德层面都有达到"圣人"这一境界的可能性，于是便顺理成章地得出了人在道德上的最终目标一致性的结论。荀子讲："故小人可以为君子而不肯为君子，君子可以为小人而不肯为小人。小人、君子者，未尝不可以相为也，然而不相为者，可以而不可使也。故涂之人可以为禹则然，涂之人能为禹，则未必然也。"（《荀子·性恶》）荀子认为"涂之人能为禹"，也就是每个人都有成为"圣人"的可能性，正是基于这样的假设，礼才有可能成为每个人都认同的准则，只不过君子可以自觉地遵循礼，而小人则无法自觉地遵循礼，然而这并不妨碍其在道德层面的目标应该是一致的。于是，对于小人，荀子认为只能用礼的标准对其进行教化与约束，"人只有改造人性之自然，才能符合人道之当然"[1]，小人只能顺应"人性之自然"，而不能"符合人性之当然"，因此就必须"改造"之，而"改造"的方式正是礼。

用礼去规范每一个人以成就道德的完善，本来是只就德的层面而言的，可是，荀子将这一德的标准不自觉地加以泛化，以致扩展到每个人的利益诉求，认为在现实中每一个人的利益诉求同样也需要礼的引导和制约。荀子讲："夫贵为天子，富有天下，是人情之所同欲也。然则从人之欲则势不能容，物不能赡也。故先王案为之制礼义以分之，使有贵贱之等，长幼之差，知愚、能不能之分，皆使人载其事而各得其宜，然后使谷禄多少厚薄之称，是夫群居和一之道也。"（《荀子·荣辱》）很显然，所谓"礼义"的作用已经不仅仅局限在道德层面，而且涉及了现实利益的分配，"谷禄多少厚薄"的分配也完全是按照"圣人"制定的"礼义"进行

---

[1] 李振纲：《中国古代哲学史论》，中国社会科学出版社 2004 年版，第 94 页。

的。总之，在荀子那里，个体的一切行为似乎都处在了礼的统摄之下。

毫无疑问，在荀子看来，礼已经成为人们一切行为的标准，在礼的标准之下，个体自由的限度又究竟在哪里呢？储昭华揭示了儒家人的自由的本质："作为一种非现成的人，一种不断展开、不断生成的过程，他在时间上濡化于生命、历史与文化之流中，始终没有也不能被定格、归结为作为具体存在者的'肉身'的人，如此被'挺立'的自我并不是实体化的个人。"① 其实，荀子正是通过礼将个体完全"濡化"，从而使个人完全丧失了"实体化"，而完全成为在礼的规范下的一分子。并且，个人作为整个社会集体的一分子，其独立性已经被掩盖而不彰，在礼的统一规范之下，个人的诉求似乎已经处在了我们的思考范围以外。一个不容置疑的事实是，荀子固然通过礼的方式可以实现一种"群居和一"的理想社会秩序，然而其隐形的代价无疑是在一定程度上忽略了个体自由的诉求。荀子在对"圣人制礼"过程的描述中，"众庶百姓"完全处于一种被动的、被安排的地位，他们似乎因为种种原因没有表达出任何属于自己的声音，而在我们的视野中，完全是处于主动地位的"圣人"身影，他靠一己之力，通过制定"礼义"，来对"众庶百姓"的生活做出安排。

在荀子看来，个体自由的实现途径只有通过遵循礼来过一种"群居和一"的生活，人们最终的价值诉求是一致的，那便是"圣人"制定出来的礼。诚然，人们可能达成有关于礼的一致标准，然而这一达成过程仅仅是通过"圣人"制定出来的吗？难道从个体出发无法达成一种关于礼的一致标准吗？首先让我们再来回顾一下荀子对于礼的起源的阐发，荀子认为之所以需要礼，在根本上是因为人们在自然状态下顺从自己的欲望，很容易引起纷争。而礼则完全是依靠圣人一己之力制定出来的，"人类社会内部存在错综复杂的关系纠结，充斥着矛盾、冲突，这就需要制定礼义，来调节社会矛盾，合理分配社会利益"②，不管是"调节社会矛盾"，还是"合理分配社会利益"，都是以"圣人"为出发点的，也就是说，"圣人"是

---

① 储昭华：《明分之道——从荀子看儒家文化与民主政道融通的可能性》，商务印书馆2005年版，第258页。
② 张春林：《荀子礼治思想解析及其当代启示意义》，《兰州学刊》2015年第10期。

礼的制定者，在社会治理中处于一种完全核心的地位。反过来讲，在荀子看来，如果没有"圣人制礼"这一过程，人类社会将永远处于充满纷争的自然状态，普通百姓对此是无能为力的。"圣人"是引导"众庶百姓"走出自然状态，实现"群居和一"的关键，因此荀子讲："圣人也者，道之管也。"（《荀子·儒效》）其中，杨倞注解曰："管，枢要也。"① 质言之，荀子认为礼完全来源于"圣人"，没有"圣人"也就根本不可能实现"群居和一"。

我们知道，一旦礼的来源是单一的，自由的问题就很容易凸显出来。因为，这里存在着一个礼的标准问题，从"圣人"一己出发的礼如何可能被所有的人接受？当然荀子给出我们的解答是：因为每个人在德的层面都有"可以为禹"的可能性，所以每个人在德的层面目标是天然一致的，于是基于德的一致性，人们就可以普遍接受"圣人"制定出来的礼。很显然，荀子的这一推论是一种德之泛化，以德的标准取代了所有其他的利益诉求，这在理论上是存在明显缺陷的。其实，即使人们在德的标准上存在某种天然的一致性，但这并不代表在德的领域之外，人们的利益诉求仍然是天然一致的。于是，人们在德的领域之外的不一致，显然就不能以一种以个人为出发点的礼的标准来加以裁决。

那么，个体自由的界限究竟在哪里呢？以"圣人"为出发点的礼显然无法为个体的自由划出一条界线，在"圣人制礼"的统一标准之下，个体自由根本就没有得以显现的机会。为了给个体自由划出自己的疆界，我们有必要重新审视一下礼的形成方式。在人类陷入彼此纷争的自然状态背景之下，有没有可能形成礼的另一种途径？这种途径区别于荀子提出的"圣人制礼"的方式，从而能够为个体自由留下足够的空间。英国哲学家以赛亚·伯林（Isaiah Berlin）认为："我们一般来说，就没有人或人的群体干涉我的活动而言，我是自由的。在这个意义上，政治自由简单地说，就是一个人能够不被别人阻碍地行动的领域。"② 很显然，荀子用"圣人制礼"的方式很难保证给个人留下这样一块"不被别人阻碍地行动的领域"，或者说正是因为礼对个人干涉的范围是不清晰的，因此就很容易侵犯属于个

---

① （清）王先谦撰：《荀子集解》，沈啸寰、王星贤点校，中华书局2013年版，第158页。
② ［英］以赛亚·伯林：《自由论》（修订版），胡传胜译，译林出版社2011年版，第170页。

人生活的每一个领域。荀子讲："礼者，以财物为用，以贵贱为文，以多少为异，以隆杀为要。"（《荀子·礼论》）由此可见，礼涉及人生活的各个方面，并且这种礼是由"圣人"制定的，也就是说，人们生活的各个领域都有了"圣人"指导的痕迹，那么，人们能够自由选择、自主决定的领地又在哪里呢？这便是个体自由的界限问题。

　　显然，在荀子"圣人制礼"的路径之下，个体不可能存在一种清晰的自由领地，因此，荀子礼治的理想固然美好，然而在现实操作中极容易导向君主专制的深渊。那么面对充满纷争的人类自然状态，我们不禁要思考：荀子所言"圣人制礼"是不是解决社会问题，使人类走出自然状态的唯一路径？如果从出发点来看，荀子是从"圣人"这一原点出发的，认为只有"圣人"才能解决人类社会的根本问题，"人类共同体本身也是圣人在建构自身心理格局的过程中建立起来的外在行为规范的集合体，因为离开了圣人的这种努力，自然状态的人只能是一盘散沙，所谓社会不管如何美妙也始终只能是一种空想"①。如果我们换一种视角，礼不再是以"圣人"为原点而出发的标准，而是对个体利益诉求相互协调的结果，那么会对我们产生怎样的启示呢？很显然，如果礼的出点是立足于个体的话，由于在自然状态中个体之间存在着利益的纷争，那么，礼的达成势必是个体之间相互协调所达成的结果。而正是在个体之间的相互协调妥协中，自由才有可能存在的空间，因为在此种情形下，礼不再是以"圣人"为本位，而是从每一个人的具体诉求出发的，而自由永远不是一个空洞的名词，它只有立足于个体才会获得其真正的意义。如果说以"圣人"为出发点的单向度的礼，很容易忽视作为个体的自由诉求的话，那么，如果礼的标准是从每一个个体出发而制定的，情况则显然就会大不一样，当然这只是我们假设的礼的另一种可能路径，在荀子那里当然并没有完全从个体的角度出发。

　　正因为荀子没有从"众庶百姓"的立场出发，而是从"圣人"的角度出发，所以才造成了在某种程度上对个体自由的忽视，我们进而需要探究，在荀子那里究竟为什么会造成如此局面。其本质在于，荀子只看到了顺从人的欲望则容易导致社会混乱的一面，而并没有看到其实人的本性中

---

　　① 上官节：《圣人化性起伪与圣王专制——荀子政治理论释析》，《学习与探索》1989 年第 2 期。

还有向往和平的一面，因此，"群居和一"的社会并非一定要靠外在的"圣人"来实现，也极有可能通过人们之间的协调和妥协而得以完成。由此，一旦基于每个人向往和平的本性，礼的标准便从每一个人的诉求出发而加以制定，个体自由的领域便在一定程度上得以保障。荀子之所以相对忽略了个体自由，其症结就在于礼的出发点不是立足于每一个人，而是从"圣人"这一个点出发的，因此就必然忽视个体的利益诉求，压制了自由的空间。在某种程度上讲，我们只有通过适当对礼的制定方式加以转化，使礼的制定建立在每一个人合理诉求的基础之上，才有可能切实保障个体的合理利益，尊重其正当诉求，为个体自由留下足够的空间。

三　君主如何产生

尽管荀子在理论上认为道德上的"圣人"应该就是现实中的君主，然而这只是一种理想，而现实却是在位的君主并非一定是"圣人"。因此，荀子尽管对君主具有人格上的美好期待，然而在理论上却并没有就君主如何产生提供一条切实可行的路径，于是就导致了一种悖论：理想中的君主应该是道德上的"圣人"，而现实的君主之位却往往是依靠暴力而取得的。如何化解理想与现实的矛盾，荀子政治哲学并没有为我们指出一条切实可行的路径。

我们首先考查一下在荀子之前君主是如何产生的，在有关尧、舜的记载中实行的是"禅让制"，也就是将王位传给有德之人，认为其有能力将天下治理好，实行"禅让制"依据的标准依然是德。而到了禹的时期，则出现了将王位传给自己儿子的情况，也就是《礼记·礼运》中所讲的："今大道既隐，天下为家，各亲其亲，各子其子，货力为己，大人世及以为礼。"也就是以"世袭制"取代了原来的"禅让制"。显然，在"世袭制"的情况下，君主便不以德为标准，而完全是基于家族血缘关系，而荀子显然是不赞同"世袭制"的，其在文中多次表达了对尧等"圣人"的推崇："故以桀诈桀，犹巧拙有幸焉，以桀诈尧，譬之若以卵投石，以指挠沸，若赴水火，入焉焦没耳。"（《荀子·议兵》）也就是有德之君是不容易被欺诈的，而依赖血缘关系的"世袭制"并不能保证有德之君的产生。荀子认为社会的职位包括君位在内，都要以德为标准，"根据礼来奉行德治，德治才真正能够达到目的"①，礼在本质上就是一套以德为基础之标准，荀子讲："虽王公士大夫之子孙也，不能属于礼义，则归之庶人。虽庶人之子孙也，积文学，正身行，能属于礼义，则归之卿相士大夫。"（《荀子·王制》）这明显是对职位"世袭制"的否定，而主张以礼义为标准来推动社会阶层的合理流动。由此，我们发现，在荀子之前已经完成君位由"禅让制"向"世袭制"的转变，可以认为在荀子生活的时代，各诸侯国的君主基本是靠世袭来取得君主地位的。对此荀子是予以否定的，认为君主应该是道德上的"圣人"，而并非单纯依靠血缘关系而取得统治地位。

荀子看到了"世袭制"的弊端，主张以德为标准而使"圣人"在其位，从而实现对社会的有效治理。然而，我们前面也提到过，荀子由"圣人"而君主只是一种理论设计，只是一种美好愿望，在现实政治生活中并不必然如此。在本质上讲，荀子虽然有对君主如何在位的理论设计，然而这种理论设计理想色彩过浓，缺乏任何的现实操作性，从而导致了"圣人"未必为君主，而现实中的君主却往往标榜为"圣人"的悖论。质言之，荀子只是指出了君主应该如何产生，即"圣人"应为君主，但是并没有指出保障"圣人"向君主转化的具体措施。

正是因为荀子并没有提出由"圣人"转化为君主的具体保障措施，因此荀子固然有否定"世袭制"的初衷，却并没有改变现实中的君位的"世袭制"。"世袭制"从本质来讲是依托于血缘亲情关系的，牟宗三如此评价"世袭制"："是则王位世袭尚不离骨肉之情、舐犊之私，尚未自觉到依一客观之法度轨道以继体。然维持政权继续问题根本是法度问题，不是亲情问题，其精神是尊尊之义之精神，不是亲亲之仁之精神。"② 牟宗三指出了"世袭制"作为政权的弊端，即为世袭并不是一种"客观之法度"，所谓的"客观之法度"就是要有一套现实的标准来对王位加以规范，很显然，"世袭制"只是遵循"亲亲之仁"，并不具备现实之标准来对王位加以规范。从"客观之法度"这一层面来讲，荀子的礼固然具备一种客观标准

---

① 陈健松：《荀子德法关系论》，《求是学刊》2010 年第 3 期。
② 牟宗三：《政道与治道》，广西师范大学出版社 2006 年版，第 5 页。

性，因为荀子实现了由礼而法的转变，但是由于礼是以"圣人"为本位的，无法对"圣人"形成一种外在之约束，因此也无法为君主的产生提供一套有效的可操作的标准。尽管荀子承认礼可以落实为一种"客观之法度"，如荀子讲："礼者，人主之所以为群臣寸尺寻丈检式也，人伦尽矣。"（《荀子·儒效》）然而，很明显的是，荀子的礼是一种单向度的，也就是由"人主"出发来对"群臣"检验的工具，其本身对"人主"并不具备现实的规范效用。从本质来讲，荀子的礼是内在于"圣人"的，而要想实现由"圣人"向君主的切实转化，则必须依靠一种外在于"圣人"的客观普遍"法度"，只有一种外在的架构才有可能成为实现由"圣人"向君主转化的可靠路径。很显然，荀子的礼是由"圣人"制定的，是内在于"圣人"的，于是便无法促使"圣人"必然转化为君主。

一旦无法保障具备理想人格的"圣人"必然转化为现实中的君主，那么，要想从根本上否定"世袭制"便成为不可能的事情。在这种情况下，理想与现实发生了巨大的断裂，荀子理想的情况是，道德上的"圣人"转化为君主，从而制定礼义来治理整个社会，而现实的情况是，道德上的"圣人"缺少转化为君主的切实途径，现实中的君主依然是通过世袭或者武力的方式来取得统治地位的。尽管荀子指出了"圣人"应该为君主，然而却依然存在着君主如何产生的困境。尤其到了以韩非为代表的后期法家那里，荀子由"圣人"而君主的路径已经完全被否定，已经不用德来评价君主，而是完全以力来衡量君主，韩非讲："上古竞于道德，中世逐于智谋，当今争于气力。"（《韩非子·五蠹》）在"争于气力"的社会背景下，各个诸侯国之间的战争加剧，完全是从君主一己之私利出发，完全谈不上成为道德人格上的"圣人"。当时诸侯国国君的地位完全是通过暴力取得之后，依靠世袭而延续下来，根本不存在有德者在位的可能性。也许，这正是荀子与以韩非为代表的法家的根本差异所在，尽管荀子也十分重视法的作用，不过荀子的法始终是以道德性的礼为根基的，然而在韩非那里，法完全沦为一种工具，成为一种维护君主统治的手段，因此，荀子在根本上是站在儒家立场上的，而与法家思想有着截然之不同。

总而言之，荀子由"圣人"而君主的路径只是一种理想，并没有转化为现实，荀子本身也没有提出实现这种转化的可行操作方式，因此，君主如何产生的问题依然存在，尽管荀子否定"世袭制"，然而在现实政治中，依靠世袭取得君位依然是普遍流行的做法。并且当时各诸侯国频繁出现的以武力夺取君位的现象，也在侧面反映了荀子由圣人而君主路径的行不通。质言之，荀子所言"圣人"在位只是一种理想，因为没有切实可行的操作方式，并无法转化为现实。

更为遗憾的是，在现实政治中不仅荀子由"圣人"向君主转化的路径无法实现，而且出现了在位的君主即为"圣人"的扭转，这明显是一种逻辑上的倒置，然而在政治权力之下，这一模式竟然为人们在心理层面上所接受。也就是说，在现实政治中，不管在位的君主是否有德，是否能够达到"圣人"之标准，他们都会宣称他们代表天的意志，因而论证其统治地位是有其合法性的，在现实中，这明显是一种由君主而"圣人"的路径。马克斯·韦伯（Max Weber）如此评价儒家思想："要是人能达到各自的教育水平，统治者具有神性，那么世界是再好也没有的了。"① 所谓的"统治者具有神性"完全是因为其在君主之位而获得了一种"神性"，而并非荀子理想中的因为其为"圣人"，所以才获得君主之位，这是一种可怕的逻辑倒置，为以后中国社会漫长的君主专制埋下了伏笔。这不能归因于荀子由圣而王的理论错误，而只能归结于对其理论的一种歪曲甚至误用。

总而言之，荀子对"圣人"的期许，并没有在现实中解决君主如何产生的问题，其对"世袭制"的否定也并没有在现实中发挥切实效用，现实政治中君主的地位依然是依靠世袭或者武力夺取的，德不仅没有在现实政治中起到应有的作用，反而在后来以韩非为代表的法家那里彻底被忽视，只强调在现实政治中使用武力争夺的方式。

第二节　荀子政治哲学的当代价值

尽管荀子"群居和一"的政治哲学存在着诸多的理论难题，然而其依然对当今的社会治理存在着很多的启示，蕴含着丰富的当代价值。第一，荀子改变了之前孔孟由"家"及"国"的思维方式，我们传统认为儒家是

① ［德］马克斯·韦伯：《儒教与道教》，洪天富译，江苏人民出版社 2010 年版，第 162 页。

提倡一种家国同构的社会治理模式，这一点在孔孟那里是明显的，而在荀子那里却并不如此，荀子并没有从家族血缘的关系出发来探求社会治理之道，而是将社会中的人当作一个群体来看待，主张"礼法"并用的方式来实现"群居和一"。荀子由礼而法的思想无疑对于我们当前建设法治社会具有极为重要的启示作用，法无疑更具备一种客观标准性，有利于进行社会治理。第二，尽管荀子认为社会应该存在"维齐非齐"之社会阶层，不同社会阶层的存在是实现"群居和一"的必要条件，然而荀子却并不主张将这些社会阶层固定化，而是主张阶层之间是要存在合理性的流动，阶层之间流动的标准便是依靠"礼义"，他讲："虽王公士大夫之子孙也，不能属于礼义，则归之庶人。虽庶人之子孙也，积文学，正身行，能属于礼义，则归之卿相士大夫。"（《荀子·王制》）也就是说，判定一个人属于哪一个阶层应该完全按照是否"属于礼义"，而不是其出身于哪一个阶层。荀子以"礼义"来划分阶层的理想对当前社会也具有十分重要的启示，那就是要以正义的标准来促使社会职位的合理流动，而不应该以种种条件限制，尤其不能带有身份的、地域的甚至性别的歧视，只有如此才能创造一个和谐有序的社会环境。第三，相对于儒家孔孟的政治哲学而言，荀子"群居和一"的政治哲学更加关注社会制度层面的建设，这与孔孟侧重于强调内在之德是有区别的，尽管荀子也十分重视德的层面，然而其礼制思想显然侧重于一种社会整体制度的建构，这一点可以集中反映在对善的理解上，孟子强调善侧重于个体的内在修养，他讲："诚身有道，不明乎善，不诚其身也。"（《孟子·离娄上》）而荀子强调善则是一种社会治理层面的善，与个体的内在修养无关，荀子讲："凡古今天下之所谓善者，正理平治也；所谓恶者，偏险悖乱也。是善恶之分也矣。"（《荀子·性恶》）也就是说，荀子更注重的是对社会治理的现实效果，他因而批评孟子的"性善"是"张而不可施行"的，荀子是儒学制度化进程中的重要人物，其强调社会制度对我们当前社会建设也具有重要的启示作用，我们只有通过不断完善社会中的各种制度措施，才能实现对社会卓有成效的治理。第四，荀子"群居和一"的政治哲学蕴含着丰富的"和合"思想，当前我们提出了构建"人类命运共同体"的设想，荀子的"和合"思想无疑可以为我们提供丰富的思想资源，为促进社会进步与世界和平作出一定的贡献。

一　"礼法观"与法治社会

荀子十分重视法在社会治理中的作用，这与我们当前建设法治社会的精神是相契合的。然而，荀子的法并不是一种僵化的形式，而是以礼作为基础的，这与法家的法是极为不同的，确切地讲荀子的法是一种"礼法"，也就是由礼而法，法中蕴含礼的精神，是以礼为准绳的。而法家的法则没有以礼为基础，而完全是为君主服务的，因而丧失了法所应具有之社会公平性。因而我们在建设法治社会的进程中，必须吸取荀子由礼而法的思想，所谓的礼我们要进行一定的时代转化，那就是社会之正义，也就是说，只有在遵循社会正义基础上制定的法才不可能是僵化孤立的，如果失去了正义作为依据，法很有可能导向"恶法"，而不是"善法"。同时，荀子的"礼法观"十分重视道德教化的作用，这一点同样对我们建设法治社会具有重要启示，并不是说，我们建设法治社会只需要法就可以了，完全可以抛弃德。事实证明，只有在一个道德风尚良好的社会，各项法律制度才有可能得到更好的遵守，也就是说法不是最终之目的，而只是实现社会良序的手段，德是实现社会和谐不可或缺的润滑剂。当然，对于荀子的"礼法观"我们也需要进行批判地借鉴，而不能一味照搬，比如荀子礼的思想具有明显的时代局限性，这一点我们要充分地认识到，并且自觉地实现一种现代转换。荀子礼的思想之弊端在于，忽视了个体而只强调社会整体，在很大程度上压制了个体的利益诉求，而我们当前建设法治社会，一个重要目的恰恰是保护每一个个体的正当利益诉求，因此荀子的礼的弊端是需要我们克服的。

荀子的"礼法观"十分注重法的规范性，这无疑与法治社会的精神有着内在的契合之处。荀子讲："人之生固小人，无师无法则唯利之见耳。"（《荀子·荣辱》）也就是说，如果没有法的制约，人们就很容易陷入唯利是图的境地，这显然不利于社会的和谐有序，因此，荀子认为法在社会治理中是必须具备的。强中华也认为："常人往往囿于感官欲望，难以自我成就善德善行，因而必须对其施以各种外在规范，而法律就是其中规范之一。"① 确实如此，孟子强调"性善"，认为每个人生来就具备"善端"，然而在现实社会，并不是每个人都会自觉地保存"善端"而不去为恶，因此，如果在现实社会中仅仅依靠个人的道德觉醒是十分不可靠的，这就是荀子批判孟子时所讲的"张而不可施行"。荀子由礼进一步延伸出法，无疑是从外在制度层面对人们的行为进行的一定程度的制约，从而约束人们不去为恶，为创造一个和谐稳定的社会环境打下了基础。

质言之，德固然可以提升个人的内在修养，为创造一个和谐稳定的社会环境打下基础，然而其必然不能完全保证实现社会的稳定，因为在荀子看来，这个社会还存在着大量的小人，他们是不会自觉地提高自己的道德修养的："故小人可以为君子而不肯为君子，君子可以为小人而不肯为小人。小人、君子者，未尝不可以相为也，然而不相为者，可以而不可使也。"(《荀子·性恶》)也就是说小人是不肯做君子的，既然小人无法依靠自己来提升自身的道德修养，那么显然就不能单纯地依靠德，而必须用外在的法来对小人的行为进行外在制约。荀子讲："由士以上则必以礼乐节之，众庶百姓则必以法数制之。"(《荀子·富国》)所谓的以"法数制之"就是依靠法的外在强制作用，来促使"众庶百姓"遵循社会礼仪规范，从而创造社会之良序。郭沫若认为："慎子尚法，荀子尚礼，然慎子之法含有礼，荀子之礼含有法，彼此也是两两平行的。"② 确实如此，荀子尽管十分重视礼的作用，然而其礼的思想中天然地含有法的因子，也就是强调一种外在规范性，而不是一种纯粹的个体内在道德觉醒，这也是荀子经常"礼法"连用的重要原因。或者也可以这样认为，由荀子的"隆礼"必然推出他的"重法"，荀子讲："《礼》者，法之大分，类之纲纪也，故学至乎《礼》而止矣。"(《荀子·劝学》)荀子之所以如此强调对《礼》的学习，关键是因为其是"法之大分，类之纲纪"，换言之，是规范人们行为的一种制约手段。在某种程度上讲，荀子对法的重视是对儒家偏重于内在之德的一种纠偏，也就是说，社会的治理不能只依赖个体的内在道德

① 强中华：《荀子法伦理思想及其现代启示》，《河北师范大学学报》（哲学社会科学版）2012 年第 5 期。

② 郭沫若：《十批判书·荀子的批判》，人民出版社 2012 年版，第 181 页。

觉醒，而必须同时依靠外在的法制保障。

荀子的"重法"思想无疑是与当前我们建设法治社会有内在契合之处，那就是重视外在的制度制约，以制度来规范人们之间的行为。荀子对法的思想具有深刻的认识，他认为法只有在教育无法取得成效的时候才可以付诸实施，荀子讲："故不教而诛，则刑繁而邪不胜；教而不诛，则奸民不惩；诛而不赏，则勤厉之民不劝；诛赏而不类，则下疑俗险而百姓不一。"（《荀子·富国》）也就是说，荀子反对"不教而诛"，不事先通过教育就直接采用刑罚是对人民的不负责任，同时荀子也反对"教而不诛"，如果只有教育没有刑罚的话，也必然无法对人们的行为进行有效之制约，从而丧失了法应有的作用，荀子主张教育与刑罚同时并用，二者不可偏废。当然这里面也有一个次序问题，那就是教育在先，刑罚在后，总之，荀子并没有只侧重于德之教育，而忽视法之制约，可以这样认为，荀子十分重视法的作用，认为要想实现"群居和一"的有序社会，不可忽视法的作用。

然而，同时需要注意的是，荀子尽管非常重视法的作用，但是荀子的法是以礼为根基的，而并不是一种纯粹孤立之存在。荀子讲："故法不能独立，类不能自行，得其人则存，失其人则亡。法者，治之端也；君子者，法之原也。"（《荀子·君道》）荀子认为"法不能独立"，并且认为"君子，法之原也"，这初看起来确实有些人治的影子，在根本上否认了荀子前面一贯倡导之法治。然而实质上并非如此，荀子之所以强调君子的重要性，将君子放在法的前面，在根本上是因为君子是礼的集中体现，在某种程度上可以这样讲，在荀子那里君子即礼之化身，所以并不存在后来所谓人治的弊端，人治在根本上是以自己利益为出发点的，而作为礼的化身，君子显然是从社会普遍接受的礼出发的，其本身就体现了一种大公无私性，因此，荀子对君子的强调，并不与法治相矛盾，而恰恰认为法应该以礼作为基础，而不能孤立地存在，"治恶是为了正人，正人的目的是近礼，礼成方国治，因此法制手段从属于礼"①，法只是一种维护礼的手段，而不能在根本上丢弃礼这个基础，片面地强调法的作用。并且，荀子认为

---

① 陈健松：《荀子德法关系论》，《求是学刊》2010 年第 3 期。

即使运用刑罚，也是一种迫不得已的手段而已，在根本上是为了维持整个社会遵循礼之规范，荀子讲："凡刑人之本，禁暴恶恶，且征其未也。杀人者不死，而伤人者不刑，是谓惠暴而宽贼也，非恶恶也。"（《荀子·正论》）法只是作为"禁暴恶恶"之手段，而不是最终的目的，最终目的依然是维持遵循礼义的社会秩序。

　　荀子的法是以礼为根基的，同样，我们在建设法治社会的进程中，也必须寻找到法的根基，只有如此，制定出来的法才有可能是良法而不是恶法。我们知道礼的标准肯定是根据人们普遍认同的标准而制定的，因此，当前社会中法的制定也必然是广大人民利益和意志的反应，而不能脱离人民群众，采用闭门造车的方式来制定法律。也就是说，法的制定是在充分听取社会意见的基础上实施的，这样制定出来的法才有可能符合人民的普遍利益，也才能最终维护社会的稳定和长治久安。也可以这样说，在荀子那里，礼是法的源头，在当前法治社会的建设中，人民的利益是法的源泉，因为衡量一切的标准都是要从人民的利益出发。这从另一个侧面说明，如果现代法治建设脱离了广大人民群众的利益是行不通的，没有人民参与的法治社会建设，就像失去了以礼为依托的法一样，注定会成为无源之水、无本之木。荀子由礼而法带给我们的当代启示便是，当前的法制建设必须要找到可靠的基石，才不至于流于片面化、形式化，而这个可靠的基石在我们当前的社会无疑就是广大人民群众的根本利益，只有从人民利益出发的法治建设才能维护社会的和谐发展。

　　然而，需要强调的一点是，在借鉴荀子由礼而法的进程中，我们必须对荀子的礼进行一种当代转换。我们知道，在荀子那里，礼是由"圣人"通过"以己度人"的方式制定出来的，这种"以己度人"的方式明显带有一种主观臆断性，认为这种礼是大家普遍能接受的，这种制定礼的方式在中国古代以农业为主的社会中并没有显示出明显的缺陷。然而在科技迅速发展之今日，人们的价值和利益诉求日渐出现多样化的趋势，在这种情况下，显然就不能再用"以己度人"的方式制定普遍规范，而必须在征求每位个体合理诉求的基础上，共同达成礼之共识。也就是说礼要实现一种现代转化，由"以己度人"的方式转变为"协商"的方式，只有如此才能充分调动个体积极的社会参与性，才能充分听取每一个人的合理诉求。因为一旦礼完全演变为一种礼教，还是存在着很多的弊端的，刘述先认为：
"礼教之设施不论原初有多么良好的用心，长久积淀下来，必定会产生僵
固不仁或伪善的结果。"[①] 礼教之所以会产生弊病，其主要原因就在于运用
"以己度人"之方式，很容易想当然地为他人做出选择，从而忽视了其他
个体的正常诉求。无疑，礼的标准必须得到社会中每一个人的认可，否则
这种标准就是存在缺陷的，因此，在建设法治社会的进程中，我们必须重
新审视荀子礼的标准问题，也就是说，当前法治社会建设必须建立在充分
尊重个体利益诉求的基础之上，而不能采取想当然的方式忽略任何个人的
合理利益诉求。

前面我们也已经提到过，荀子礼的主要缺陷就在于其以"圣人"为本
位，而之所以以"圣人"为本位，而不是以"众庶百姓"为本位，关键就
在于"圣人"是道德上的完备者，而"众庶百姓"则没有达到道德上的完
美境界，也就是荀子所讲的小人与君子之差别。其实，荀子所谓的君子与
小人的差别的立足点是德的层面，然而我们知道在现实生活中不仅仅只有
德的层面，还有其他各种关涉个人利益的层面，荀子的偏差就在于以德掩
盖了其他层面的差异，片面地根据德将现实生活中的人划分为两类：君子
和小人。如此一来，处在道德制高点上的"圣人"自然就对小人拥有教化
权，从而也具备了为小人制定礼的权力，这无疑抹杀了其实在德的层面之
外，小人应该拥有属于自己的其他正当权利，而这些权利并非需要"圣
人"来制定标准，而是需要社会中的每一个人通过"协商"的方式来达
成。美国汉学家倪德卫这样评价荀子之礼："礼义是'先王'或'先圣'
所创造的。我们会期望他强调权威的重要性，强调让人们统一地接受秩
序，强调接受权威对于一个人成为严格意义上的文明人的价值和重要
性。"[②] 确实如此，正是因为"圣人"是道德上的至高者，因此便获得了
一种权威性，而这种权威性一旦泛化，就会渗透到现实生活的各个层面，
从而超越了德之范畴，这就是一种所谓的"泛道德主义"。实际上，在现

① 刘述先：《儒家思想的转型与展望》，河北人民出版社 2010 年版，第 154 页。
② ［美］倪德卫：《儒家之道：中国哲学之探讨》，［美］万白安编，周炽成译，江苏人民出
版社 2006 年版，第 254 页。

实生活层面,礼不能仅仅局限于德的层面,而必须涉及与个人生活息息相关的各个方面,也就是说在当前法治社会的建设中,我们要充分考虑到个人各个方面的利益诉求,而不仅仅是一种道德上的诉求,尽管道德是最为主要的方面。当前的法治社会建设主要是进行制度层面的建构,社会制度是与个人的利益诉求紧密相关的,而不仅仅限于道德层面,因此,法治社会建设就必须以个体的利益诉求为根本,其目的就是为了更好地保护社会公民的个人权力和利益。而要保护个体的利益必然以尊重个体利益为基础,这是与道德教化的不同之处,道德教化的前提是存在着大家普遍认同的规范,而在个人利益的领域并不天然存在着大家普遍认同的定律,这就需要每个人充分表达作为个体的利益诉求,然后通过一种集体协商的方式来达成共识,从而形成一种制度上的保障,尽量保障每一个公民的合法利益,这便是法治社会建设之最终目的。

总而言之,荀子的"礼法观"对于我们当今的法治社会建设具有十分重要的启示作用,荀子重法提示我们只有建设法治社会才能保障公民的根本利益。同时,荀子的法是以礼为基础的,这提示我们法治社会的建设中也不能忽视道德教化的功用,脱离了社会基本道德的法容易流于片面化、形式化。我们在借鉴荀子由礼而法思想的同时,必须注意克服荀子礼的弊端,由于荀子的礼是以"圣人"之德为基点的,很容易导向泛道德主义,我们必须对荀子的礼进行一种现代转化,建设法治社会不应只从某一位个体出发,而应该从每一位个体出发,只有在充分尊重每一位个体利益诉求的基础上,法治社会建设才能取得健康的发展。

二 "维齐非齐"与社会和谐

荀子尽管十分重视实现一种"群居和一"的社会秩序,然而他认为"群居和一"并不是不存在任何的阶层区分,恰恰相反,荀子认为"维齐非齐"的社会阶层正是实现"群居和一"的必要前提,如果社会没有地位和职业的分层与分工,人们就会陷入一种相互争夺的状态,就无法实现"群居和一"的政治理想。然而需要注意的是,荀子尽管非常重视社会的分层及职业的分工,然而却并不主张将这种分层和分工固定化,而是主张社会阶层之间的合理流动,能够合理流动的标准便是礼,一切社会的分层与职业的分工，在某种意义上讲，都是依据礼的标准进行的，这就为社会提供了一种活力，而不至于使"维齐非齐"的社会陷入一种僵化状态。同样，我们在构建和谐社会的过程中，也要借鉴荀子以礼来促进阶层与分工和谐的理论资源，促进不同社会地位及职业分工的人们之间的合理流动。我们同样需要对荀子之礼进行一种现代转化，荀子之所以会设立礼作为社会阶层流动的标准，就是因为礼具有客观性、公正性的特点，而我们如果要实现一种稳定和谐的社会局面，无疑也需要具有这样一种客观标准来处理人们之间的关系，而就当下的话语体系来讲，这种客观标准就是公平与正义。只有通过创造一个公平的社会环境，处在不同的社会地位和职业分工的人们才能实现合理流动，也才能为每个人真正地在社会中实现自身价值创造有利的条件。也就是说，创造一种和谐稳定的社会环境，并不是说要依靠消除社会中人们不同的社会地位及职业分工，而只是为人们创造一个施展个人才能的有利空间，从而促使人们在不同的社会地位及职业分工之间合理流动。只有这样，才能保证一个社会既充满活力又稳定有序。

荀子认为，如果想要实现"群居和一"的社会，必须具备"维齐非齐"的社会阶层及社会分工，而不是要求每一个人的社会地位与职业完全相同，如果每一个人的社会地位与职业完全相同，反而不利于社会的和谐有序。荀子讲："礼者，贵贱有等，长幼有差，贫富轻重皆有称者也。故天子袾裷衣冕，诸侯玄裷衣冕，大夫裨冕，士皮弁服。德必称位，位必称禄，禄必称用。"（《荀子·富国》）这里主要指社会地位的不同，荀子又讲："宰爵知宾客、祭祀、享食、牺牲之牢数，司徒知百宗、城郭、立器之数，司马知师旅、甲兵、乘白之数。修宪命，审诗商，禁淫声，以时顺修，使夷俗邪音不敢乱雅，大师之事也。……论礼乐，正身行，广教化，美风俗，兼覆而调一之，辟公之事也。全道德，致隆高，綦文理，一天下，振毫末，使天下莫不顺比从服，天王之事也。"（《荀子·王制》）这里主要指职业分工的不同。荀子认为正是由于人们在社会地位及职业分工上存在着差异，因此才有可能实现"群居和一"的社会，正如徐克谦认为："任何社会都有不同的社会等级或阶层，这是自从人类脱离原始蒙昧时代以后所有人类社会的现实，因而也可以说是一个不以人们的主观意志为转移的客观存在。"① 确实如此，荀子正是在承认社会不同地位及不同职业分工的基础上，进而主张以"尚贤使能"为标准使不同阶层的人实现合理流动，荀子讲："贤能不待次而举，罢不能不待须而废，元恶不待教而诛，中庸民不待政而化。分未定也则有昭缪。虽王公士大夫之子孙也，不能属于礼义，则归之庶人。虽庶人之子孙也，积文学，正身行，能属于礼义，则归之卿相士大夫。"（《荀子·王制》）其实，在荀子那里，贤能在某种程度上就等同于礼义，所谓的贤者在本质上即为遵循礼义之人，而所谓的"能"也主要是指能够以礼义去教化民众之能力，因此，在荀子那里，贤能在某种意义上即为遵循礼义之人。质言之，荀子尽管认为"维齐非齐"的社会阶层及社会分工是实现"群居和一"的必要前提，然而同时主张这种社会阶层并不是固定不变的，而是以礼义为标准可以进行合理的阶层流动，那些能够自觉遵守礼义之人，完全可以由"庶人之子孙"而"归之卿相士大夫"，这在某种程度上实现了社会之相对公平，也就是说社会地位及职位对每一个人都是开放的，不存在社会出身的差异。

同样，我们当前的社会中依然存在着不同的社会分工，人们从事着不同的职业，这在某种意义上也是一种"维齐非齐"的差异状态，而且这是不可避免的，因为社会只有存在不同的职业分工，才有可能满足人们生活各个方面的需求，从而实现一种和谐稳定的社会秩序，因此差异性的存在是必然的也是必需的。然而，我们需要注意的是，要实现社会的长治久安，固然职业分工的差异性存在是必然的，但是这并不代表这种差异性是被固定化的，也就是说，从事不同职业的人们之间很难彼此流动，如果很多具备一定职业技能之人无法在其合适的社会职位上，这无疑是一种人才之浪费，从长远来看也不利于社会的健康发展，更不利于实现社会的和谐稳定。而要实现社会职位之间的合理流动，使得每一个人都能够各尽其才，无疑是实现社会秩序稳定的重要条件，在荀子那里，礼是具有不同地位及不同职业的人们实现合理流动的标准，那么在当前社会礼的现代性表达是什么呢？也就是依靠什么来保障当前社会中人们可以实现不同职业之间的合理选择呢？显然最为重要的是实现一种公平正义的社会环境，而公

---

① 徐克谦：《荀子：治世的理想》，上海古籍出版社 2009 年版，第 82 页。

平正义社会环境的实现无疑需要一套完善的社会制度保障。

因此，在建设当前和谐稳定社会秩序的进程中，我们必须重视社会制度的建设，才有可能保障不同社会地位的人及不同职业分工的人，按照其自身的能力得到合理的流动，从而维护社会的稳定。在荀子那里是依靠礼来实现"维齐非齐"社会阶层之间的和谐关系的，在当前社会中，我们就必须依靠公平正义之社会制度来保障从事不同职业的人们之间的合理流动，而不应该存在诸多的社会歧视。也就是说，在当前社会中，尽管存在着不同的职业分工，但是从事所有各类职业的机会应该是向全体公民敞开的，而不能够只把一部分职位限定给某一部分人，那样显然是违背社会公平与正义的。荀子之所以以礼义为标准来促使不同社会阶层之间的合理流动，就是因为在当时的社会之中，依然存在"世袭制"，"众庶百姓"很难步入士大夫阶层，而一旦用礼这一客观标准来评价每一个人，那么，就很容易打破"世袭"。然而可惜的是在当时的时代背景之下，尽管荀子提出了这样一个以礼义来促使社会阶层之间流动的方式，但是在现实生活中却很难得到落实。不过，在当今的社会环境中，我们就完全可以借鉴荀子礼之客观标准化的特点，通过完善社会制度来促进社会各个职业群体之间的合理流动，从而创造一个公平正义的社会环境。

质言之，在当前社会我们必须完善社会制度保障，从而使每一个人都能各尽所能地做出适合自己的职业选择。正如美国哲学家罗尔斯（John Bordley Rawls）所认为的那样："虽然财富和收入的分配无须平等，但它必须合乎每个人的利益，同时，权威与负责地位也必须是所有人能够进入的。"[①] 也就是说，尽管由于社会分工等原因，财富和收入的分配不必是平均主义的，然而社会中的地位则必须在每一个人面前都是机会平等的，也就是社会地位及职业分工必须是对每一位社会公民敞开的，而不是封闭的。而在我们当时的社会中，已经比较好地做到了这一点，那就是社会上所有的职业基本上都是对所有公民开放的，大家可以依据自己的能力选择不同的职业，而决不存在任何社会职业和地位被一部分人把持的情况。然

---

① ［美］约翰·罗尔斯：《正义论》，何怀宏、何包钢、廖申白译，中国社会科学出版社2009年版，第48页。

而，并不是说社会职位的机会是开放性之后，其间就并不存在着任何问题了，其实，在当今社会中，尽管社会地位及职业是面向所有人开放的，也具备了相对完善的社会制度保障，然而由于中国社会历来就是一个人情社会，其间仍然存在着一些不太遵守规则办事，而依靠人情的不公正的情况。因此，当今法治社会建设在完善法律制度层面建设的同时，也要不断提高公民的法治意识，培养公民的法治思维，从而严格遵守制定出来的各项规则，不给破坏社会规则的人情留下泛滥的空间。

总之，在荀子那里，尽管主张社会中存在"维齐非齐"的社会阶层，然而却并没有将社会阶层固定化，而是通过礼义之标准促使各个社会阶层之间的合理流动。正是因为不同社会阶层及不同职业分工可以相互流动，因此才能保证一种"群居和一"的社会局面。也就是说，"维齐非齐"的社会阶层与社会和谐不仅不相互矛盾，而且正是由于不同社会阶层的存在及各个阶层之间可以实现合理流动，从而保证了一种稳定和谐的社会秩序的实现。同样，尽管在我们当今的社会环境下，人们之间不存在任何地位上的不平等，然而在职业上的分工还是存在差异的，这一点也是不可避免的，社会相互协作的过程注定了每个人会从事不同的职业。之所以会出现不同的职业分工，在根本上讲是由于每个人的兴趣及能力各不相同，因此必然是一种"维齐非齐"之状态。社会职业的分工是很正常的社会现象，然而我们需要做的是不能使这种社会职业的分工产生僵化状态，也就是某一部分人把持了一部分社会职位，而其他身份的人很难进入，这就产生了一种社会不平等。为了防止职业分工不平等现象的出现，我们就必须完善社会公平正义的社会制度保障，这在荀子那里便是礼义之标准，而在当今社会便是正义之社会制度，荀子以礼义来保证"维齐非齐"的社会阶层的合理流动，我们就需要以正义来促使不同社会职业之间的合理选择，从而实现不同职业分工的人们之间的和谐，达到"维齐非齐"与社会和谐的有机统一。

三 "正理平治"与社会治理

荀子作为先秦时期最后一位具有集大成者地位的儒家学者，其对儒家的思想起着一定的转向作用，这种转向突出地表现在对社会治理效果的关注，而不仅仅关注人的内心之德，正是因为如此，荀子政治哲学才具有一套相对完整的理论体系，这在孔孟那里是找不到的。荀子对比他稍早的另一位儒家学者孟子的"性善"之说提出了严厉的批判，表面看起来这是有关人性问题的争论，然而究其实质却是荀子对孟子学说的不实用性提出了质疑。我们知道，荀子生活在战国中后期，各个诸侯国之间的战争较之孔孟时代更加频繁，他深切地体会到幻想依靠个体内在的道德觉醒已经无法挽救这个现实世界，而必须找到一个切实可行的方法来结束社会的纷争。荀子对孟子"性善说"的批判就集中在其无现实效果上，并进一步提出了自己的"性恶"之说，荀子讲："今孟子曰：'人之性善。'无辨合符验，坐而言之，起而不可设，张而不可施行，岂不过甚矣哉！故性善则去圣王，息礼义矣；性恶则与圣王，贵礼义矣。故檃栝之生，为枸木也；绳墨之起，为不直也；立君上，明礼义，为性恶也。"（《荀子·性恶》）在荀子看来，既然孟子认为"性善"，在某种程度上必然忽视外在礼义对人们行为的制约，幻想依靠个人自我的内在约束来实现社会的良序，然而这一点在现实中已经被证明是行不通的，也就是荀子讲的"无辨合符验，坐而言之，起而不可设，张而不可施行"。荀子认为其"性恶"学说却可以有效地解决现实社会的治理问题，由于"性恶"，人们之间必然会出现彼此争夺的情况，于是外在的礼义制约就变得十分必要，而正是依靠外在的礼义，"正理平治"的社会秩序才有可能最终形成。

　　由此可见，表面看起来荀子与孟子争论的焦点在于人性善恶，然而其实质却在于能否实现社会的"正理平治"，荀子之所以如此激烈地批判孟子的"性善说"，就是因为"性善"间接否定了外在礼义之必要，而在荀子看来缺失外在礼义之制约，就无法实现"群居和一"的社会局面，更无法达到社会的"正理平治"。由此，荀子确实促使儒家思想出现了一种新的转向，这种转向更关注社会制度层面的建设，而不再仅仅局限于心性之修养。荀子对社会"正理平治"的追求同样对我们当前的社会治理具有重要的启示作用，也就是说，个体的内在修养固然十分必要和重要，然而我们不能仅仅依靠个体的道德修养来进行社会治理，因为个体之德永远存在着变动性，不是必然可靠的，而必须依靠建立相对完善的社会制度，以社会治理的效果作为考量标准。

荀子一方面批判了孟子的"性善说"，认为孟子的"性善"对现实社会并没有起到良好的作用，另一方面，荀子又提出了迥异于孟子的评价善的标准，认为善应该是一种社会治理之善，而不仅仅是内在道德之善。荀子明确地讲："凡古今天下之所谓善者，正理平治也；所谓恶者，偏险悖乱也。是善恶之分也矣。"（《荀子·性恶》）也就是说荀子善之维度与孟子善之维度有了明显的差异，荀子讲善是从社会治理的维度来讲的，而孟子讲善则是就人的内在德性而言的。荀子以更为广阔的视域来审视善，将善与社会治理紧密地联系在一起，从而由孟子之"善心"转化为了"善治"，这是一种对善的思考维度的根本性转化，这也决定了荀子政治哲学的终极目的，那就是通过一种"正理平治"的社会治理来实现"群居和一"的社会。正如李晨阳所认为："荀子把善定义为'正理平治'……荀子的这种善直接与礼联系在一起。这是因为在荀子那里，礼是'正理平治'的直接体现。"① 也就是说在荀子看来，善不再侧重于个体的内在道德，而是与外在的礼义直接联系了起来，因为荀子认为如果每个人都自觉遵守礼义的话，这个社会自然就会"正理平治"，质言之，"正理平治"即为善。

首先，荀子将社会的"正理平治"视为善，在改变了儒家之前将善侧重于人之内在道德的同时，也将社会治理放在首要之地位。如果说在孟子那里，个体道德的挺立是首位的话，那么在荀子那里社会之"正理平治"便是首位的。在孟子看来，社会的稳定和谐固然十分重要，然而这一切都要以个体之德为基础，尤其是在位者之德更是起着关键作用，孔子讲："为政以德，譬如北辰居其所而众星拱之。"（《论语·为政》）在孔子看来，离开了个体之德，这个社会是无法实现一种稳定和谐的局面的。孟子同样认为只有依靠建立在君主个体道德之上的"仁政"才能够治理好社会，他讲："离娄之明、公输子之巧，不以规矩，不能成方圆；师旷之聪，不以六律，不能正五音；尧舜之道，不以仁政，不能平天下。"（《孟子·离娄上》）在孟子看来，只有依靠"仁政"才能够"平天下"，所谓的"仁政"无疑也是基于君主的个体之德的。孔孟认为立于个体道德之基，

---

① 李晨阳：《荀子哲学中善之起源一解》，《中国哲学史》2007 年第 4 期。

社会就能够实现一种良序，然而现实却无情否定了这一点，不仅孔孟在世的时候其学说不被采纳，而且之后也根本没有起到阻止社会战乱频繁之现实效果。正是在以孟子倡导的基于个体之德来救世不见任何成效的背景之下，荀子直接将重点指向了社会之"正理平治"，尽管荀子也强调个体之德，然而在荀子看来，个体之德已经不是基于内在的自我体察，而是以能够合于礼义为标准，而我们知道，礼在荀子那里本身就具有一种外在的标准性。

于是，在荀子那里，能够遵守外在之礼义，便是实现社会"正理平治"的关键，而不是依靠个体内在的道德修养来实现社会之良序。在荀子那里，固然"圣人"依然是道德人格上的完备者，然而这只是由于荀子认为"圣人"是礼义的制定者，换句话讲，"圣人"之所以重要，就在于其能够制定礼义。一旦礼义被"圣人"制定出来之后，那么整个社会就要按照礼义之标准来行事，而并不需要完全依靠个体内在的道德觉醒，荀子讲："凡言不合先王，不顺礼义，谓之奸言，虽辩，君子不听。法先王，顺礼义，党学者，然而不好言，不乐言，则必非诚士也。"（《荀子·非相》）也就是说，一旦有了礼义之标准之后，人们的言行也就具备了外在的准则，人们依据礼义来行事就不会出现差错。至于那些不遵守礼仪规范的人，就需要采取强制措施，荀子经常"礼法"并用，其实荀子礼的思想中本身已经包含了法的强制性成分，他讲："出若入若，天下莫不均平，莫不治辨，是百王之所同而礼法之大分也。"（《荀子·王霸》）孔繁如此评价荀子的"礼法"并用："荀子这些思想反应战国末期时代的特点，当时社会处于战乱之中，必须刑赏有类，治法为彰，才能矫正混乱的社会秩序。"[1]确实如此，在这样一种充满战乱的社会当中，单纯地提倡个体内在的道德觉醒已经无济于事了，必须依靠一种外在的制度来规范人们的行为，在荀子看来，礼义就是这样一种规范人们行为的外在规范，只有依靠礼义才能最终实现社会的"正理平治"。也就是说，荀子与孟子相比，其实现社会良序的方式有了明显的差异。尽管在孟子那里其最终目标也是实现社会的稳定和谐，然而其采用的是一种由家及国的方式，也就是以个体

----

① 孔繁：《荀子评传》，南京大学出版社 1997 年版，第 77 页。

的道德修养作为基础，然后构建整个社会的和谐，在这种思考路向中，家庭是国家的基础，而家庭完全是依靠伦理道德来维持的，而面对充斥着战争的混乱社会，道德伦理终究是脆弱的，根本无法挽救这个充满战争的社会。于是，在荀子那里，确实有了一种不同于孔孟的转向，从荀子的思想来看，荀子在某种程度上甚至打破了孔孟由家及国的思维模式，尽管荀子也十分强调家庭内部的关系依然要遵守礼义，然而就从整个社会的视域来看，荀子将社会中的人都视为独立之个体，认为每一个人都必须遵守礼义，在这一点上大家是平等的，就正如他所讲："大儒者，天子三公也。小儒者，诸侯士大夫也。众人者，工农商贾也。礼者，人主之所以为群臣寸尺寻丈检式也，人伦尽矣。"（《荀子·儒效》）也就是说，对个体的一切评价都以礼为标准，这无疑打破了由家及国的线性思维模式，而将社会中的人散落为个体，然后以礼的标准去衡量每一位个体。

其次，荀子一旦跳出了由家及国的思维模式，在一定程度上也解除了礼对于血缘亲情关系的依附。我们知道，在孔孟那里，从家庭出发构建和谐稳定的社会，必然无法避开家庭血缘的亲情关系，并且孔孟认为血缘亲情恰恰是构建和谐社会的基点。一旦以血缘亲情为基点，便产生了以己推人的情况，这正如孔子所讲的："夫仁者，己欲立而立人，己欲达而达人。能近取譬，可谓仁之方也已。"（《论语·雍也》）也如孟子所讲的："老吾老，以及人之老；幼吾幼，以及人之幼。天下可运于掌。"（《孟子·梁惠王上》）无疑，孔子和孟子的出发点都是自己，然后再推及别人，认为只有通过推己及人的方式才能够构建稳定和谐的社会秩序，正如许建良对儒家的仁爱评价的那样："'亲亲'彰显的是血缘的特性，在操作实践上，它的实质就是'事亲'，即侍奉亲族。也就是说，仁是围绕人的血缘性关系而具体展开的。在这个意义上，儒家的仁爱就不是普遍的爱了，而是从血缘关系的远近往外推进的。"① 而一旦以亲情血缘为基点来构建社会，势必就会产生情与理之间的矛盾，也就是亲情与规则之间的对立，这种矛盾与对立最典型地体现在孔子主张的"亲亲互隐"中，在《论语·子路》中记载了叶公与孔子这样一段对话："叶公语孔子曰：'吾党有直躬者，其父攘

---

① 许建良：《先秦儒家的道德世界》，中国社会科学出版社 2008 年版，第 659 页。

羊，而子证之。'孔子曰：'吾党之直异于是：父为子隐，子为父隐。——直在其中矣。'"很显然，孔子主张"父为子隐，子为父隐"是将血缘亲情置于社会规则之上了，从社会公平正义的角度来讲，"攘羊"是一种盗窃他人财物的行为，必然应该受到惩处，而孔子面对血缘亲情与社会规则的矛盾，竟然毫不犹豫地选择了"亲亲互隐"，并且还认为这是一种"直"。当然从个体的心理感受来讲，这确实解除了告发自己亲人所带来的心理负担，然而从社会公平的层面来讲，这种行为却破坏了社会正常的规则，严重侵害了他人的合法利益。由此可以看出，以血缘亲情为基础，以推己及人的方式来构建社会秩序在根源上存在着很大的问题，最主要的问题便是从血缘亲情出发造成了对社会规则的破坏，血缘亲情与社会规则之间存在着不可化解的矛盾。因此，在本质上讲，在血缘亲情的基础上构建社会规则如同在沙滩上建造高楼，终究没有任何的社会效果，反而会破坏正常的社会秩序，中国社会长期以来以人情破坏规则的无尽事例便是其生动的反映。荀子则不主张以血缘亲情为基础来实现社会的"正理平治"，而是主张以外在的礼义作为客观的规范来衡量一切人的行为，在荀子那里，礼是面向所有人的一种客观标准，谁也无法逃脱，荀子讲："程者，物之准也；礼者，节之准也。"（《荀子·致士》）也就是说，评价一切人的一切行为都要以礼为准绳，这在很大程度上忽略甚至否定了血缘亲情在处理社会关系上的地位。

由此可见，荀子"正理平治"即为善的重要意义在于直接将社会治理作为首要考虑的目标，而不需要经过由家及国、推己及人这一过程。在本质上讲，推己及人以自己为出发点进而推及他人，其致思的核心在于自己，因此，当血缘亲情与社会规则发生矛盾冲突时，必然选择有利于自己的亲情而抛弃社会规则，在本质上这便是一种损人利己之行为，如果每个人都从自己出发而推己及人，那么这个社会上损人利己的行为就会越来越多，无法建立一个稳定和谐的社会秩序，因此，在荀子看来，想要实现社会的"正理平治"，依靠推己及人、由家及国这一方式是行不通的。因此，荀子改变了对善的思维方式，在孔孟那里建立在个人道德觉醒基础上的推己及人便是善，而在荀子这里，善与个人道德无涉，而是认为社会的和谐稳定才是善。在荀子看来，在孔孟那里的善根本无法解决社会混乱之现状，只有依靠礼义作为衡量人们行为的标准才有可能建立起"正理平治"之社会秩序，正如徐复观所认为的那样："到了荀子则一反孔孟内在化的倾向，而完全把礼推到外面去，使其成为一种外在的东西，一种政治组织的原则与工具，这不仅是孟子所没有的思想，也是孔子所没有的思想。"[1]也就是说，荀子认为只有依靠礼作为政治组织的原则才能实现社会之善，个体的道德固然可贵，然而是不可以完全依赖的，其不能必然保障社会的稳定和谐。

荀子"正理平治"的社会治理思想对当今的社会治理依然具有重要的启示作用，那就是将社会之善作为最终的追求目标，只有通过建立起一套相对完善的社会制度体系，才有可能保障每个人的正当利益。也就是说想要实现社会的良好治理，必须有一套行之有效的社会规则来为每个人的行为提供依据，如果没有一套固定的评价规则，人们的行为就会无所适从。当然社会道德建设固然也十分重要，然而道德问题与个人的价值取向密切相关，尤其是在当下人们的道德体系日益多元化，很难有一套固定的道德标准来衡量所有人的行为。也就是说，在道德层面，不同背景的人彼此之间必然存在着各种冲突，不可以单纯依靠道德来实现社会秩序的和谐稳定。很显然，应该将视域直接放在构建整个社会的和谐上，而不应该纠缠于个体之间不同的价值选择问题，首要的是为整个社会提供一套切实有效的制度背景，这一制度背景应该得到彼此持有不同价值理念的人的一致认同。因此想要对当前社会进行有效的治理，制度层面的建设必须建立在正义的基础之上，正义不是以某一部分人为出发点，而是着眼社会全体，充分尊重每一个群体的利益，在得到所有人一致认同基础上所达成的标准，这类似于荀子所讲的礼的标准，然而又存在着明显的差异，我们在借鉴荀子礼治的思想的同时，需要克服其弊端。

那么，荀子礼治思想的最大缺陷在哪里呢？那就是荀子礼治没有在根本上考虑各个群体的道德差异，而是用一部分人的道德标准来衡量所有人，质言之，荀子的礼治并不是建立在所有群体一致认同的基础上的，而只是"圣人"的一厢情愿，如此一来，就很容易形成一种专制的思想，不

---

① 徐复观：《学术与政治之间》，九州出版社 2014 年版，第 178—179 页。

利于社会的和谐稳定。因此，我们在进行当前社会治理的过程中，必须克服荀子礼治思想的弊端，既能够形成一套稳定健全的社会制度，同时这套社会制度的标准得到了不同群体的一致同意，不能以某一种道德为基础，而忽视其他持有不同道德标准的人群。荀子礼治思想的缺陷就在于，认为"圣人"的道德标准是所有一切人的标准，完全忽略了作为个体的价值诉求与表达，真实的情况应该是，固然个体可以认同"圣人"大多数的道德标准，但是并不代表会认同"圣人"所有的道德标准，因此，荀子礼治的思想基础是存在问题的。韦政通认为："荀子系统由客观之礼义出，故其价值标准不在主体之心性，乃在客体之礼义。价值标准既在客体之礼义，则实现价值惟在尊礼隆义，及发挥礼义的效用。"① 其实尽管荀子之礼义不是来源于"主体之心性"，仍然与道德脱离不了干系，礼义在本质上讲来源于"圣人"的道德标准。很显然，一旦礼义之标准完全是从"圣人"一己之道德出发的，便会存在极大的风险，因此，我们在当今的社会治理中，必须从全体公民的利益出发而不是从某一部分人的道德标准出发，只有这样才能建立一种公平正义的社会制度保障。

诚然，荀子礼治依然是建立在道德基础之上的，而道德是会随着时代及社会环境的变化而发生改变的，也就是说，荀子的礼治适合当时的社会并不代表就完全适合当今的社会，因为人们很多的道德观念已经发生了巨大的变化，我们不可能一成不变地照搬荀子的礼治思想，而必须与时俱进地对荀子的礼治进行一种现代转化，使其更好地适应当今社会治理。当下人们的道德观念日益呈现出一种多元化的特点，我们很难用某一种道德观念去要求所有的人，依此去评价所有人的行为，我们必须在包容接纳各种不同道德观念的基础上，来制定一套符合当今社会的制度保障。也就是说，当今的社会治理已经不完全等同于荀子从某一标准出发的礼治，而是在对各种道德标准一种协调的过程，通过协调不同的道德标准，而使不同的社会群体得以和谐共处，共同构建一个和谐稳定的社会环境。并且，当今的社会治理也并不完全局限在道德价值标准的领域，而是涉及现实生活的各个方面，与每一个人的切身利益紧密相关。其实，在荀子的礼治思想

---

① 韦政通：《传统与现代之间》，中华书局 2011 年版，第 61 页。

中存在着一种明显的误区，那就是以道德来安排利益，将利益问题归结为道德问题，这便是荀子的义利问题，荀子讲："荣辱之大分，安危利害之常体：先义而后利者荣，先利而后义者辱；荣者常通，辱者常穷；通者常制人，穷者常制于人：是荣辱之大分也。"（《荀子·荣辱》）荀子是主张"先义而后利"的，这很明显地将义与利对举，认为义与利只是一种先后问题，应该将义放在第一位，而将利放在第二位，正如许建良所认为的那样："荀子虽然在道德与利益的问题上，看到了义、利两者都是人的需要，但强调的是道德的主导性，虽然没有发展到如孟子'舍生而取义'的极端地步。"① 确实如此，在荀子那里道德完全主导着利益，个人的利益诉求完全听从于道德。荀子所主张的礼便是道德处理利益关系的规则："故礼者，养也。君子既得其养，又好其别。曷谓别？曰：贵贱有等，长幼有差，贫富轻重皆有称者也。"（《荀子·礼论》）礼是"贵贱有等"的规则，也就是说，荀子将道德与利益完全放在一个层面上加以考量，认为道德是处于第一位的，利益是处于第二位的。其实，在本质上讲，道德和利益本不属于同一个层面的事物，也就是说，义与利并不是可以对举的，很多现实生活中的利益问题固然可能牵连到道德，但是并不必然属于道德问题的范畴而为道德所制约。

很显然，荀子最大的误区就在于将道德与利益混为一谈，进而主张以道德来解决现实的利益问题，殊不知，很多现实生活中的个人利益问题并不是单纯用道德的手段就能够解决的，因此荀子以道德去解决利益问题的途径必然存在着很多的弊端，主要表现在可能会对个体的正当利益造成侵害。于是，我们在进行当今社会治理的过程中，必须努力克服荀子礼治以道德来衡量利益的倾向，不能将道德问题与现实利益问题完全混为一谈，固然利益与道德有着诸多的牵连，而二者并不存在孰先孰后的问题，也就是说，不能将二者合并为一个问题，以道德去解决利益问题，或者以利益来解决道德问题，二者都存在着很大的偏差。其实，在我们当今的社会中，试图以道德解决利益问题及试图以利益来解决道德问题，这两种倾向都或多或少地存在。主张以道德解决利益问题者认为，只要每一个人的道

① 许建良：《先秦儒家的道德世界》，中国社会科学出版社2008年版，第640页。

德提高了,自然就会解决现实中人们之间的利益纠纷,从而创造出和谐稳定的人际关系。这种想法的问题就在于将道德完全孤立起来,脱离了现实生活,而现实却是在现实生活的交际之后才存在所谓的道德问题,也就是说,道德并不是悬在半空中的与现实利益毫无关联的,道德只可能存在于现实利益之中,而不是存在利益之外。认为道德水平提升了,人们之间的利益纠纷自然就处理好了,这种想法明显也是将道德放在了利益之前,认为道德可以一劳永逸地解决所有现实利益问题。当然也有一部分坚持认为利益可以解决所有道德问题,所谓的"仓廪实而知礼节",认为从每一个人的现实利益出发自然就可以解决所有道德问题。很显然,这两种倾向都是偏颇的,道德和利益并不是完全处在同一层面的问题,用其中的一个就可以解决另一个并不现实。

因此,道德必须立足于人们在现实中的利益才具有意义,我们不能空谈道德的口号而脱离现实,正如荀子所认为的:"义与利者,人之所两有也。虽尧、舜不能去民之欲利,然而能使其欲利不克其好义也。"(《荀子·大略》)确实如此,道德与利益是每个人都拥有的,不能偏废二者中的任何一个,可惜的是荀子最终选择了将义放在首位,用义去规定利,这也是有失偏颇的。在当今的社会治理中,我们既要充分尊重每一个人的利益诉求,不能用一套固定的道德标准来干涉个人的正当利益,同时也要注意克服一切从自己的私利出发,而没有任何道德约束的倾向。换言之,道德不应该是某一部分人对另一部分人的要求,而是在充分尊重每一个人合法利益的基础上,大家所形成的思想共识。由于每一个人的利益诉求并不会完全一致,甚至经常会产生冲突,在这种情况下,道德便应发挥其应有的作用,起到协调人们彼此利益关系的作用。也就是说,道德是处理人们现实利益关系不可缺失的重要手段,是人们形成良好关系的润滑剂,而不能将道德放在高于人们合法利益的位置,以单一的道德标准去处理所有的现实利益问题。也就是说,在当今的社会治理中,必须正确地处理好道德与利益之间的关系,不能以道德来压制利益,同样也不能以利益来绑架道德,做到在充分尊重每一个人正当利益的基础上,实现道德上的认同。并且,当今社会治理需要完善的制度保障,而制度的建立则并不完全由道德决定,而以保障每一个人的合法利益为基础。

四 "和合"思想的现代价值

荀子是先秦儒家学说的集大成者，其哲学思想中充满着对实现人类和平的期许，可以称得上一位持有"和平主义"思想的中国古代哲学家。并且，荀子的"和合"思想并不是一些只言片语的零散表达，而是充满着内在逻辑性的完整体系，由此也可见其"和合"精神的深邃，值得我们认真加以发掘。荀子"和合"思想通过三个鲜明的层次得以展现：其一，荀子"和合"思想是以仁义为根基的，只有做到从内心遵循正义的标准，克制自身的欲望，才有可能实现真正的人类和平；其二，荀子"和合"思想是以天下为视域的，具有超越时空的特质，其视野是广阔而恢宏的；其三，荀子"和合"思想是以"群居和一"为目标的，具有人类和平相处的指向，有助于促进世界和平与发展。荀子的"和合"思想蕴含着极为丰富的现代价值，其仁义为根基的思想有助于人类以互尊互爱为准则，达成和平的共识，其天下的视域则将人类视为一个息息相关的命运共同体，有利于不同思想与观念的交流互动，而其"群居和一"的目标则直接指向世界的持久和平，与我们当前所倡导的"人类命运共同体"的构建息息相通。

荀子对于"和合"思想的表述可以见诸其文本的各个方面，例如"刑政平，百姓和"（《荀子·王制》），又如"上不失天时，下不失地利，中得人和"（《荀子·王霸》），荀子所谓的"和"，本质上就是最为朴实的"和合"思想，是人与人之间的和谐相处之道。然而，我们不禁要问，荀子这种最为朴实的"和合"思想，究竟又是以什么为根基的呢？通过考察我们不难发现，仁义便是荀子"和合"思想的根基，荀子认为，只有建立在仁义的基础之上，和平局面才能够最终实现。

荀子明确提出了"反战"的主张，而其"反战"的理由正是以仁义为本。荀子生活的年代正是各诸侯国之间战争最为频繁激烈的时期，"反战"的主张正是荀子对于和平最直接的诉求，荀子明确地讲："以德兼人者王，以力兼人者弱，以富兼人者贫，古今一也。"（《荀子·议兵》）所谓的"以德兼人"正是通过仁义思想来感化人，而所谓的"以力兼人"则是通过战争等暴力手段强加于人，二者的效果是完全不同的，"以德兼人"的最终效果是王，而"以力兼人"则导致了"弱"。荀子反对"以力兼人"

其实就是明确反对各诸侯国之间的非正义战争，其基础便是以仁义为本，"王者之师有'本统'，即以'隆礼''贵义'作为治军的指导思想"①，其实不管是"隆礼"还是"贵义"，都指向仁义思想，都是对非正义战争的直接否定。荀子是以仁义为标准来衡量战争是否具有正义性，对不符合仁义标准的战争持有明确的"反战"主张，而对于具有正义色彩的战争，荀子则持有肯定态度，如他支持反对暴君的战争："汤、武之诛桀纣也，拱挹指麾而强暴之国莫不趋使，诛桀、纣若诛独夫。"（《荀子·议兵》）由此可见，荀子对待战争的态度，始终是以仁义为标准的。

　　进而，我们不禁要思考，在荀子那里究竟何为仁义呢？荀子作为先秦儒家的重要代表人物，一以贯之地继承了孔子和孟子的仁义思想，然而其仁义的内涵与孔孟所强调的侧重点又有所不同，需要我们认真加以甄别。不可否认的是，荀子本人自始至终都是以孔子学说的继承人自居的，在文中多次提及孔子的重要思想，尤其是继承和发展孔子礼的思想，东方朔认为："荀子之论礼，固上承乎夫子，而犹有过于此者，在于荀子乃能顺应时代之变化，以'建构的真实'重新阐发礼之起源，且必欲将此建构之礼表现为一种客观之架构，并以之为社会秩序所以可能之根据——广及社会、政治、经济、伦理等各个方面皆可印证的平等公义的理想世界。"② 可以讲，荀子对孔子的礼一方面是继承，但更为重要的一方面则是发展，以致在荀子那里，礼便成为其仁义思想的核心内容，也就是说荀子强调的仁义，正是通过礼来加以体现的，礼便是荀子仁义思想的内核，并且天然蕴含着"和合"的因子。

　　那么，礼究竟起源于何处，荀子有着自己独到的见解："人生而有欲，欲而不得，则不能无求；求而无度量分界，则不能不争；争则乱，乱则穷。先王恶其乱也，故制礼义以分之，以养人之欲，给人之求。使欲必不穷于物，物必不屈于欲。两者相持而长，是礼之所起也。"（《荀子·礼论》）荀子认为之所以需要礼，是因为"人生而有欲"，并且很容易在欲望的驱使下导致"争"和"乱"，由此可见，荀子的礼的根本目的就是对

---

① 　向仍旦：《荀子通论》福建教育出版社 1987 年版，第 113 页。
② 　东方朔：《合理性之寻求：荀子思想研究论集》，上海人民出版社 2017 年版，第 11 页。

治人生来就有的欲望。在荀子看来，一个人能否自觉地遵循礼的要求，正是其是否仁义的考量，礼既是仁义展开的基础，同时也是仁义实现的标准。荀子的礼同时具备两方面的主要功能，一个方面是教化，另一个方面是规范，"礼对于人生而言，其价值主要体现在矫性养欲和规范行为两个方面"①。教化是通过心的认知功能，达到"知道"之目标，从而实现"矫性养欲"，规范则是通过外在制约，来限制和约束人们的外在行为，使人们遵循礼的要求。教化是通过内在的方式，而规范则是通过外在的方式，最终的目的都是使行为合于礼义，在荀子看来，合于礼义的行为本质上即仁义，可以避免很多的争斗与冲突。由此可知，荀子对于礼的考察，其目标正是指向解除人类之间的争斗，通过礼的教化与规范来达到仁义，这正是实现"和合"之根基。

在荀子看来，仁义并不是人性之本有的，这正是其不同于孟子之"性善"之处，荀子强调"性恶"，认为如果顺应人本来就有的欲望，必然导致战争。荀子明确地讲："然则从人之性，顺人之情，必出于争夺，合于犯分乱理而归于暴。"（《荀子·性恶》）由此可见，荀子是用一种消极的态度来看待人性的，认为人性天然地趋向恶，"人性是不能自善的"②。"不能自善"的人性又如何可能走向仁义呢？荀子认为，尽管人性中并没有仁义的因子，然而人的心却具有认知功能，正是因为人能"知道"，便可以通过对外在的礼的认知，从而实现仁义之境，荀子讲："心知道，然后可道；可道，然后守道以禁非道。"（《荀子·解蔽》）荀子所谓的道其实就是礼，礼尽管并不天然地内在于人心，然而由于心具备认知功能，人们便可以认识并接纳外在的礼，从而实现仁义。由此可见，心"知道"的过程，其实就是内在的心与外在的礼相融合的过程，心"知道"之后，必然就"守道以禁非道"，亦即自觉遵守社会的礼仪规范，由此仁义也就不难实现，这也正是人虽然本性并无仁义，而最终能够获得仁义的原因。

人能否认识到礼并遵循礼的要求，直接关系到人类能否实现一种"群居和一"的社会局面，礼是通向仁义的康庄大道，而"群居和一"则是人

---

① 陆建华：《荀子礼学研究》，安徽大学出版社2004年版，第32页。

② 陈修武：《人性的批判：荀子》，中国友谊出版公司2013年版，第49页。

类实现和谐共处的生动表达。以礼来实现一种"和合"的社会局面，正是直接体现出了荀子"和合"思想的仁义根基。方尔加这样评价荀子的礼："礼体现了人内心爱与敬的情感。……礼的背后就包含着道德。"① 由此可知，荀子的礼即为仁义。遵循礼，进而通向仁义，又具有怎么的效果呢？那便是实现社会之"和合"。荀子讲："况夫先王之道，仁义之统，《诗》《书》《礼》《乐》之分乎。彼固为天下之大虑也，将为天下生民之属长虑顾后而保万世也，其流长矣，其温厚矣，其功盛姚远矣，非顺孰修为之君子莫之能知也。"（《荀子·荣辱》）荀子这里的"保万世"所强调的正是一种社会持久和平的状态，而之所以能够实现"保万世"，其根本原因正在于遵循"先王之道"，即"仁义之统"。由此，在荀子那里，便形成了"礼——仁义——和合"的基本思路，实现社会"和合"的根基在于仁义，而荀子礼的思想则直接通向仁义。荀子的"和合"思想具有深厚的根基，这一根基便是仁义，他认为只有建立在仁义基础上的"和合"才是有保障的。当然，实现仁义的方式便是遵循礼的要求，礼可以通过内在的教化，使心"知道"，也可以通过外在的规范，使人们的行为合乎道德标准，"荀子把礼看成道德生活和政治生活的最高准则，是个人修身和治国理政的根本"②。通过礼内外两方面的作用，仁义便可以实现，进而和平的社会局面也就具备了深厚的根基。

既然荀子是以仁义为根基来展开其"和合"思想的，那么就必然决定了其"和合"的视域是广阔的，其仁义思想始终指向人类全体，而不是仅仅局限于某一个群体，这一点依然可以从荀子礼的思想中得到证明。荀子的仁义具有一种普遍性的特质，涵盖天地万物，包括人类全体，这正是一种天下视域。可以说，荀子"和合"思想的天下视域与其仁义根基紧密联系在一起，荀子"和合"思想的天下视域依然具有十分重要的现代价值，我们所倡导的"人类命运共同体"的构建，正是一种具有天下视域的世界和平思想的体现。从荀子生活的时代背景来看，各诸侯国为了争夺自己的利益，发动了频繁的战争，给普通民众的生活带来了极大的痛苦，正是面

---

① 方尔加：《荀子新论》，中国和平出版社1993年版，第110页。

② 李艳玲：《荀子之礼的政治伦理意蕴及其现代启示》，《齐鲁学刊》2016年第5期。

临如此险恶的社会环境，荀子提出其具有天下视域的"和合"主张。荀子并不是从某一诸侯国利益出发提出自己的和平主张，而是为了维护当时社会的整体和平，他讲："推礼义之统，分是非之分，总天下之要，治海内之众，若使一人，故操弥约而事弥大。"（《荀子·不苟》）由此可知，荀子的礼义乃至仁义是"总天下之要"，以天下为视域的，并且其最终目的是"治海内之众"，亦即实现整个社会的"和合"局面。

荀子的天下视域无疑是包含着人类全体的，总之，天下是所有人的天下，而不是属于某一个人的。为了实现整个社会的和谐有序，荀子甚至主张普通民众起来推翻暴君的统治，恢复到一种"和合"的社会局面，荀子称之为"权险之平"："夺然后义，杀然后仁，上下易位然后贞，功参天地，泽被生民，夫是之谓权险之平，汤、武是也。"（《荀子·臣道》）荀子最终所要达到的效果便是"泽被生民"，这正具有从所有人利益而出发的天下视域，"荀子汲取传统民本思想，强调人心向背是国家治乱、社稷存亡的关键力量"①，由此可见，荀子所谓的天下观念并不是一种空洞的幻想，而是与普通民众的生活紧密连接在一起，其最终的目标是谋求人类"和合"的实现。

其实，我们从荀子对礼的阐发中，也可以清晰地看到其"和合"思想的天下视域，在荀子那里，礼的终极依据即为"天地"，可以说，礼的本源就注定了荀子"和合"思想是以天下为视域的。荀子讲："天地者，生之始也；礼义者，治之始也；君子者，礼义之始也；为之，贯之，积重之，致好之者，君子之始也。故天地生君子，君子理天地。"（《荀子·王制》）君子生于"天地"之间，同时其责任也是"理天地"，用什么来治理天下呢？当然是礼，礼是君子"理天地"的方式，由此可见，不管是治理社会的主体——君子，还是治理社会的手段——礼，都具备一种天下意蕴。礼来源于君子，而君子来源于"天地"，那么，礼的终极依据其实正是"天地"。并且，荀子自然地认为，礼是涵盖天下的，是人类社会所应遵循的统一准则，他讲："故人无礼则不生，事无礼则不成，国家无礼则不宁。"（《荀子·修身》）在这里，荀子通过"人无礼则不生"明确地表

---

① 朱岚：《礼法之间：〈荀子〉》，中国民主法制出版社 2009 年版，第 10 页。

示，礼是每一个人所必需的，超越了时空的局限性，正是有了礼，国家才得以安宁，人类社会才实现了最终的"和合"，礼这种超越时空的特性正蕴含天下意蕴。可以说，荀子"和合"思想的天下视域超越了国别的局限，具有全人类的指向，是一种最朴实的人类"和合"的愿望。当然，由于荀子生活时代的限制，其不可能具有当代的世界眼光，然而其以天下为视域谋求人类"和合"的思维方式，在本质上决定了其"和合"思想是指向人类全体的，而不是局限于某一群人、某一个国度的人，这种天下视域在某种程度上铸就了我们热爱和平的民族性格，并对于当今世界的和平与发展依然具有十分重要的启示意义，值得我们认真加以发掘。

不管以仁义为根基，还是以天下为视域，荀子所要实现的最终目标都是构建一个"和合"的社会局面，这一"和合"的社会局面，荀子称之为"群居和一"。荀子讲："故先王案为之制礼义以分之，使有贵贱之等，长幼之差，知愚、能不能之分，皆使人载其事而各得其宜，然后使谷禄多少厚薄之称，是夫群居和一之道也。"（《荀子·荣辱》）荀子所谓的"群居和一"本质上即为实现"和合"局面的人类社会，在这一社会之中每个人都是"各得其宜"的，是存在差异性的，荀子的"和合"思想是以差异为起点的，而最终目标则是"和一"，或者说，正是这种差异性最终实现了"和一"，促成了人类社会的"和合"。其实，在儒家学派的创始人——孔子那里，就已经有了"和而不同"的主张，认为只有建立在差异的基础之上，才有可能实现一种和谐，他讲："君子和而不同，小人同而不和。"（《论语·子路》）只不过，孔子讲的"和而不同"更侧重于一种内在的道德人格，夏福英认为："儒家向来有君子小人之辨，这是在人的道德修养上所划的一道界限。怎样判别君子与小人呢？《论语》中提出过许多判别标准，其中一项就是'和同'观上的区别。"[①]"和"在孔子那里，直接指向的是一种君子人格。而在荀子的思想中，"和"则指向一种安定的社会秩序，实现了儒家一种由"内圣"而"外王"的转化，在荀子那里，"不同"主要体现为社会成员在身份地位上的差异性，认为尊重并且遵循这种差异性就可以实现社会的安定。可以说，荀子对社会身份差异性的重视，

---

① 夏福英：《"和而不同"古今论》，《现代哲学》2017 年第 3 期。

证明了其很早就认识到了社会分工对于维护社会"和合"局面的重要意义。荀子认为，只有建立在"分"的基础之上，才有可能实现最终的"和"，他讲："故人生不能无群，群而无分则争，争则乱，乱则离，离则弱，弱则不能胜物，故宫室不可得而居也，不可少顷舍礼义之谓也。"（《荀子·王制》）"分"是"群"得以实现的基础，"在荀子看来，一个没有贵贱差别的社会不仅不可能达到"和合"安定，而且相互会产生争夺和混乱"①，人类"和合"的实现正是建立在"分"与"不同"的基础之上的。并且，荀子认为"群"是人类生存的必然选择，"人生不能无群"，亦即实现一种"和合"安定的社会秩序是人类的必然选择。

荀子"群居和一"的社会目标是其"和合"思想的集中表达，那么，我们不禁要问，这种"群居和一"的"和合"局面何以可能？荀子尽管认为不经教化的人性有走向争夺的可能性，但同时又认为人性天然地具有"群"的需要性，他讲："草木畴生，禽兽群焉，物各从其类也。"（《荀子·劝学》）在自然的法则当中，"物各从其类"表明每一个物种都有"群"的本性需要，人类当然也不例外，而这正是人类能够实现和谐相处的基础，也就是说，"和合"对于人类来说，不仅是必要的，而且是可能的，"人的特色在于有义辨与能群"②。究其实质，"和合"的实现正是"性伪合"的过程，荀子讲："无性则伪之无所加，无伪则性不能自美。性伪合，然后成圣人之名，一天下之功于是就也。"（《荀子·礼论》）所谓的性正是人类天然地对"群"的需要，而"伪"则是通过礼的方式来促成"群"的实现，性是先天的，为"群居和一"的实现提供了可能性，而"伪"则是后天的，为"群居和一"的实现提供了切实的保障，质言之，"伪"必须以性为前提，后天的努力必须建立在先天的基础之上。

那么，实现"群居和一"的社会又是一种怎样的状态呢？荀子讲："先王恶其乱也，故制礼义以分之，使有贫富贵贱之等，足以相兼临者，是养天下之本也。书曰：'维齐非齐。'此之谓也。"（《荀子·王制》）荀子认为实现"群居和一"的社会是一种"维齐非齐"的状态，何谓"维

①　陈光连：《荀子"分"义研究》，东南大学出版社2013年版，第215页。
②　龙宇纯：《荀子论集》，台北：台湾学生书局1987年版，第56页。

齐非齐"？荀子认为最终的"齐"就是实现社会的"和合"局面，而"非齐"则是指一种"分"的状态，一种有差别的状态，"群居和一"的"和合"社会是建立在差别的基础上的，荀子称这种差别为"有贫富贵贱之等"。同时，"群居和一"的社会又是一种可以"养天下"的状态，也就是使人民的生活富足，这便是荀子的"富民"思想，"和合"的社会局面必须实现百姓的安居乐业，荀子讲："人之情，食欲有刍豢，衣欲有文绣，行欲有舆马，又欲夫余财蓄积之富也，然而穷年累世不知不足，是人之情也。"（《荀子·荣辱》）在荀子看来，追求物质生活的满足是人类的基本需求，只有满足这种需求才能够达到"群居和一"，此之为"养天下"。由此可见，荀子的"群居和一"既是建立在差别基础上的，同时也追求对百姓基本物质需求的满足，是一种各守其责、井然有序及百姓富足的社会状态。

"群居和一"是荀子"和合"思想最集中的体现，是荀子对理想社会的最高期许。正如韩国学者郑炳硕所认为："从整个哲学内涵看，荀子哲学的最高目标是要建立一个'正理平治、至平大隆'的社会与国家。"[①]所谓"正理平治、至平大隆"都是"群居和一"的具体表现，换言之，"群居和一"的社会即为荀子所要实现的最终目标，并且，荀子"群居和一"的"和合"目标直到今天依然具有十分重要的现代价值。荀子的"和合"思想是以仁义为根基，以天下为视域来展开的，其最终的目标是实现"群居和一"。荀子"和合"思想的重要意义就在于，其依然能够为当今世界的和平与发展提供一份中国智慧。仁义作为实现"和合"的手段，提示我们"和合"的实现要以仁义之心为基础，求同存异，以协商手段达成共识；天下作为实现"和合"的视域，则提示我们，世界是一个相互联系的整体，人类必须具备世界眼光，推动世界的和平与发展，这与我们当前所倡导的"人类命运共同体"的构建是一致的。荀子的"和合"思想完全可以突破时代的局限性，通过创造性转化和创新性发展，在当今的时代背景下焕发出新的生机与活力。

---

① 郑炳硕：《从天生到人成——荀子的天生人成与尊群体思想论析》，《孔子研究》2014 年第 1 期。

荀子的"和合"思想是以仁义为根基的,其出发点就是立足于和平,反对战争,这对当前世界的和平具有十分重要的启示意义。尽管当前和平与发展已经成为世界的主流,然而影响世界和平的风险依然存在,很多的矛盾与摩擦不断涌现,是用"和合"的思维还是用对立的思维去解决这些矛盾与摩擦,就显得至关重要。荀子以仁义为根基的"和合"思想提示我们,只有树立"和合"思维,在尊重彼此利益的基础上,采用沟通协商的方式,才有可能解决矛盾与摩擦,实现最终的"和合"局面,以战争为手段只会加剧世界的动荡不安。

荀子以仁义为根基的"和合"思想充分体现了我们自己文化的独特品格,塑造了我们热爱和平的民族性格,也为世界的和平与发展提供了一份中国智慧。荀子认为,只有依靠道德,才能实现"天下服"的效果,他讲:"王者不然,仁眇天下,义眇天下,威眇天下。仁眇天下,故天下莫不亲也;义眇天下,故天下莫不贵也;威眇天下,故天下莫敢敌也。以不敌之威,辅服人之道,故不战而胜,不攻而得,甲兵不劳而天下服。"(《荀子·王制》)在荀子看来,仁与义即"服人之道","崇尚'和合'是中国古代的美德,维护'和合'秩序则力求靠'德治'"[①],只有以仁义为基础,才能够站在对方的立场上思考和处理问题,也才能够为和平进行协商打下基础。我们可以发觉,当今威胁世界和平的因素无一不是从自身的立场出发,对其他国家的事务进行强加干涉,这是当今"霸权主义"思维的集中体现。在根本上讲,世界和平的局面想要维持,必须破除"霸权主义"的思维模式,真正做到以仁义为基础,实现彼此尊重、互相协商,最终在求同存异的基础上实现"和合"相处。荀子这样描绘他心目中的"王者"风采:"彼王者则不然。致贤而能以救不肖,致强而能以宽弱,战必能殆之而羞与之斗,委然成文以示之天下,而暴国安自化矣。"(《荀子·仲尼》)真正的大国风采是"羞与之斗",以发动战争为羞耻的,其思想基础便是仁义,而其反面则是"霸权主义"。总之,荀子仁义为根基的"和合"思想为我们正确处理国际矛盾与争端提供了一个准则,那就是

---

① 曹泳鑫:《和平与主义:中国和平崛起的思想资源和理论准备》,学林出版社 2005 年版,第 81 页。

"和合"必须建立在平等对话的基础之上，而不是以"霸权主义"的思维来诉诸武力。

荀子"和合"思想的"天下观"，具有一种超越时代与地域的宏观视野，其直接指向全体人类的"和合"，而不是某一个国家、某一个区域的"和合"。可以这样讲，荀子"和合"思想的天下视域充满着对全人类的关切之情，与其仁义思想是紧密联系在一起的。天下视域揭示了仁义的广度，将世界上的所有民族和国家都包含在这个视域当中，这对于当今的世界和平具有十分重要的启示意义，世界和平的实现必须具有全球眼光，将全人类视为一个命运休戚与共的整体，而不可忽略任何一个国家与民族。同时，荀子"和合"思想的天下视域与我们构建"人类命运共同体"的主张也是相契合的。荀子认为，人类"和合"的最高境界便是"群居和一"，荀子"群"的思想本身就包含着一种"人类共同体"的意蕴，"群"所指向的正是人类全体，是以天下的视域来审视整个人类世界。荀子明确地讲人类能够结成"群"的重要性："力不若牛，走不若马，而牛马为用，何也？曰：人能群，彼不能群也。"（《荀子·王制》）荀子指明，人类必须过一种共同体的生活，才能够抵御来自外部的生存威胁。在当今的时代背景之下，只有具有"人类命运共同体"的视野，顺应全球化这一历史趋势，将各个国家、各个民族的命运紧密联系在一起，真正做到休戚与共，世界"和合"稳定的局面才有可能长久维持。梅萍认为："为了在一个休戚与共的大家庭中共同生活，人们需要从全人类共同发展的角度来考虑问题，在行为规范和价值准则上达成某种共识，寻求人类共同的生存理念。"① "人类命运共同体"的构建是建立在全人类价值共识基础上的，而这种价值共识的达成则必须具备天下视域，即平等对待世界上所有的国家和民族，质言之，世界和平的实现不能以某一个超级大国的利益为中心，不能建立在损害某些弱小国家利益的基础之上，世界上各个国家和民族本质上是同呼吸、共命运的。

不管是荀子"和合"思想的仁义根基，还是其天下视域，都具有十分

---

① 梅萍：《论人类命运共同体思想对中国"和"文化的承扬》，《海南大学学报》（社会科学版）2018 年第 1 期。

重要的现代价值。荀子的"仁义观"告诉我们,人类"和合"的实现要建立在彼此沟通、平等协商的基础之上,破除"霸权主义"的思维;而荀子的"天下观"则提示我们,世界上各个国家和民族是同呼吸、共命运的,"和合"的实现必然要构建一种具备全球视野的"人类命运共同体"。荀子的"和合"思想可以为当今世界的和平与发展提供有益的借鉴,为全人类的共同进步贡献出一份中国智慧。荀子的"和合"思想具有超越时空的特质,尽管荀子所生活的年代距离我们已经十分遥远,然而其"和合"思想依然对当今世界的和平与发展具有十分重要的借鉴意义。荀子"和合"思想属于中华优秀传统文化的一部分,通过深入研究与发掘,能够实现对荀子"和合"思想的创造性转化与创新性发展,为促进世界和平提供一份中国智慧。荀子"和合"思想具有十分丰富的理论内涵,其"和合"思想建立在仁义的基础之上,具有广阔的天下视域,并且其实现"和合"的目标也是十分明确的,那就是建立一个"群居和一"的社会。荀子"和合"思想能够为当今世界的和平与发展提供重要思想资源:其"仁义观"提示我们在处理国家与民族关系的时候,必须以相互尊重为前提,采取协商的方式,求同存异地和平解决各种矛盾与争端;其"天下观"则告诉我们,全人类是一个同呼吸、共命运的整体,必须做到休戚与共,通过推动构建"人类命运共同体",世界的和平局面才能够得以长久维持。总之,在和平与发展已经成为当今世界主题的背景之下,荀子的"和合"思想不仅没有过时,反而日益焕发出新的生机与活力,对荀子"和合"思想的深入研究,有助于推动世界和平秩序的构建。

第三节　荀子政治哲学的可能性意义

荀子"群居和一"的政治哲学不仅具有诸多的现实价值,可以为我们当今的社会治理提供有益的借鉴,更为重要的是,荀子政治哲学具有一种我们一直忽视的可能性意义。这种可能性意义源于一种不断地在儒学内部进行批判的精神,我们知道荀子对孟子的批判是极为激烈的,以致宋儒在将孟子视为儒学思想正统之后,便将荀子排除在了儒学的"道统"之外,而一旦儒学"道统"被确立之后,儒学内部的批判精神便日渐式微,这显然不利于儒学的发展，而使儒学日渐僵化失去了发展的活力。其实，自近代以来儒学所遭遇的危机，在很大程度上便是由于儒学自身固守"道统"，丧失内部批判精神所导致的结果。荀子政治哲学的可能性意义便在于，其具有一种批判性的精神，而正是这种批判精神可以促使儒学不断适应时代的发展，不断地发展完善自身，从而保持其生机与活力。儒学在当今如何发展，众说纷纭，之所以会存在如此多的分歧，在根本上是由于时代的变迁使儒学面临着更多外来文化的挑战。很显然，儒学如果想要在新的时代有所作为的话，必须正面面对诸多的异质文化的挑战，在不断地自我批判中完善自身，从而保持其发展的内在动力。儒学如果一味墨守成规，坚持所谓的"道统"而不与其他文化进行互动交流，势必将失去促使自己发展的机会，而为时代所遗弃，也就更谈不上儒学在当下的复兴。

荀子政治哲学的可能性意义主要体现在两个方面。首先，荀子政治哲学始终保持着对其他学派思想的开放性，尽管荀子作为儒家的集大成者对道家、墨家及法家都有批判，然而其思想体系却同时吸取借鉴了诸家之长，这一点我们在前面已经有所论及，也就是说，儒学的发展不仅可以在形式上，也可以在内容上充分吸收其他学派思想的合理成分，而不能以正统的身份故步自封。当前儒学想要获得一种生机与活力，就必须从荀子政治哲学获得一种有益的启发，荀子之后，很多以儒学正统思想自居的哲学家认为荀子是儒家的歧出，殊不知正是荀子在儒学思想内部的歧出，才有可能使儒学获得一种全新的发展，荀子政治哲学思想的形成就是面对当时时代需求的一种自觉的发展，在这一过程中，荀子充分吸取了其他各家的有益思想。也就是说，荀子政治哲学的形成提示我们，儒学思想的发展必须保持一种开放的状态，做到与其他各种文化的交流互动，吸收、借鉴其他文化思想的有益之处来促进自身的发展，盲目一味地固守儒家的"道统"，反而不利于儒学思想的进步和发展。其次，荀子政治哲学的形成是建立在儒学内部批判的基础之上的，也就是说，儒学思想不应该是没有任何思想论战的，我们很难想象，如果儒学思想始终没有一种内部批判，又怎样才能够获得发展。也就是说，荀子政治哲学思想的形成正是建立在对之前儒家思想的批判基础之上的，比如，荀子对孟子"性善说"的猛烈批判就充分体现了这一点，如果没有一定的批判精神，荀子政治哲学也不会呈现出其不同之处。而后来儒学"道统"思想的确立，明显过度追求了思想的传承，压制了应有的批判精神，这显然是不利于儒学自身发展的。

一 兼收并蓄

荀子政治哲学思想的形成是建立在兼收并蓄的基础之上的，其充分吸取了其他各家各派有益的思想来发展自身，正是由于能够积极主动地与其他学派的思想家进行交流，荀子政治哲学才显示出了其宏大的气魄。其对当前儒学发展的可能性意义在于，儒学发展不应该故步自封，而应该采取一种开放的姿态，积极主动地与其他文化形态进行互动交流，正如陈来所认为："儒学只有自觉参与中华民族的伟大复兴，和时代的使命相结合，和社会文化的需要相结合，才能开辟发展的前景。"① 儒学不应该是僵化的，必须随着时代的发展，积极吸取其他文化的有益部分来丰富和发展自身，真正地做到兼收并蓄。其实，反观儒学发展进程中每一次所遭遇的危机，都是由于儒学固守自己的"道统"而对其他文化思想加以漠视的结果，儒学只有正确处理与其他文化思想的关系，做到以一种开放平等的姿态进行互动交流，才能促进自身的健康发展。

首先，我们需要正确认识儒学在当前多元文化交流中的地位，而不能盲目自大故步自封。当前各种文化思潮日益活跃，儒学只是作为其中的一种从而占有着一席之地，而并不处于一种"唯我独尊"之地。当前存在一部分研究儒学的学者错误估计了儒学在当前文化环境中的作用和地位，以至于期待重新恢复以往儒学独尊的地位，很显然这是一种不切实际的想法。众所周知，儒家文化产生于以农业为基础的社会，农耕文明是儒家思想的底色，这种特点适应了中国几千年的封建社会的发展。而自近代以来，中国社会已经发生了并且仍在发生着巨大的转型，那就是从以农业为主的社会转变为以工业为主的社会。正是这种社会结构的巨变，使得儒学面临着前所未有的挑战与危机，也就是说社会结构的巨变已经决定了儒学不可能处于一种完全主导的地位，儒学中很多成分已经不适应时代的变

①　陈来：《百年来儒学发展的回顾与前瞻》，《深圳大学学报》（人文社会科学版）2014 年第 3 期。

迁，而必须进行一种现代化的转换。质言之，儒学在当前只是作为一种重要的思想资源而存在，我们必须对之进行一种创造性的转化，从而使其适应变化了的社会，我们不可能使儒学重操一种话语霸权的地位。儒学只是当前多元文化中一种重要的思想源泉，值得我们认真地加以对待，并努力使之与当今时代发展相适应。换句话讲，儒学必须接受时代的选择，如果我们一味固守一种僵化的儒学而不能够与时俱进，势必要为时代所淘汰，也就更谈不上儒学之复兴。也就是说，儒学想要在当今时代的发展中占有一席之地，必须能够直面当今的时代问题并做出一个相对圆满的解答。我们知道，当前的儒学发展正处于一种探索发展的新阶段，主要原因就在于，社会结构发生了巨变，儒学必须努力适应并发展自身，从而为当今的社会发展提供自己的合理资源。很显然，儒学在这种多元文化齐头并进的时代背景下，不可能再像以前一样处于一种统领的地位，而只能在不同文化的交流互动中实现自己的发展，保持自己的生机与活力。

　　而儒学想要在当今的时代中依然充满活力，就有必要弱化其固有的"道统"意识。何为儒学的"道统"意识？就是坚守一种儒家的正统思想，固然坚守所谓的正统思想有利于儒学的不断传承，但是从另一个角度看，这种唯正统的意识也阻碍了儒学的创新发展，大量处在正统之外的有利于儒学自身发展的因素被无情地排除了。儒家"道统"之说由韩愈提出，由朱熹加以确立，是以继承孟子学说为己任的，然而我们知道，在先秦儒家那里，孟子只是儒学思想家中的一位，并不足以代表儒学思想的全貌。宋儒明确地将荀子思想排除在了儒家的正统之外，这不能不说是一种极为严重的损失。这种"道统"观念无疑使得儒学发展进入了一个瓶颈时期，从而越来越片面化，最终出现了积重难返之局面。固守儒家的"道统"实质上就是将儒学思想片面化，我们知道，一种学说如果想要不断创新发展，必须不断有新鲜血液输入，也就是随着时代的发展呈现出与以往不一样的面貌。

　　荀子政治哲学无疑是对先秦儒学的一种继承性的创新与发展，其继承性的一面突出地表现在坚守儒家所主张的"王道"政治，"先秦儒家的王道理想体现了古代思想家的道德追求，先王之道既是先秦儒家所能构想的绝对符合道义原则的政治，也是他们所设想的尽善尽美的社会状态"①，在"王道"政治这一点上，荀子是与孔孟完全一致的，荀子明确地讲："以不敌之威，辅服人之道，故不战而胜，不攻而得，甲兵不劳而天下服。是知王道者也。"（《荀子·王制》）另一方面，荀子的政治哲学同样又表现出了其独特的创新性，与孔子有所不同，更与孟子的观点相对立。首先，荀子将孔子的礼进行了一种外在的转化，孔子讲礼侧重于人的内在觉察，孔子讲："人而不仁，如礼何？人而不仁，如乐何？"（《论语·八佾》）也就是说，孔子认为礼必须建立在内在之仁的基础上，如果没有内在之仁的话，外在的礼是没有任何意义的；而荀子则并不完全认同孔子的观点，荀子认为外在的礼固然需要人们的内心认同，然而人们不认同也并不意味着外在的礼没有任何用处，不管人们认同与否，外在的礼总是会对人们的现实行为产生制约作用，荀子讲："国无礼则不正。礼之所以正国也，譬之犹衡之于轻重也，犹绳墨之于曲直也，犹规矩之于方圆也，既错之而人莫之能诬也。"（《荀子·王霸》）由此可见，荀子认为礼正如同外在的"绳墨"一样，对人们的行为起着一种关键的制约作用。其次，荀子对孟子的"性善"进行了激烈的批判，表现出了与孟子迥异的思想特色，这很显然是在儒家思想内部的一种创新和发展。荀子认为从"性善"出发无法实现一种良好的社会秩序，也就是说，荀子与孟子的共同之处都在于实现一种"王道"政治，但是荀子与孟子的实现路径存在着明显的差异。孟子认为只要每一个人保存自身固有的"善端"，就可以实现社会的稳定和谐。尽管孟子这种理想非常美好，然而却是很难付诸现实的，正如荀子批判孟子的那样，如果说每一个人都可以保存"善端"，那么还需要外在的礼义做什么？实质上，如果单纯从孟子的"性善"出发，国家政治的存在都是一种多余，因为如果人性生来就是善的话，并且每一个人都可以保存这种"善端"，那么任何外在的制度都将变成一种不必要。荀子正是从这个角度出发指出了孟子"性善"的不可实践性，因为荀子面对的时代较之孔孟时代更为复杂，各诸侯国之间的战争日益趋于白热化，在这种战乱的社会背景之下，"性善"学说尤为显得脆弱无力，丝毫无法改变当时社会混乱之

---

① 孙晓春：《先秦儒家王道理想论述》，《政治学研究》2007 年第 4 期。

局面。正是在这种情况下，荀子在吸收借鉴其他学派思想的基础之上，对儒学做出了一种新的发展以适应不断变化的社会环境。而对先秦儒学进行一种总结性的发展，正是荀子对先秦儒学作出的最大贡献，从而也使其成为先秦儒学的集大成者。

荀子之所以会成为先秦儒学的集大成者，就是因为其思想是兼收并蓄的。荀子虽然坚守了其儒家的立场，但是他没有将自己的思想封闭起来，而是积极主动地与其他学派的思想进行互动交流，从而吸取其他学派的有益思想来完善自身。正如韦政通所认为："荀子是先秦思想的批判者，也是先秦思想的综合者。"① 荀子之所以能够成为一个"综合者"，就是因为其思想充满了兼收并蓄的精神，荀子并没有采取对与自己立场不同的观点断然否定的态度，而是在充分吃透对方观点的基础上，进行批判的同时也予以借鉴。也就是说，荀子的学术立场始终是处于开放状态的，这一点尤其体现在荀子对法家的法的思想的吸取和借鉴，我们知道，在孔子那里对刑罚是持有贬低态度的，孔子讲："道之以政，齐之以刑，民免而无耻；道之以德，齐之以礼，有耻且格。"（《论语·为政》）在这里，孔子对用刑是持反对态度的，而荀子则不然，他借鉴了法家思想中法的合理因素，认为主张礼并非必须排除法，反而应该是由礼必然延伸出法，荀子认为如果没有外在的法作为保障，礼最终也将无从谈起。荀子借鉴了法家法的思想，就是为了适应当时变化了的时代，当时社会战乱频繁，荀子认识到单纯依靠一种内在的礼已经无济于事了，因此强调外在之法已是大势所趋，然而，荀子又不仅仅单纯照搬法家的法，而是对法家的法做出了儒家式的改造。何谓儒家式的改造？我们知道法家所追求的是一种"霸道"，而非荀子所追求的"王道"，"霸道"只是将法作为一种手段从而实现富国强兵，完全不顾及是否遵守礼的规范。而一贯坚守儒家立场的荀子显然对单纯依靠"霸道"的思想是不满意的，荀子讲："齐桓、晋文、楚庄、吴阖闾、越勾践，是皆和齐之兵也，可谓入其域矣，然而未有本统也，故可以霸而不可以王。是强弱之效也。"（《荀子·议兵》）在荀子看来，"王道"明显是要高于"霸道"的，而二者之间的差别就在于，"王道"尽管重视

---

① 韦政通：《中国思想史》（上），吉林出版集团有限责任公司 2009 年版，第 208 页。

法的作用，然而法是以礼为基础的，而"霸道"则单纯依靠法的作用，完全忽视了礼。质言之，荀子是在立足儒家的立场上，充分采用兼收并蓄的方式来吸取其他各家的优秀思想资源，以使自身的思想适应时代的变化。这种兼收并蓄的态度无疑是当前儒学发展所应具备的。

为什么讲当前儒学的发展应该采取兼收并蓄的态度呢？首先，正如我们前面所讲，当代我国社会处于一个重大的转型期，由以前的农业社会转变为以工业为主的社会，以前的儒学思想表现出了诸多的不适应性，这也是近代以来儒学所面临危机的根源。在这个社会大转型的时代，思想领域也异常活跃，各种文化思潮同时并存呈现出一种多元化的局面。可以讲，在这种多元文化的背景之下，儒学只是其中一种重要的思想，与其他思潮相比并不占有绝对的优势地位，在这种条件下，儒学保持一种兼收并蓄的心态是时代发展的必然要求，只有在与其他文化主动交流借鉴的基础之上，儒学才有可能获得自身的健康发展，从而为我国当今的社会建设提供有益的启示。其次，儒学之所以应该兼收并蓄的态度是因为每一种思想都存在着其不可避免的盲区，我们很难将某一种思想视为一种绝对之真理，儒家思想同样如此，其并非天然地蕴含着人类社会所有的真理，毋宁说其只是一种对人类应该如何生活的探讨与尝试。同样，其他文化也是对人类应该如何生活的一种探索，既然都为探索，其必定就会呈现出不同的路径，而每一种路径我们都不能单纯以正确与否来盲目断定。或者可以这样说，每一种不同文化的探索路径都可以带给我们有益的启示，儒家只有在多元文化中保持一种开放的姿态，与其他文化进行一种交流互补，才能够使自身充满生机与活力，正如杜维明所讲："按照传统儒家思想的天下精神，天下之人在本质上与其说是相冲突，不如说是相关且互补的。即便天下不能马上成为一体，但汇合看似不可调和的思潮，例如可持续发展，依然是人类存续和完善的必要条件。这完全取决于人们是否在努力保护和促进文化多元。如果没有差异，就不会有和谐。"① 确实如此，儒学与其他文化之间存在着的差异并不是坏事，反而有利于儒家完善和发展自身，当然其前提是儒学愿意保持一种开放的姿态采取兼收并蓄的方式来面对其他文

---

① 杜维明：《文化多元、文化间对话与和谐：一种儒家视角》，《中外法学》2010 年第 3 期。

化的挑战。

总之，在当前面临社会转型，多元文化并存的时代中，儒学只有通过采取兼收并蓄的方式，才有可能保持自身的生机与活力。否则的话，儒学就面临着被时代所淘汰的危险，可以这样说，儒学采取兼收并蓄是时代的要求。而在儒学的发展历程中，最能体现儒学这种兼收并蓄特征的当属荀子的政治哲学思想，荀子正是在立足儒家"王道"思想的基础上，充分吸取其他学派的有益思想，从而形成自己独特并且完备的政治哲学体系，并且对后世的政治哲学产生了深远的影响。

二　理论的自我批判

前面我们讲儒学如果适应时代的要求，就必须采取兼收并蓄的开放态度来面对其他文化，这主要是着眼于儒学与外部各种文化思想的关系而言的。其实，儒学除了应该处理好与外部其他文化思潮之间的关系，更为重要的是，儒学应该在其内部保持一种"自我批判"之精神，否则就很难随着时代的变化在思想上有所创新。我们知道，一种文化思想只有通过不断的"自我批判"，才能够不断地做出调整并完善自身，如果缺失了这种自我批判的精神，则很容易如一潭死水一样陷入一种僵化的状态。而荀子政治哲学带给我们的一个重要的启示便是，荀子并没有僵化地继承之前儒家的思想，而是在此基础之上，在儒家内部展开了客观而公正的"自我批判"。其中，最为突出的表现便是荀子对孟子"性善"的批判，荀子为什么要对孟子的"性善"展开如此激烈的批判呢？在本质上讲，荀子如此批判孟子的"性善"，并不是要故意树立一种与众不同的学术地位，而是建立在对当时社会政治环境深刻认知基础上的思想的重新梳理。我们知道，荀子生活的时代中各诸侯国之间的战争更加频繁与惨烈，而基于"性善"的学说显然对改变当时的社会政治环境毫无用处，因此荀子必然首先要从理论上展开对孟子"性善"的批判，只有首先从理论上驳倒"性善"，才有可能进一步建立其有利于改进社会的政治理论体系。

也就是说，荀子在儒学思想内部展开的自我批判是具有极强的针对性的，其并不是单纯为了批判而批判，而是充满着对社会现实的关切。而对现实的关切，正是儒学通过内部批判发展的最终动力，随着社会环境的变化，儒学内部只有通过不断地发展完善自身，才有可能焕发出生机与活力。因此，面对当前这样一个社会转型的时期，儒学思想要想取得发展，就要勇于否定自身一些不适应时代发展的因素，只有通过这种自我否定，儒学才能够获得一种与时俱进的发展，吴根友认为："儒学历来都具有批判性，这种批判性既表现在对世俗社会风气、政治上的不合理之处展开批判，亦表现在对儒家以外其他各家思想的批判方面，当然还表现在对儒学内部不同传统的批判方面。"① 然而，儒学内部的批判性并不总是保持着一种活跃状态，在儒学发展的某一些阶段，这种批判性明显地减弱，而事实上正是由于这种"内部批判"新的减弱，给儒学发展带来了危机。其实，从荀子思想在历史上所遭遇的不太客观的评价，我们也可以发现一种端倪：那就是，儒家思想始终在寻找一条所谓的正统之路，一切违背儒家正统所做的尝试均在思想史中被有意地忽略。其中，最突出的表现便是儒家思想内部对荀子"性恶说"的评判，我们知道荀子之所以提出"性恶"，在根本上是因为他看到了孟子"性善说"的弱点，也就是根本无法挽救当时混乱的社会局面，荀子"性恶说"并没有违背儒家思想的根本宗旨，也就是"平天下"的最高理想，反而是荀子的"性恶"更有利于社会现实问题的解决。也就是说，荀子提出"性恶"完全是为了适应时代的变化而对儒学做出的新尝试与新发展，然而荀子这种大胆尝试却在以后的历史中不断地遭到误解与排斥，甚至被排除在了儒家正统思想之外。宋儒对荀子"性恶说"的排斥尤为激烈，主要的原因在于他们认为荀子主张人性本质是恶的，这显然是对儒家道德理想的戕害。其实，如果我们仔细研读荀子所作的《性恶》一篇的话，荀子并没有主张人性本质上就是恶的，荀子所讲的恶更侧重于一种现实社会的治理效果之恶，荀子讲："凡古今天下之所谓善者，正理平治也；所谓恶者，偏险悖乱也。是善恶之分也矣。"（《荀子·性恶》）也就是说荀子是就社会的治理效果来谈善恶的，社会"正理平治"就是善，而社会"偏险悖乱"就是恶，这与孟子所讲的"善恶"标准完全不同。也许，有人会认为，既然荀子所用的"善恶"标准不同于孟子，那么他以这样的标准去评判孟子的"性善"也就是有失公允

---

① 吴根友：《儒学的批判性与批判儒学》，《孔子研究》2013 年第 2 期。

的，其实不然，荀子的目的恰恰在于用这一套新的"善恶"标准来削弱或者取代孟子那套过于依赖心性的"善恶"标准。

由此可见，荀子对孟子"性善"的批判始终是在儒学内部的一种创新式发展，其不拘泥于某一种特定的思维方式，而是随着时代的变化做出相应的理论调整。无疑，当前的儒学发展也必须具有这种自我批判之精神，如果固守一种对教条的认知，而不肯与时俱进地推动儒学的发展，儒学必然陷入一种僵化的状态，也就难以应对当前多元文化的挑战。那么，是不是主张在儒家内部要有"自我批判"的精神，就是对儒学自身的反动，最终可能导向儒学自身的瓦解呢？答案是否定的。我们知道，儒学的本质精神在于由"内圣"而"外王"，也就是说儒学始终是关注现实社会的，孟子"性善说"的终极目的也是规劝君王能够实行仁政，从而实现一种"王道"政治，而荀子主"性恶"同样也是为了实现一种"群居和一"的社会秩序，因此，从本质来讲，孟子"性善"与荀子"性恶"的最终目标并不互相违背，其都是为了实现儒学的"外王"之道。可以说，难能可贵的是，荀子的政治哲学更加凸显了儒学所一直追寻的"外王"之道，其对孟子"性善说"的批判，就是将侧重点从"内圣"向"外王"的转移，可以说这是随着时代变化的一种主动尝试，理应得到更多的肯定，然而遗憾的是，后来很多儒者认定孟子的"性善"为儒学之正统，从而将荀子思想视为儒家思想之歧出。并且，从另一方面讲，荀子重视"外王"一面的同时，也并没有否定"内圣"，荀子依然十分重视个人道德的养成。质言之，荀子政治哲学只是对以往儒家政治哲学思想的一种纠偏，其始终是立足于儒家思想内部进行自我批判的。其实，历史也证明，荀子这种立足于儒家的自我批判也取得了良好的现实效果，在汉朝董仲舒"罢黜百家，独尊儒术"的政治实践中，吸取了大量荀子的相关思想理论。而反观孟子的思想，在现实政治中并没有发挥出良好的效果，孟子大力提倡的仁政在封建专制的国家中总是如昙花一现。

总之，荀子政治哲学的形成正是建立在对孔孟思想批判继承的基础之上的，如果没有一种建立在儒学内部的自我批判的精神，荀子政治哲学就不可能呈现出与孔孟的不同之处，也就不可能对后来的社会发展产生如此大的影响。可惜的是，在后来的儒学发展中，尤其是在宋代那里建立起了一个儒学的"道统"之后，儒学的这种自我批判的精神日益式微，终于使儒学处在了一个越来越封闭的状态，难以有效地吸取其他思想的合理部分来补充和完善自身，从而造成了后来儒学巨大的生存危机。当前儒学如何适应时代寻找自己的发展路径，依然是一个众说纷纭的话题，其中面临着太多的机遇和挑战。然而不管怎样，儒学如果想要发展的话，必须保持一种"自我批判"的精神，才能促使自身不断适应变化了的时代，才能够使自身充满生机与活力。

三 民主政治

我们当前要努力建设一个民主、自由和法治的国家，这其中最为重要的当然是民主，如果没有民主，那么自由和法治也就无从谈起。那么，荀子政治思想与民主政治之间有着怎样的联系与差异呢？这是我们首先要加以厘清的问题。在历史上，通常认为荀子的礼治思想导向了封建君主专制，确实不能否定，在荀子政治哲学思想中具有导向专制的因子，但是我们要看到荀子的本意并非要使君主处在一种独断专行的地位，而是认为君主应该是为普通民众服务的。那么，究竟何以会出现这种理论与现实上的落差呢？从本质来看，这是儒家传统民本思想与民主思想之间的差异所致。我们知道，荀子延续了儒家一贯强调的民本思想，并将君和民的关系比喻为舟与水的关系，认为君主地位的巩固离不开人民的支持。很多人认为荀子民本思想中包含着民主的因子，荀子对人民的重视当然有利于民主，然而民本与民主存在着思维上的显著差异，这是需要我们进一步探究并澄清的。可以这样说，尽管荀子十分强调民本，同时依然有导向专制的可能性，这与民主明显有了本质上的不同。

首先，我们来深入探讨一下荀子的民本思想。荀子尽管十分重视民的作用，认为如果君违背了民的意愿，人们就有权利推翻暴君的统治，这无疑是对人民主体地位的肯定。正如荀子对待暴君的态度："汤、武之诛桀纣也，拱挹指麾而强暴之国莫不趋使，诛桀、纣若诛独夫。"（《荀子·议兵》）然而这一权利的行使无疑采用的是一种被动的方式，也就是说，君主是"明君"还是暴君并不是由人民决定的。在本质上讲，荀子的民本思想始终是围绕着君展开的，民并不处于一种主动的地位，正如马克斯·韦伯所讲："皇帝为了获得神性而必须具有的个人品质，被仪式主义者与哲学家加以仪式化，继而加以伦理化。"① 质言之，君主正是通过"仪式化"的方式获得了一种至高无上的权力，从而使他们能够随心所欲地支配自己的行为，尽管这种行为最终要受到民的裁决，然而这种裁决永远是事后性的，因而具有滞后性，其并不能确保从一开始就对君主的行为形成有效的制约。也就是说，君是主动施予的一方，而民则是被动接受的一方，其实这里面就存在着两个方面的问题。其一，即便君主是一位"明君"，一切为民着想，从民的利益出发，然而在现实中君是否完全可能了解民的利益诉求呢？况且，这里民永远是一个集合名词，其中包含着无数个体，而个体之间利益诉求的差异也应该是我们所要考虑的，于是，君从单方面出发来代表民的利益在现实中注定会产生诸多问题。其二，当君主一旦选择成为一个暴君，只顾自己的利益而完全不顾民的利益时，君是完全具有这种选择自由的，尽管选择做一个暴君面临着丧失统治地位的危险，然而在历史上存在着很多这样的暴君，从而对民的生活造成了不可估量的威胁，也就是说民本思想无法从源头上遏制暴君之产生。从本质来看，民本思想设置了两个既对立又互相依赖的主体，那就是君和民，我们知道，尽管荀子也十分强调民对君的权力具有制约作用，然而君却并不是通过民直接产生出来的，而有一个中间的环节，这就是天，其实一旦归结于天，便使得政治充满了一种神秘性色彩，从而无形中削弱了民对君的制约，我们也可以看到，很多通过武力夺取统治地位的君主，也宣称自己在位是符合天意的。也就是说，实质上在民本思想中君主的权力并非由普通民众所掌控，民处于一种相对被动的地位，只有在君主为暴君的情况下，民才获得了推翻其统治的合法权利和现实动力。

其次，我们再来探讨一下民主精神的内涵。上面我们着重分析了荀子民本思想的本质，认为在民本思想中固然重视民的作用，然而民并不能从源头上制约君的权力，以至于现实中的君主很有可能沦为暴君，这显然无法造就一种民主的社会。那么，民主的精髓到底在哪里呢，其与中国传统的民本思想究竟存在着什么样的差异？正如牟宗三所认为："平等，若无

---

① ［德］马克斯·韦伯：《儒教与道教》，洪天富译，江苏人民出版社 2010 年版，第 35 页。

'主体自由'作根据，则价值观念亦不能保。"① 牟先生在这里指出的"主体自由"其实即为民主精神，牟宗三认为平等必须建立在民主的基础之上。然而，我们需要注意的是，代表民主精神的主体自由中的主体侧重的是作为个体的人，而与民本思想中将民作为一个整体有了明显差异。也就是说，民主精神的立足点是作为个体的人，而民本思想的立足点是作为整个的群体，很显然，立足于作为个体的人与立足于作为整体的群体还是存在着很大不同的。民主将视线投注在了作为个体的人，从而有利于群体之中的每一个人进行合理利益的诉求，与之相比民本则不太关注作为个体的人，而是更为关注作为整体性的民。也就是说，在民主形成的过程中，最终一切社会制度都是建立在每一个公民合理利益诉求基础上的，民主更加突出了作为个体的主体性，这与笼统地讲的民本是有所不同的。

荀子的民本思想与民主政治之间既有着微妙的联系，也存在着本质差异。其联系之处就在于，重视民的利益，认为政治制度的最终目的是维护人民的根本利益，尽管荀子倡导的是君主制度，然而荀子认为君最终应该是为民的，而不是为了自身利益，就从民的利益出发这一点来讲，荀子的民本思想还是存在着与现代民主政治相联系的地方，也存在着融通的可能契机，民本与民主同时指出了政治权力的合理性基础在于民，而不在统治者自身。然而，在对民的阐发上，民本与民主还是存在着明显差异，这种差异极易被我们所忽视。这种差异主要体现在哪里呢？一方面，民本思想是将民视为一个整体来看待，而民主中的民则侧重于作为个体的人。另一方面，二者对个体与政治权力之间的关系的致思也存在着根本不同，民本思想固然十分强调作为个体的民的利益，然而似乎这些个人权利根本无须个人去争取，只需要有一个开明的君主为自己办理好一切就行了，如此一来，在现实政治中，就容易丧失对政治权力的有效制约，从而最终无法维护自身的合法权利。而民主则是以社会中的每一个人争取自己的合理利益为起点的，其并不将期望完全寄托在一种事先确定好的政治权力上，或者可以这样说，建立在民主基础上的政治权力在逻辑上讲是滞后的，也就是只有在每一个人充分争取自己的合理利益之后，才能够有政治权力的存

---

① 牟宗三：《历史哲学》，吉林出版集团有限责任公司 2010 年版，第 27 页。

在，否则就是非法的。正是在这一层面，民本与民主之间凸显出了本质差异，也就是说在思维逻辑层面，民本将政治权力放在了前面，然后在这一基础上主张政治权力应该维护民众合理利益；而民主则是将个体合理利益的诉求放在前面，认为正是基于个体利益才能够产生出所谓的政治权力。可以这样认为，相对于民本而言，显然民主精神更能确保作为个体的合理利益不受侵害，因为政治制度的产生是以此为基础的。而在民本思想那里，个体合理利益的保护皆是依赖于政治权力的，也就是儒家包括荀子在内追求的"王道"，然而在现实政治中，"王道"并不是一种必然，恰恰相反，很多君主都是采用"霸道"的方式来满足一己之私，在这种情况下，个体的合理利益根本无法得到有效保护，人民只能起来反抗从而推翻暴君之统治，荀子将君民关系比喻为舟水关系，也有这一层面的寓意：人民可以像水一样将暴君之舟打翻。显然，从这一层面来理解民本，就是只有在人民的合理利益遭受侵害之后，人民才可能发动推翻暴君的战争，而其现实效果是人民的利益已经遭受了损失。也就是说，在当前的民主建设进程中，荀子单一的民本思想无法从源头上保障每一位公民的合理利益，而必须吸取民主精神的有益成分，那就是以每一位公民的合理利益为出发点，来对政治权力形成有效的制约。

最后，我们也要注意到在荀子政治哲学中，其"性恶"思想与民本思想存在着理论上的矛盾，从而阻碍着向民主政治的转化。为什么这样讲呢？表面上看起来荀子的"性恶"与民本是两个相互独立的结论，其实不然，荀子"性恶"的学说在逻辑上使其民本思想面临着重大的理论难题。荀子认为人性原本是质朴的，然而由于过度欲望的诱导，人们很容易为了自己的私利而造成一种社会纷争，这是荀子对于人性的看法。荀子认为，正是基于人们很容易在现实中造成恶的后果，因此就要"圣人"为民众制定礼义，从而形成一个"群居和一"的社会。然而问题在于，荀子既然认为每一个人都有可能顺从自己的欲望造成一种现实之恶，那么"圣人"真的就可以通过自我修养达到一种不产生任何恶的状态吗？这种理想状态在现实中是可能的吗？生活的常识告诉我们，这只是荀子一种美好的政治理想，也就是存在所谓的圣人作为君主而存在，其实完全意义上的"圣人"在现实中是从来没有的。正是荀子的"性恶"理论，所以建立在"圣人"

基础上的民本并不是最可靠的，因为"圣人"与其他人一样，同样无法逃脱"性恶"，荀子并没有很好地解决"圣人"何以能够脱离"性恶"的理论难题。事实证明，现实中的君主并没有一个是荀子理想中的"圣人"，他们都或多或少地受自身欲望的驱使，从而具有恶的因子，于是，建立在"圣人"基础上的民本便有可能成为一种虚无。我们从荀子"性恶"的理论出发，不难得出一个推论，那就是既然君主也难免"性恶"，因此就必须对其权力进行制约，才有可能与民主精神做到进一步的契合，此即为主权在民，后来的历史进程也充分表明了这一点，自从近代辛亥革命以来，彻底废除了君主专制，尤其是中华人民共和国成立之后，真正做到了人民当家做主，实现了主权在民。

总之，荀子政治哲学中的民本思想尽管十分重视民的地位，然而其与民主政治依然存在着不少差距。其中最为重要的差别就在于：荀子的民本思想的主导者依然是君，也就是说其起点是将希望寄托于一位明君，而并不是从每一位个体的合理利益出发，民本思想依然具有导向君主专制制度的风险，这与民主精神是相违背的。并且，荀子的"性恶"理论也很难确保君的行为始终符合于民的利益，因为君作为个体始终存在着欲望的干扰，也极容易造成恶的现实后果，如果作为君主无法摆脱"性恶"的话，也就根本无法体现为真正的民本和民主。因此，荀子的民本思想强调了民的地位和作用，这一点是值得肯定的，然而同时我们也必须认识到，荀子的民本与现代的民主之间依然存在着较大的距离，需要我们深入探讨二者之间的联系与差别，以期为我们当前社会的民主建设提供有益的理论支撑，从而实现从民本到民主的转化，切实保障每一位公民的合法利益，维护社会的和谐稳定。

第四节　荀子与西方政治哲学思潮

西方政治哲学内容庞杂，内部思潮风起云涌，并且不仅各种思潮之间有着巨大的差异和千丝万缕的联系，就是同一思潮内部哲学家的观点也不尽相同，因此，不同思潮的划分在本质上只是将一些有共同思想倾向的哲学家列为一个阵营，而并不必然意味着这一阵营中每一位思想家的主张是完全相同的。自近代以来发展到当代，西方政治哲学出现并形成了如下几个主要的思想潮流：自由主义、功利主义、社群主义、共和主义、分析的马克思主义、后现代主义及女权主义。这些不同的思潮除了存在着观念上的主要差异之外，同时也存在着或多或少的联系，或者说其主要观念上的差异存在着一个共同的文化根基，这个文化根基就是西方近现代文明，因此其话语体系必然与根植于中国古代文化传统的荀子政治哲学有着较为显著的差异，首先这表现为中西方文化的差异性。然而，尽管中西方文化存在着一种方向性的差异，荀子政治哲学与西方政治哲学思潮有着极为不同的致思理路，然而我们并不能否认其关注的问题存在着一致性，这些共同关注的问题从大处讲便是如何构建一个稳定的社会秩序，如何处理个人与社会的关系问题等。

其中，西方政治哲学中的自由主义、功利主义及社群主义尤其能够与荀子政治哲学产生一种对话机制，促使荀子政治哲学完成其现代转化。因此，本书打算分别从这三种主要的政治哲学思潮对荀子政治哲学进行审视，以期沟通荀子政治哲学与西方几个主要政治哲学思潮的联系，进一步发现荀子政治哲学中的不足之处，同时也肯认其中一些能够超越时代、跨越国界的思想价值。既然需要将荀子政治哲学与西方的自由主义、功利主义及社群主义进行沟通的尝试，那么我们首先要了解一下自由主义、功利主义及社群主义主要的思想特征。菲利普·塞尔兹尼克（Philip Selznick）认为："自由主义是一个多面向的传统，而不是一个界定良好的意识形态或假定和结论的严密体系。"① 确实如此，同属自由主义这一传统中的思想家的观点不尽一致，然而我们可以找出他们一致的东西，那就是自由主义普遍强调对个体的尊重，将个体的利益放在首位来加以考虑，对个人权利的关注多于对个人义务的关注。而功利主义则是追求一种最大幸福的原则，正如约翰·穆勒（John Stuart Mill）所讲："把'功利'或'最大幸福原则'当作道德基础的信条主张，行为的对错，使它们增进幸福或造成不

---

① ［美］菲利普·塞尔兹尼克：《社群主义的说服力》，马洪、李清伟译，上海人民出版社2009 年版，第 7 页。

幸的倾向成正比。"① 也就是说,功利主义最终追求的是一种整体的最佳效果,然而这种追求整体效果的目的有时候又与自由主义倡导的个体优先不相矛盾,比如倡导功利主义的穆勒同时又是一位自由主义者,他极为重视个体的利益和自由,他认为社会的最大功利正是建立在满足每一位个体的利益基础上的。社群主义则是对自由主义传统的一种纠偏,也就是说社群主义者并不是自由主义传统的对立面,而是自由主义内部的一种自我调整。社群主义者看到了自由主义存在的弊端,这种弊端主要表现为自由主义过于重视个体,相对忽视整体,而社群主义则普遍倾向于一种整体的利益考量,认为在某些特定情况下,个体利益应该做出牺牲服从整体的安排,正如姚大志对自由主义与社群主义所做出的区分:"自由主义本质上是一种个人主义,它主张个人是唯一的主体,人们只是为了更好地实现自己的利益才从事合作,并组成共同体;社群主义本质上是一种集体主义,它主张每个人都出生于社会共同体之中,不是个人优先于社会(共同体),而是社会(共同体)优先于个人。"② 自由主义与社群主义争论的焦点就在于个体拥有的权利是否应该有一定的界限或者说有什么样的界限。

　　通过将荀子政治哲学分别放在自由主义、功利主义及社群主义的视野下去审视,我们可以较为清楚地看到他们之间的契合与差异之处,同时也可以更为深刻地理解荀子政治哲学自身的利弊得失,以及为我们在当今时代背景下克服荀子政治哲学不适应时代发展之处提供有益的指导,并为我们利用借鉴荀子政治哲学的合理之处提供了更为广阔、更为客观的视野。总而言之,我们之所以要对荀子政治哲学进行研究,不仅仅是要梳理清楚荀子政治哲学之原貌,这只是一个基础,更为重要的是在理解荀子政治哲学原貌的基础上,要顺应时代的发展,通过与其他文化思潮的对话与交流,赋予其崭新的时代意义,这便是我们在当前时代研究荀子政治哲学的最终目的,也就是说,一切古代的文化形态都不应该保持着故步自封的状态,而应该以一种更加开放与包容的姿态完成其适应时代潮流之蜕变。下面,我们就分别从自由主义、功利主义及社群主义的视野来对荀子政治哲

---

① [英] 约翰·穆勒:《功利主义》,徐大建译,上海人民出版社 2008 年版,第 7 页。
② 姚大志:《正义与善:社群主义研究》,人民出版社 2014 年版,第 2 页。

学加以重新审视，争取从不同的视角来深入发掘荀子政治哲学的利弊与得失。

一　自由主义视野下的荀子政治哲学

自由主义在西方政治哲学中具有悠久的历史与深厚的理论根源，其中，英国哲学家洛克是古典自由主义的代表，他也是自由主义的奠基人，洛克将自然法放在首要的位置，认为基于自然法，人的生命、自由与财产等自然权利不可剥夺。同时，洛克认为，国家及政治权力之所以能够合理地存在，完全是建立在每一位个体同意基础上的，并且这种同意是通过社会契约的形式将自然权利转让给国家，如果没有个体的权利转让，国家便丧失了其理论根基，洛克认为："人类天生都是自由、平等和独立的，如不得本人的同意，不能把任何人置于这种状态之外，使受制于另一个人的政治权力。任何人放弃其自然自由并受制于公民社会的种种限制的唯一的方法，是同其他人协议联合组成为一个共同体，以谋他们彼此间的舒适、安全和和平的生活，以便安稳地享受他们的财产并且有更大的保障来防止共同体以外任何人的侵犯。"[①] 也就是说国家在本质上是为保护个体而存在的，没有个体对自己自然权利的转让，就不可能有国家的存在。显然，自由主义的奠基人洛克将个人的自然权利作为其首要考虑的目标，认为国家与政治权力在本质上讲只是保护这种个人自然权利的手段，其实在荀子那里，国家的结成也同样作为保护个体的一种手段，在这一点上洛克与荀子有着契合之处。然而，不同的是，洛克与荀子从个体进入国家的方式并不形同，在洛克那里，国家的形成完全是建立在个体自愿的社会契约基础上的，并没有其他任何外力的促使，因为在洛克看来，自然法为一切有理性的动物所能理解；而在荀子那里则不然，荀子认为国家之所以能够成立完全得益于"圣人"的一己之力，自然状态中的个体似乎永远没有能力依靠自身来实现一种和平状态，他们之间无法达成一种如洛克所讲的契约关系，而必须依靠一种外在的他力，也就是依靠"圣人"的"制礼义"，自然状态中的个体才能真正实现"群居和一"。

---

① ［英］洛克：《政府论·下篇》，叶启芳、瞿菊农译，商务印书馆 1964 年版，第 59 页。

荀子是中国先秦时期儒家思想的集大成者，约翰·洛克是 17 世纪英国古典自由主义思想的代表人物，二者都将对人类社会的形成和发展有着深入的思索，形成了各自的政治哲学思想。荀子生活在战国中后期各个诸侯国战争频繁的时期，处在奴隶社会向封建社会过渡的时期；而洛克则生活在英国内战时期，此时西方的封建社会正处于没落时期，个人自由思想开始觉醒，这就导致了二者的政治哲学既有思考起点的一致性，同时也呈现出鲜明的中西方差异性及时代差异性。荀子与洛克在探寻人类政治社会的起源时，都关注了人类的自然状态。但是二者对人类自然状态的认知并不相同：荀子认为，人类在欲望的驱使下，自然状态必然是充满纷争的；而洛克则认为，自然状态中的人是充满理性的，他们天然地遵循自然法的要求而倾向于和平。正是由于对人类自然状态认知的不同，导致荀子与洛克采取了不同的社会建构路径：荀子认为必须依靠君权来制定出约束个人欲望的礼，才能够使人类走出充满战争的自然状态；而洛克则认为人类会在充满理性的自然法的指引下，可以通过契约的方式结成社会共同体，从而克服自然状态中的不足。

我们通过比较可以发现，在以君权为中心的荀子政治哲学和以契约为中心的洛克政治哲学中，个人与社会之间的关系存在着很大的差异：在荀子那里，君主是整个社会的主导者，忽视了个人在社会中的地位和作用，极容易导向君主专制，引发个人与社会之间的冲突；而在洛克那里，个人是组成社会的主导者，个人可以通过契约的形式结成社会，从而实现一种长久的和平，然而，当代表社会的立法机关不遵守契约之时，个人与社会的关系就会重新进入战争状态，从而导致社会的瓦解。其实，荀子与洛克都没有消除个人与社会之间存在的张力，个人与社会之间始终存在着冲突的风险，通过对二者政治哲学中个人与社会关系的梳理，有助于我们加深对个人与社会关系的理解，从而更好地维护个人权利与社会安定。

西方自由主义奠基人——洛克与中国先秦儒学的集大成者——荀子的政治哲学有着契合之处，这种契合之处主要体现在，二者都认为之所以要有国家主要是因为个体需要一种保护，只有在国家的制度之下，个体的利益才有可能得到保障，个体之间也才有可能实现一种和谐相处。洛克讲："虽然人们在参加社会时放弃他们在自然状态中所享有的平等、自由和执行权，而把它们交给社会，由立法机关按社会的利益要求的程度加以处理，但是这只是出于个人为了更好地保护自己、他的自由和财产的动机（因为不能设想，任何理性的动物会抱着每况愈下的目的来改变他的现状）……以防止上述三种使自然状态很不安全、很不方便的缺点。"① 由此可见，洛克认为国家的成立是为了克服个体在自然状态中的不安全与不方便，质言之，国家只是一种保护个体的手段而非最终目的。同样，荀子认为处于自然状态中的个体也很容易陷入一种争斗与纷争之中，必须依靠组成社会，建立国家才有可能改变"群而无分则争"的自然状态，荀子讲："人生而有欲，欲而不得，则不能无求；求而无度量分界，则不能不争；争则乱，乱则穷。先王恶其乱也，故制礼义以分之，以养人之欲，给人之求。"（《荀子·礼论》）很显然，一旦"制礼义"之后，便具有了国家的形式从而走出了原本的自然状态，个体正是依靠在具备礼义的社会之中才能实现"养人之欲，给人之求"，从而实现一种"群居和一"的社会，正如廖名春所认为："荀子不但提出了'群'的概念，而且对有关社会国家的起源，人群团体的组成，以及社会国家中的阶级、制度等，都提出了极为精辟的见解。"② 也就是说，荀子认为国家之所以能够成立，在本质上是因为处于自然状态中的个体很容易陷入纷争的状态，必须依靠"阶级、制度"等外在措施才能够实现人类的"群居和一"。由此看来，不管是西方倡导自由主义的洛克还是中国儒家的荀子，他们对于国家形成的看法存在着一致之处，那就是，国家是为了保护个体免受伤害的有力武器，是人类走出自然状态的必由之路。

尽管洛克与荀子都认为国家是为了保护个体而存在的，然而二者对个体如何结成国家的理解并不相同。在洛克那里，个体通过一种完全自发的自觉行为结成社会契约，从而实现国家对个体的保护，也就是说，作为自由主义者的洛克始终将个体放在首要位置，认为国家之所以能够成立完全是由个体的努力所致，每一位个体在国家的形成过程中都处于主动地位，洛克讲："无论基于政府本身的实践或基于正当理性的法则，一个孩子生

① ［英］洛克：《政府论·下篇》，叶启芳、瞿菊农译，商务印书馆 1964 年版，第 8 页。
② 廖名春：《〈荀子〉新探》，中国人民大学出版社 2014 年版，第 93 页。

来并不就是国家或政府的一个臣民。在他到达成年以前，他处在他父亲的教养和权威之下，到了成年，他便是一个自由人，可以随意地使自己处于哪个政府之下，加入哪个国家。"① 也就是不仅国家的产生依赖于个体的意愿，就是个体对不同政府和国家的选择也是建立在完全自愿基础上的，因此很明显在洛克的国家理论中，个体是占有主导地位的，国家只是基于个体之间达成社会契约的产物。并且，个体也是国家形成的原动力，不需要任何其他任何的外部推动力，不同的个体之间就会自觉地缔结社会契约从而形成国家，"在洛克建构政治社会的契约进路中，政治权力以个人主义为合法性基础，以公众福利的达成为运行宗旨"②，确实如此，洛克的国家理论蕴含着浓郁的个人主义倾向，其本质上是一种以个体为主导的国家理论。而反观荀子的国家理论，我们可以发现，个体在国家的形成中并不占主导的地位，也就是个体并不具备自觉的能力来形成国家，而必须依靠一种外力来促使他们进入国家层面。这种外力就是荀子理想中的"圣人"给予的，荀子讲："天下者，至重也，非至强莫之能任；至大也，非至辨莫之能分；至众也，非至明莫之能和。此三至者，非圣人莫之能尽。故非圣人莫之能王。"（《荀子·正论》）荀子认为治理天下这一重任，只有"圣人"才能够承担得起，换言之，国家之所以能够建立，也完全是建立在"圣人"为每一个人"制礼义"基础上的，因此，"圣人"才是形成国家的关键因素，在荀子看来，如果没有"圣人"的出现，人们就不会走出充满纷争的自然状态而进入国家状态。

显然，在洛克和荀子的国家形成理论中，个体所占据的地位是完全不同的，洛克认为个体完全有能力通过自觉地结成契约关系而进入国家状态，而荀子则否认了个体能够自觉进入到国家状态的可能性，认为必须依靠"圣人"的出现为个体"制礼义"。也就是说，洛克与荀子对个体作用的重视程度是完全不同的，正因为作为自由主义奠基者的洛克以个体为起点来构建国家理论，因此其必然倾向于保护个体的正当利益，国家制定的

---

① ［英］洛克：《政府论·下篇》，叶启芳、瞿菊农译，商务印书馆1964年版，第73页。

② 张会芸：《父权与同意：洛克的政治人类学与国家建构》，《华中科技大学学报》（社会科学版）2014年第1期。

一切设计均是从个体利益这一原点出发的。而在荀子的国家理论中，由于一切礼义制度均是由"圣人"依靠一己之力为每一位个体制定的，因此这所有的制度设计都是在一对多的情境下产生的，也就是单个的"圣人"为众多的社会个体制定一套能够普遍适用的制度规范，很显然这些制度设计是由"圣人"为个体制定的，而并不是以每一位个体为原点加以设计的，其是否能够适应不同个体的利益诉求便成为一个很大的疑问。因此，荀子的国家理论存在着一种不可避免的缺陷，那就是很容易导致对个体正当利益的忽视，荀子的国家理论也确实对后来君主专制的确立负有不可推卸的责任，荀子理想中的"圣人"蜕变为现实中的君主，一切国家制度与政策的制定均由君主起着主导作用，而作为个体则完全淹没在了国家之中。我们从洛克的国家理论的视域对荀子的国家理论加以审视，就很容易发现荀子国家理论的问题所在，那就是其在一定程度上忽略了个体，在国家的形成过程中个体并没有积极参与其中并占主导地位，这与洛克的由个体到国家的路线是明显不同的。也就是说，荀子的国家形成理论在一定程度上缺少了个体发挥能动性的环节，一切都是由"圣人"来加以安排的，"圣人"在获得了无限权力的同时，也承担着无限的责任，社会的一切礼仪规范完全由"圣人"也就是现实中的君主一人所制定，正如美国汉学家倪德卫所认为："荀子似乎承认国王可以制定之，假如他完成了他的道德教育，并具有圣人之德。"[1] 也就是说君主为每一位个体完全操办了所有的事情，对于国家制度的任何设计似乎个体都没有必要参与其中，只需要听从君主的安排就可以了，显然，这是不利于个体利益的维护的，更不利于社会的长久发展。首先，君主一人之德根本无法包含所有社会个体的现实利益关切，也就是说希望通过君主的一己之力来照顾到所有不同个体的利益是不太现实的；其次，君主首先也是作为个体的人而存在的，其必然也包含私的成分，纯然之德在本质上只是一种理想，这种君主的个人之私很容易使君主利用手中的无限权力，从而导向君主专制的深渊，造成对个体利益的伤害并阻碍社会的进步。因此，我们有必要对荀子国家理论中忽略个体的

---

① ［美］倪德卫：《儒家之道：中国哲学之探讨》，［美］万白安编，周炽成译，江苏人民出版社 2006 年版，第 59 页。

部分加以纠正，而洛克国家理论中对个体的重视恰好可以有效地弥补荀子国家理论的这一不足之处，其实自由主义这一思想流派最为重要的特征之一便是对个人主义与个人权利的高度重视，这正是荀子政治哲学中容易忽略的地方，所以积极吸取自由主义思想中的合理因素，有助于荀子国家理论的现代转化。我们从西方自由主义的奠基者洛克那里，便可以看到其国家理论与荀子国家理论的显著差异之处，有助于我们正视荀子政治哲学中的不合理因素并对其进行有效的纠正。

自由主义对个体的重视与强调是其一贯所坚持的原则，洛克作为古典自由主义的代表人物，在其国家形成理论中集中凸显了个体对国家构建的能动性及个体利益的首要地位。在当代，自由主义思想又展现了新的时代特征，同样需要引起我们的重视。当代自由主义思潮同样强调对个体的重视，只是他们的侧重点有所不同而已，其中罗尔斯（John Bordley Rawls）侧重的是自由主义中个体平等的一面，诺奇克（Robert Nozick）侧重的是以"最低限度的国家"来捍卫个体的具体权利，德沃金（Ronald M. Dworkin）则着重强调坚持个体权利的优先性。我们可以发现，不管是罗尔斯对于个体之间平等的强调，还是诺奇克最低限度的国家理论及德沃金对个体权利优先性的重视，这些思想都是荀子传统政治哲学中比较匮乏的，因此积极吸取这些适应时代发展的思想，以促进荀子政治哲学的现代转化便成为大势所趋，换言之，荀子政治哲学需要以开放的态度吸收当代自由主义思想中的合理因素，以弥补自身的不足之处。

罗尔斯作为实现当代自由主义新发展的重要代表人物，大力倡导一种平等的自由主义，其代表作《正义论》充分表达了这一观念，无疑罗尔斯所讲的平等首先是立足于个体的，没有个体地位的确立，也就无所谓平等观念的产生。由此，我们也可以发现，在荀子政治哲学中就不存在这样一种建立在个体基础上的平等追求，如果说存在一种平等观念的话，也只是从一种模糊笼统的整体概念出发，并没有具体到个体的层面，如荀子讲："涂之人可以为禹，曷谓也？曰：凡禹之所以为禹者，以其为仁义法正也。然则仁义法正有可知可能之理，然而涂之人也，皆有可以知仁义法正之质，皆有可以能仁义法正之具，然则其可以为禹明矣。"（《荀子·性恶》）这里荀子只是在总体上讲每一位个体都存在"为禹"的可能性，这可以讲是一种天然的平等，然而并没有涉及不同个体之间在现实社会条件下应该具有的地位上的平等。相反，在罗尔斯那里，关注的恰恰是不同个体应该具有的在现实地位上的平等，甚至机会上的均等，罗尔斯通过正义的两个原则表达他的平等理念："第一个原则：每个人对与其他人所拥有的最广泛的平等基本自由体系相容的类似自由体系都应有一种平等的权利。第二个原则：社会和经济不平等应这样安排，使它们（1）被合理地期望适合于每一个人的利益；并且（2）依系于地位和职务向所有人开放。"① 罗尔斯为了实现正义的这两个原则，进一步引入了达成正义的"原初状态"的理论，罗尔斯认为在"原初状态"中最重要的一环便是所有人都处于一种"无知之幕"当中，罗尔斯这样描绘"原初状态"与"无知之幕"："原初状态的观念旨在建立一种公平的程序，以使任何被一致同意的原则都将是正义的……而为了达到此一目的，我假定各方处于一种'无知之幕'的背后。他们不知道各种选择对象将如何影响他们自己的特殊情况，他们不得不仅仅在一般考虑的基础上对原则进行评价。"② 也就是说，罗尔斯认为正义之所以能够成立需要具有两个方面的主要因素：首先正义必须建立在不同个体"一致同意"的基础之上；其次每一位个体必须假定处于一种"无知之幕"中，不受属于自己特殊利益的干扰和影响。

我们从罗尔斯主张正义的自由主义来审视荀子政治哲学思想，可以发现荀子的正义思想并不是立足于个体的，并且荀子认为作为个体也根本无法不受自己特殊利益的干扰，处于自然状态的个体注定追逐各自的利益而处于一种纷争状态。如果说罗尔斯认为个体处于一种对各方利益不偏不倚的"无知之幕"与平等的"原初状态"是可能的话，那么荀子则认为"原初状态"注定充满着纷争，荀子讲到："人之生，不能无群，群而无分则争，争则乱，乱则穷矣。"（《荀子·富国》）也就是说，荀子认为处于"原初状态"的个体之间是"争则乱"的，各自受自己欲望的驱使："人

① ［美］约翰·罗尔斯：《正义论》，何怀宏、何包钢、廖申白译，中国社会科学出版社2009年版，第47页。

② ［美］约翰·罗尔斯：《正义论》，何怀宏、何包钢、廖申白译，中国社会科学出版社2009年版，第105页。

生而有欲，欲而不得，则不能无求；求而无度量分界，则不能不争；争则
乱，乱则穷。"（《荀子·礼论》）个体依靠自己的能力根本无法摆脱这种
"争则乱，乱则穷"的"原初状态"，因此在荀子那里，个体之间并不能
达成如罗尔斯所理想的那种"一致同意"的"原初状态"。究其根本原
因，就在于在荀子那里个体并不具备达成正义的任何条件，而只有依靠
"圣人"的出现才有可能给他们带来某种意义上的正义，然而这种正义远
非个体之间的平等，更主要是指社会整体的稳定性，荀子多次提到"正"
这个概念，如荀子讲："礼者，所以正身也；师者，所以正礼也。"（《荀
子·修身》）又讲："不学问，无正义，以富利为隆，是俗人者也。"（《荀
子·儒效》）很显然，不管荀子单独讲"正"还是与义连在一起讲正义，
都是从一种整体性的义出发，而并不指个体之间的公平与平等。其实，荀
子想当然地认为只要社会整体上实现了一种正义，那么个体之间自然就实
现了平等，这正如我们在前面提到的，其实如果不从个体出发来制定正义
的标准，单纯依靠"圣人"的一己之力来"制礼义"，最终很难保证实现
个体之间的真正平等，这种"制礼义"的特权往往会被现实中的君主利
用，从而滑向君主专制的深渊。因此，通过罗尔斯平等自由主义的视域来
审视荀子的正义观，有助于我们纠正荀子忽略个体单纯强调整体的倾向，
从而实现个体之间真正的平等。

而当代自由主义的另一位代表人物诺奇克（Robert Nozick）则通过力
主"最低限度的国家"来充分保护个人的具体权利，其被认为是极端自由
主义的代表。其实，所谓的极端自由主义无非侧重的是对个体权利的保
护，这与洛克的学说是一脉相承的。而这在荀子政治哲学中依然是缺乏
的，荀子更关注于实现社会整体的"群居和一"，如果说诺奇克力主缩减
国家和政府的权力范围的话，那么荀子则恰好相反，其是力求扩大国家的
权力范围以实现社会的整体稳定，可以说诺奇克与荀子对于国家权力界限
的主张是完全不同的。诺奇克认为："我们关于国家的主要结论是：能够
得到证明的是一种最低限度的国家（minimal state），其功能仅限于保护人
们免于暴力、偷窃、欺诈及强制履行契约等；任何更多功能的国家都会侵
犯人们的权利，都会强迫人们去做某些事情，从而也都无法得到证明；这

种最低限度的国家是令人鼓舞的，也是正当的。"① 诺奇克认为，作为"最低限度的国家"除了保护人们的基本权利之外，永远不能入侵属于个人的私人领地，也就是不能对个体形成一种"强迫"。而在荀子那里，这种"强迫"恰恰是形成"群居和一"社会的必然要求，也就是用一套整齐划一的礼义来对所有个体的行为进行规范，荀子讲："故人无礼则不生，事无礼则不成，国家无礼则不宁。"（《荀子·修身》）显然，在荀子看来每一个人都必须遵循礼才能够做到"人生""事成"及"国宁"，否则的话将会一事无成。很显然，从诺奇克"最低限度的国家"的视角看，荀子这种无所不及的礼便极容易侵犯到属于个人自由的领地。确实如此，在荀子那里，一旦"圣人"制定出一套固定的礼义，那么所有的人便要遵循这一套礼义来生活，很显然，这确实妨碍了个体的自由选择，阻碍了个体自主能动性的发挥，不利于社会中个体的发展，在根本上讲也不利于整个社会的进步和发展。因此，作为当代极端自由主义代表人物诺奇克的"最低限度的国家"可以给我们带来有益启发，那就是要尽量对荀子政治哲学中过于强势的国家权力予以限制，以保证个体的自由不被过多干涉和侵害。

在另外一位当代自由主义代表人物德沃金（Ronald Dworkin）那里，权利的优先性被着重地予以关注，德沃金所提及的权利主要是指个人权利，并将个人权利与集体目标加以区分，在这一点上显然也是与荀子极为不同的，荀子明确地将个人权利消融在了集体目标之中，个人并不具备独立的权利，一切个人的行为都是为了实现"群居和一"的整体目标。德沃金明确地讲："个人权利是个人手中的政治护身符。当由于某种原因，一个集体目标不足以证明可以否认个人希望什么、享有什么和做什么时，不足以证明可以强加于个人某些损失或损害时，个人便享有权利。"② 也就是说，德沃金将个人权利与集体目标做了一个明显的区分，认为个人权利并不是天然地就应该服从于集体目标，不能以集体目标为借口来侵犯个人权利，正如姚大志所认为的那样："通过建立原则与政策的区别及个人权利

---

① ［美］罗伯特·诺奇克：《无政府、国家和乌托邦》，姚大志译，中国社会科学出版社2008年版，前言第1页。

② ［美］罗纳德·德沃金：《认真对待权利》，信春鹰、吴玉章译，上海三联书店2008年版，第7页。

与集体目标的区别，德沃金表明个人权利是一件关于原则的事情，集体目标则是一件关于政策的事情。"① 质言之，个人权利与集体目标是完全不同的两件事情。而在荀子那里，个人权利则完全服从了"群居和一"这一集体目标，荀子讲："凡用血气、志意、知虑，由礼则治通，不由礼则勃乱提僈；食饮、衣服、居处、动静，由礼则和节，不由礼则触陷生疾；容貌、态度、进退、趋行，由礼则雅，不由礼则夷固僻违，庸众而野。"（《荀子·修身》）为什么个人无论做什么都要"由礼"呢？根本上是因为荀子认为只有遵循礼才能走出充满纷争的自然状态，实现"群居和一"的社会秩序。显然，在荀子的政治哲学中，集体目标完全压倒了个人权利，或者说荀子认为实现集体目标就是为了个人权利，个人权利完全是与集体目标相一致的，因而个人权利完全淹没在了集体目标之中。其实，一旦个人权利淹没在了集体目标之中，个人权利就丧失了其主动地位，而是跟随这集体目标而变化，一种随着外在集体目标不断改变的个人权利其实也就谈不上是一种权利，实质上在荀子那里无形中已经取消了个人权利的合法性，无疑，德沃金对权利优先性的重视，以及对个人权利与集体目标加以区分的做法，确实有助于我们认清荀子政治哲学在某种程度上对集体目标过于重视从而导致忽略个人权利的倾向，要想实现荀子政治哲学的现代转化，就必须重视对个人权利的保护，对个人权利与集体目标的关系进行一种重新审视。

总之，从自由主义的视域对荀子政治哲学进行一番重新审视，有助于我们发掘荀子政治哲学的不足之处。与自由主义理论相比，荀子政治哲学的不足之处主要体现在其相对忽略了个体的能动性，过于追求一种社会整体的效果，从而很容易导致对个体利益的忽视，使个人完全淹没在了社会之中，这显然不利于个体的自由发展，也不利于社会的长远进步。因此，通过将荀子政治哲学与自由主义理论进行对话，可以使我们更加重视个体在促进社会发展中的积极作用，从而实现个人与社会之间的良性互动，保障个人自由并促进社会进步。

---

① 姚大志：《当代西方政治哲学》，北京大学出版社 2011 年版，第 89 页。

二　功利主义视野下的荀子政治哲学

功利主义也是西方政治哲学中的一个重要流派，古典功利主义的创始人是边沁（Jeremy Bentham），而将功利主义理论进一步发展并趋于完善的则是穆勒。边沁主张的功利主义在本质上追求"最大幸福原理"，认为幸福就是快乐和免于痛苦，不幸则是痛苦与丧失快乐，所有行为的标准都应该以能否增加幸福来评判，人们追求最大数量的快乐是符合功利主义的要求的。很显然，边沁的这种仅仅以快乐的数量来评判"最大幸福"的主张是不完善的，并且也极容易导致一种极端个人主义的倾向。穆勒对边沁的功利主义思想则进行了完善和发展，穆勒认为快乐不仅仅有数量的区分，而且还有质量的区分，也就是说，某一种快乐可能在量上是少的，然而其在质上却是大的，这便是高级快乐与低级快乐之分，这就克服了边沁单纯以数量来衡量快乐与幸福的片面性。同时，穆勒对"最大幸福原理"的理解也与边沁有了不少差异，穆勒认为最大幸福是就全体来讲的，而并不是仅仅就个人一己之幸福来讲的，但穆勒也认为每一个人实现自己的最大幸福，在无形中也就增加了全体幸福的总量，实现全体最大幸福的合理有效方式便是尽量实现个人的最大幸福，从对个人的强调这一层面来讲，穆勒既是一位功利主义者，同时也是一种自由主义者。不管怎样，穆勒完善和发展了古典功利主义，是功利主义的卓越代表人物。当代功利主义发展主要有以黑尔（Hare）为代表的行为功利主义、以布兰德（Brand）为代表的规则功利主义和以哈丁（Hardin）为代表的制度功利主义，姚大志认为："这些当代的功利主义者大都抛弃了传统功利主义对功利的直接诉诸，而试图把正义、平等和权利等观念包容在自己的理论体系之内。"[1] 然而，尽管不是对功利的"直接诉诸"，功利主义者们对行为后果的强调是始终如一的，不管是行为功利主义、规则功利主义还是制度功利主义，都是为了追求一种社会功利的最大化。而反观荀子的政治哲学，我们也同样可以发现荀子的功利主义色彩，这主要体现在荀子对现实功用性的强调，比如荀子对孟子的批判主要集中在其"性善"理论的"张而不可施行"，也就

是认为孟子讲"性善"对现实的改变并没有起到任何效果，一种理论只有能够对现实产生良好的效果才是可行的，这便是荀子讲的："凡论者，贵其有辨合，有符验，故坐而言之，起而可设，张而可施行。"（《荀子·性恶》）在本质上讲，荀子认为实现一种"群居和一"的社会就是一种最大的功利，而孟子的"性善"理论对实现"群居和一"是没有任何价值的，荀子认为只有依靠"圣人制礼义"才能够确保"群居和一"的社会秩序。因此，荀子"群居和一"的政治理想在某种程度上讲就是追求功利的最大化，与西方功利主义思想具有一定的契合之处。

然而，同时我们也应该看到，荀子追求实现社会功利最大化的方式与西方功利主义者都不同。二者的差异主要体现在西方功利主义是基于个体来追求一种整体的功利，也就是认为实现社会幸福的最大化的最好方式便是实现个人幸福的最大化，这一点在古典功利主义者穆勒那里体现得尤为明显，其实即使在当代功利主义者那里，尽管他们强调了正义、平等诸要素的作用，然而本质上讲功利主义者都十分重视个人功利的实现在整体功利中的地位，而在荀子那里则有意无意地忽视了个体功利的实现，他的目标直指一种社会的整体功利。因此，本章就打算以功利主义的最重要代表人物穆勒为例，对荀子政治哲学与穆勒的功利主义思想加以比较，更多的是通过功利主义的视域来审视荀子"群居和一"的社会理想，找出其中的契合之处，同时也发现其中的明显差异，以期我们能够更清楚地看到荀子"群居和一"思想的利弊得失，有利的地方要加以发扬，而有弊的地方要能够克服，从而实现荀子政治哲学的现代转化。

首先，荀子积极追求实现一种"正理平治"的社会秩序是值得肯定的，这也是其与西方功利主义思想不谋而合之处。如荀子讲："凡古今天下之所谓善者，正理平治也；所谓恶者，偏险悖乱也。是善恶之分也矣。"（《荀子·性恶》）也就是说，荀子认为实现社会的"正理平治"也就是一种最大的功利，即最大的善。很明显，荀子是从效果论的层面来判断善恶的，他认为凡是有利于现实社会的行为便是善，给现实社会造成混乱的行为便是恶，这与孟子从人性内在的发端处来判定善恶有了明显的差异。其实，这也正是荀子与西方功利主义思想的相同之处，功利主义在本质上讲也十分重视行为产生的后果。如穆勒就认为："把'功利'或'最大幸福原理'当作道德基础的信条主张，行为的对错，与它们增进幸福或造成不幸的倾向成正比。"① 也就是说，判断一种行为的对错，完全是看这种行为能否产生"幸福"之结果。这就如同荀子将能否通过礼义实现社会的"正理平治"来判定一种学说的有效性一样，荀子讲："今人之性恶，必将待圣王之治，礼义之化，然后始出于治，合于善也。"（《荀子·性恶》）荀子认为之所以强调"性恶"，主要是因为正是"性恶"才需要"礼义之化"，而礼义是实现社会之治与善的关键；而如果如孟子那般强调"性善"的话，也就不需要外在的礼义，也就谈不上实现社会的"善治"："今诚以人之性固正理平治邪？则有恶用圣王，恶用礼义哉！虽有圣王礼义，将曷加于正理平治也哉！"（《荀子·性恶》）也就是说，如果认为人本来就是"性善"的话，那么也就不需要"圣王"，不需要礼义了，自然就可以实现社会的"正理平治"，然而现实经验告诉我们并不是如此，现实社会中充满着各种争斗，依然需要外在的礼义加以规范约束。因此，荀子才认为只有主"性恶"，彰礼义，才能实现社会"正理平治"的现实效果，而主"性善"则是没有任何现实效果的。这种从效果层面来断定一种学说优劣的做法明显带有鲜明的功利主义色彩，这是荀子政治哲学与功利主义的相通之处。

应该说，荀子这种带有功利主义色彩的政治哲学还是具有极大现实价值的，我们知道，荀子作为先秦儒家的集大成者，正是由于其思想具有强烈关切社会现实的经验品格，才在一定程度上实现了儒家由"内圣"而"外王"的政治理想，荀子的礼治思想对后世社会的发展一直产生着深远的影响，尽管荀子通过"圣人制礼"的方式来实现"群居和一"的政治哲学存在着一定的弊端，然而我们依然无法否认其经世致用的价值，当孟子竭力在各个诸侯国奔走宣扬其"仁政"学说而不被采用之时，荀子"群居和一"的政治哲学已经不知不觉地为后世的社会发展勾画出了一个宏伟的蓝图。荀子政治哲学之所以能够对后世社会发展产生如此深远的影响，在根本上讲也是因为其具有功利主义的色彩，其更加注重学说的现实效用，荀子政治哲学的目标其实是很明确的，就是为了实现"群居和一"的社会

---

① ［英］约翰·穆勒：《功利主义》，徐大建译，上海人民出版社 2008 年版，第 7 页。

秩序，荀子才在考查人性的基础上，得出了"圣人制礼"的社会治理方式，从而构建了一套相对完善的政治哲学体系。

其次，值得我们注意的是，尽管荀子政治哲学与功利主义有着某种相通之处，也就是追求社会的最大功利，然而二者追求这种最大功利的方式并不一致。我们可以看到，在功利主义的代表人物穆勒那里，其认为社会的最大幸福也就是个体最大幸福的总和，因此如果想要实现社会的最大幸福，必然以个体最大幸福的完成为基础，穆勒讲："大多数善的行为都不是为了世界利益，而是为了世界福利由之而构成的个人利益；在这些场合，最有道德的人也只需考虑有关的个人，只有一事除外，即必须确保自己不会为了有关个人的利益损害其他任何人的权利或合法期望。"① 很显然，穆勒认为只有首先从个人利益这一原点出发，才能够促进整体世界利益的增长，脱离了个体利益的世界福利是不存在的，也就是说社会整体的最大功利源于个体的最大功利之和，穆勒明显采取的是一种从个体到社会的思维模式。而在荀子那里，其直接的指向便是追寻社会整体的最大功利，这种最大功利便是其认为的"群居和一"，其思维模式并不是从个人到社会，而是从社会到个人，荀子认为只有实现了"群居和一"的社会秩序，个人的利益才能得到切实保障，也就是用一种社会的最大功利来涵盖了个人的最大功利，荀子讲："孰知夫出死要节之所以养生也！孰知夫出费用之所以养财也！孰知夫恭敬辞让之所以养安也！孰知夫礼义文理之所以养情也！故人苟生之为见，若者必死；苟利之为见，若者必害；苟怠惰偷懦之为安，若者必危；苟情说之为乐，若者必灭。故人一之于礼义，则两得之矣；一之于情性，则两丧之矣。"（《荀子·礼论》）也就是讲人只有遵从礼义，才能"养财""养安"及"养情"，所谓的遵从礼义显然是从社会整体功利的角度来加以制定的；荀子认为如果顺从情性的话，则注定"必害""必危"及"必灭"，显然所谓的顺从"情性"则是从个人功利的角度出发的。由此可知，荀子赞成的是从社会整体功利的角度出发，而不是从个人功利的角度出发，也就是要遵从礼义，而不应该顺从"情性"，而很明显礼义是属于社会层面的，而"情性"是属于个人层面的，

---

① ［英］约翰·穆勒：《功利主义》，徐大建译，上海人民出版社 2008 年版，第18—19页。

也就是说荀子总是用社会的最大功利来压制个体功利，认为个人作为社会的一分子，最终是为实现社会"群居和一"的整体功利而服务的，这其实已经无形中降低了个体在社会中的地位并忽视了其作用，不利于个体能动性的发挥及实现个体功利的最大化。并且，荀子将礼义与"情性"对举的直接后果便导致了礼义的制定并不是来自个体的"情性"，那么我们不禁要问礼义何来的问题，显然礼义只是"圣人"或者说现实中的君主为了实现社会整体稳定的一种工具而已，于是，个体遵循这种单纯为了实现社会整体最大功利的礼义的直接后果便是丧失了对自身最大功利的考虑。可以这样认为，在荀子那里，社会最大功利与个体最大功利是断裂的，或者说荀子认为为了实现社会的最大功利牺牲个体的最大功利是必要的；而在作为自由主义的代表穆勒那里，尽管也强调了个人与社会之间存在着差异，然而其理想中的社会最大幸福始终是以实现个体的最大幸福为基础的，并没有以社会的整体功利压制个体最大功利的实现，反而是以个体最大功利的实现为出发点来达成社会功利的最大化。

由此，我们从功利主义的视域对荀子政治哲学加以审视可以发现，荀子政治哲学与功利主义存在着相通之处，同时也存在着巨大的差异。这种相通之处体现在，荀子政治哲学同样是以追求社会的最大功利为目标的，并且认为对社会现实无法产生良好效果的学说是无用的。然而二者也存在着巨大的差异，那就是荀子政治哲学在追求一种"群居和一"的最大社会效果的时候，并没有考虑个人功利的最大化实现，认为所有个人必须遵循一种统一的礼义从而来保证社会功利的最大化实现，这明显在某种程度上忽略了个体在社会中的能动作用，不利于实现一种个体功利的最大化，最终也不利于个体的自由发展；而在功利主义者那里则始终是以关注个体功利的最大化为出发点的，也就是认为社会功利在某种程度上讲就是个体功利的总和，因而要实现社会的最大功利化，必然是以实现个体功利最大化为前提，很明显在西方功利主义思想中，个体占据着十分重要的地位，与荀子强调社会整体而忽视个体有着明显差异。对荀子政治哲学力求实现一种"群居和一"的社会最大功利化，我们是应当予以肯定的，然而透过功利主义的视域，我们需要反思的是荀子实现社会最大功利的方式，荀子在实现"群居和一"的过程中在一定程度上忽视了个体的能动地位，这是我们需要加以克服的，也就是说我们赞成荀子实现社会最大功利的社会目标，然而并不代表我们完全认同荀子实现这种社会目标所采用的方式。我们需要处理好实现个人幸福与社会幸福之间的关系，不能偏废其一，而功利主义对个人幸福与社会幸福之间关系的理解为我们提供了一种有益的借鉴，有助于我们克服荀子政治哲学单纯追求社会的最大功利而相对忽略个体幸福的倾向，从而实现荀子政治哲学的现代转化。

三　社群主义视野下的荀子政治哲学

社群主义是西方自 20 世纪 80 年代以来兴起的一种崭新的政治思想浪潮，与自由主义和功利主义相比，社群主义的时间要晚得多。社群主义的兴起主要是针对自由主义的，他们是作为自由主义的对立面而出现的，社群主义从不同层面指出了自由主义理论的种种弊端，应该说社群主义是建立在对自由主义思想纠偏的基础上的。

社群主义者基本围绕当代自由主义的代表——罗尔斯展开了争论，他们对罗尔斯的正义理论提出了自己的不同意见，而且他们都站在了一种共同体的立场之上，对当代自由主义理论展开了批判。社群主义的代表人物主要有桑德尔（Michael Sandel）、麦金太尔（Alasdair Macintyre）及沃尔泽（Michael Walzer）。桑德尔分别对罗尔斯的道德主体及契约理论进行了批判，桑德尔认为罗尔斯塑造的道德主体脱离了具体社会现实，成为一种"离群索居的主体"，进而，桑德尔认为罗尔斯的契约理论充满着自律理想与互惠理想的矛盾，如果是自律的话就不能考虑互惠的因素，如果侧重于互惠的层面，那么就很容易冲垮人们的自律意识。并且桑德尔认为，在罗尔斯的"无知之幕"中，人的特性都被祛除了，一旦没有了"多样性"的存在，就不可能建立一种真正的契约关系。最终，桑德尔指出自由主义的根本问题在于没有一种共同体观念，这样一来人们生活的世界就缺失一种内在的目的和意义，而在社群主义的共同体观念中，每一位社会成员都会认同一种共同体感并追寻同一个目标，桑德尔认为人一旦脱离了共同体也就脱离了历史，只能造成缺乏道德深度的人。同样，在社群主义另一位代表人物——麦金太尔那里也十分强调共同体的概念，认为每一个人必须生活在共同体之中，并取得社会认同，才能克服自由主义的道德相对主义，在自由主义那里权利是优先于善的，而麦金太尔对此提出了反对意见，赞同善的优先性，认为正义是以善为基础的，而这种善应该建立在共同体的基础上。另一位社群主义的代表人物沃尔泽认为，不同的社会之善是与不同的社会意义联系在一起的，因此善应该是多元的，正义原则也应该是多元的，这就与罗尔斯追求一种统一的正义标准产生了分歧。沃尔泽进一步认为，分配正义原则具有明显的文化特殊性，处于不同社会文化中的人对相同的善会产生不同的理解，因此，沃尔泽认为真正的平等应该是一种"复合平等"，而不是罗尔斯那样的"简单平等"，他认为每一个社会领域的善是不同的，"复合平等"一方面承认不同的善在各自领域有着不同的分配程序，另一方面则是反对一个领域的善侵入另一个领域的善。总体来讲，沃尔泽坚持一种社群主义的分配正义，注重国家的基础设施建设、公共供给制度及机会平等原则。由此可见，社群主义者尽管批评自由主义的角度不尽一致，然而他们的共同之处都表现出对共同体的肯认，也就是认为自由主义过于强调个体，而忽视了个人永远是存在于社会现实情景中的个人，社群主义认为只有将个人置于一种共同体中才有意义。

很显然，社群主义认为无法将个人脱离具体的社会情景来看待，个人只有在共同体中才能够找到其"安身立命"之处，这种看法确实与荀子"群居和一"的社会理想有着某种一致之处。我们知道，荀子在某种意义上也是认为个人无法脱离社会整体而存在，只有在整体上实现社会的"群居和一"，才能够切实保障个人的利益，也就是说荀子"群"的思想确实与共同体存在着相通之处，"群"就是将个人置于社会整体来加以考虑的。然而，同时我们也应该看到，社群主义毕竟与荀子政治哲学属于不同的思维谱系，二者还是存在巨大差异的。在本质上讲，社群主义只是对自由主义的一种纠正，其思想渊源依然是属于西方自由主义的，社群主义在强调共同体的时候，并没有否认个体的独立地位及其重要性，而只是认为应该从共同体的角度去审视个体，从而纠正之前自由主义过于强调个体弱化社会整体的倾向。我们从社群主义的视域来对荀子政治哲学加以审视，可以更清楚地发现荀子"群居和一"思想的指向，荀子"群居和一"的社会理想无疑具有一种共同体的特点，然而其缺陷是这种社会共同体太过强大与单一，以至于忽略了多样性，而这是与社群主义的共同体观念不同的，社群主义依然强调一种多样性的共同体。因此，我们需要对荀子政治哲学进行一种现代转化，以纠正其理论缺陷，我们可以从荀子"群"的观念出发，打破荀子"群"的单一性，而赋予社会中"群"的多样性，也许这便是社群主义能为荀子政治哲学的现代转化带来的有益启示。

首先，社群主义的共同体观念与荀子"群"的观念有着明显的契合之处。荀子也首先肯定了作为个体的人是不能脱离群体而生存的，荀子讲："水火有气而无生，草木有生而无知，禽兽有知而无义，人有气、有生、有知，亦且有义，故最为天下贵也。力不若牛，走不若马，而牛马为用，何也？曰：人能群，彼不能群也。"（《荀子·王制》）也就是说，人之所以能够与其他动物相区别，完全是因为人"能群"，这在某种程度上肯定了"群"是人区别于其他动物的重要特征。很明显，荀子"群"的概念体现了一种社会性，认为个体只有生活在社会中才具有自己的价值，不能脱离了具体的社会情景而孤立地看待个体，而社群主义对自由主义的批评同样集中在自由主义在某种程度上脱离了具体的社会环境来谈论个体，因而，社群主义者普遍强调共同体概念，这与荀子的"群"确实有着某种一致之处。

其中，社群主义者桑德尔认为："问一个社会是否是一个共同体，也不只是问是否其多数成员恰巧在他们各种不同的欲望中，有一种和他人联合并推进共同体目的的欲望——尽管这可能是共同体的一个特征；而是问这个社会本身是否按照某种方式组织起来的，以至于我们要用共同体来描述社会的基本结构，而不仅仅是这一结构中人的性情。"[1] 很显然，桑德尔是从"社会的基本结构"来探讨共同体，而不仅仅是指人们欲望的联合，这确实与荀子从社会整体来谈"群居和一"思想有着一致之处，荀子同样认为单纯顺从每一个人的欲望是不可靠的，必须依据一种建立在社会整体考虑之上的礼，才能够实现"群居和一"的社会局面。也就是说，不管是荀子的"群"还是桑德尔的共同体，都需要以某种方式组织起来，使不同的个体朝着同一个目标前进。进而，桑德尔认为只有建立在共同体基础上

---

[1] ［美］迈克尔·桑德尔：《自由主义与正义的局限》，万俊人等译，译林出版社2011年版，第195页。

的正义才是可能的，他讲："正义要成为首要的，我们就必须是某一特定类型的生物，与人类环境以某种特定的方式相联系。"① 桑德尔认为人类之间这种联系的"特定的方式"是通过性格与友谊得以实现的，而在荀子那里，个体之间之所以能够"群"则完全是依靠礼义得以实现的，礼义是将个体联系成一个整体的纽带。

麦金太尔则认为自由主义过于强调权利优于善，会造成一种道德上的相对主义，永远无法达成一致，他讲："每种传统都有自己的推理标准；每种传统都提供自己的背景信仰。要提供一种推理，要求助一套背景信仰，就已经假定了一种特殊传统的立场。"② 也就是说，麦金太尔认为过于强调一种"特殊传统"的立场，在根本上将造成不同传统之间的对立，同时造就了道德上相对主义的倾向。因此，麦金太尔认为只有追求一种整体的善才能克服自由主义的道德相对主义，他讲："到目前为止，我已经表明，除非有一种目的，它通过构成整体人生的善（被设想为一个统一体的人生的善）而超越实践的有限利益，否则，不仅某种毁灭性的专断将侵犯道德生活，而且我们也将无法充分地澄清某些美德的语境。"③ 确实如此，麦金太尔一直在追求一种"整体人生的善"，这显然只有在一种共同体内才可以实现，在共同体中作为代表社会整体的善要高于代表具有相对性的个人权利。因此，我们可以发现，麦金太尔对相对主义的道德标准始终有着高度的警觉，他认为从某一个体或者某一特殊群体出发的道德标准是不完善的，是具有偏颇性质的，很明显这与荀子对个体完全顺应自身欲望的否定是一致的，荀子也认为，如果每一个人以自己的欲望作为标准，这个社会势必就会充满纷争和冲突，因此，必须制定一套让全社会的人都能够接受的礼作为行为的最高标准，这种作为最高标准的礼类似于麦金太尔所追求的理想中的"整体人生的善"，麦金太尔的善是面向全体的，面向整

① ［美］迈克尔·桑德尔：《公共哲学：政治中的道德问题》，朱东华、陈文娟、朱慧玲译，中国人民大学出版社 2013 年版，第 151 页。

② ［美］阿拉斯戴尔·麦金太尔：《谁之正义？何种合理性？》，万俊人等译，当代中国出版社 1996 年版，第 460 页。

③ ［美］阿拉斯戴尔·麦金太尔：《追寻美德：道德理论研究》，宋继杰译，译林出版社 2011 年版，第 257 页。

个社会的，同样荀子的礼也是为了追求社会的整体之善，所以说麦金太尔与荀子的共同之处同样在于，他们更加关注一种社会整体的善，而致力于克服以个体为本位的道德相对主义。

另一位社群主义者沃尔泽认为罗尔斯主张一种统一的正义标准是不可靠的，他认为正义原则本身是多元的，不可能单纯用一种标准来加以界定，例如沃尔泽认为："正义原则本身在形式上就是多元的；社会不同善应当基于不同的理由、依据不同的程序、通过不同的机构来分配；并且，所有这些不同都来自对社会善本身的不同理解——历史和文化特殊主义的必然产物。"① 由此，我们可以看到沃尔泽强调了不同历史和社会文化之间的特殊性，然而沃尔泽并没有走向正义的相对主义，他依然认为通过共同体的努力可以实现社群主义的分配正义，沃尔泽讲："但如果把整个地球作为我们的背景，那么，我们就不得不想象尚不存在的东西：一个包括每个地方的所有男人和女人在内的共同体。我们就不得不为这些人发明一套通用的意义，以避免（如果我们能的话）把我们自己的价值强加给他们。并且，我们还不得不为这个假说中的共同体成员（或他们的假定代表）对什么是公正的分配安排和分配模式达成一致意见。"② 也就是说，沃尔泽认为在共同体内各个成员之间是可以就分配正义达成一种一致意见的，并且只有在共同体内人类才能真正实现多元的善，社会善的多元性与共同体并不是相互矛盾的，而是相互依存的。无疑，沃尔泽的共同体观念同样与荀子"群"的观念存在相通之处，沃尔泽所谓的"一致意见"在荀子那里便是以礼义的形式表现出来的，因为在荀子看来，在社会生活中礼义是被每一个人认可的，他讲："故绳者，直之至；衡者，平之至；规矩者，方圆之至；礼者，人道之极也。然而不法礼，不足礼，谓之无方之民；法礼足礼，谓之有方之士。"（《荀子·礼论》）礼就是每一个社会中的人所认同和遵循的准绳，在荀子那里，礼便是作为社群主义者的沃尔泽所追求的理想中的"一致意见"，正是因为每一个体都认同礼，才能够最终形成一种

---

① ［美］迈克尔·沃尔泽：《正义诸领域：为多元主义与平等一辩》，褚松燕译，译林出版社2002年版，第4—5页。

② ［美］迈克尔·沃尔泽：《正义诸领域：为多元主义与平等一辩》，褚松燕译，译林出版社2002年版，第36页。

"群居和一"的社会，这种"群居和一"的社会在某种意义上讲就是一种共同体。

其次，我们需要注意的是，尽管荀子的"群"与社群主义的共同体有着一致之处，然而，我们依然需要认清二者之间存在着的巨大差异。这种差异主要表现在，尽管社群主义十分关注共同体，带有一种明显集体主义的倾向，但是究其实质，其依然是为了追求一种个体的最大发展才依赖共同体的，也就是说社群主义者认为只有属于一种共同体个体才能够更好地安身立命。社群主义只是对西方自由主义的一种纠偏，其在本质上依然是属于自由主义这一思想谱系的，他们只是认为有些自由主义者过于鼓吹一种个人主义，不利于社会的整体发展，从而最终也必然威胁到个人发展，因此他们都提了一种共同体的观念来纠正自由主义内部过于追求个人主义的倾向，也就是说社群主义者其实并没有否定个人主义，而是在对自由主义所持的一种极端个人主义的纠正和完善。而在荀子那里，则是几乎完全否定了个人主义的，荀子的视野从一开始就聚焦在社会整体之上，并不是从个体出发来构建社会，而是从社会出发来规范个人，荀子讲："君谨守之，下皆平正国乃昌。臣下职，莫游食，务本节用财无极。事业听上，莫得相使一民力。守其职，足衣食，厚薄有等明爵服。利往卬上，莫得擅与孰私得？君法明，论有常，表仪既设民知方。"（《荀子·成相》）尤其是"表仪既设民知方"一句强烈地体现了一种社会整体至上的倾向，这种"表仪"完全是为着社会整体的考虑而设置的，而普通民众只需要"知方"就足够了，也就是说，为社会整体而制定出的礼义完全成了民众所遵循的准绳，于是，我们不禁要问，作为个体的民众还存在一种主观能动性吗？在荀子那里，社会的目标似乎将个体完全压制，个体完全淹没在了社会的整体目标之中，从而丧失了自己的主观能动性。于是，在荀子的"群"与社群主义的共同体之间存在着明显的分野，那就是，荀子的"群"存在着过于注重社会整体而压抑个体的倾向，而社群主义的共同体则始终是立足于个体的，社群主义者强调社会善的多元性，而荀子的礼则坚持善的一元论，认为整个社会都可以用一套固定的标准来衡量。荀子从礼的一元论出发，进而忽视了个体强调实现一种社会整体利益，这显然在一定程度上不利于个体的发展，从长远来看也不利于整个社会的发展。因此，从社群主义的视野来对荀子政治哲学进行审视，我们依然可以发现荀子政治哲学的弊病，那就是相对忽视了个体，单纯追求整体的社会效果，我们要想使荀子政治哲学焕发出新的生机与活力，就应该借鉴社群主义者对社会善的多样性的肯定，立足于个体利益来实现"群居和一"的社会，切实保障社会中个体利益的实现，而不至于为了追求社会整体的利益而忽略个人利益，从而实现个人利益与社会利益的良性互动。总之，社群主义的共同体观念与荀子"群"的观念之间还是存在着较大差异的，而这种差异之处恰恰更有利于我们看到荀子政治哲学的不足之处，从而进行一定的完善使其适应时代的发展。

　　总之，荀子政治哲学本身存在着固有的理论难题与弊端，如果要在当代社会发掘其现代价值，就必然要对荀子政治哲学进行现代转化。而这种现代转化的完成，则必须求助于其他不同的文化，也就是说只有积极吸收异质文化的有益部分，才能够促使荀子政治哲学完成自身的更新与发展，适应不断变化的时代环境。那种固守传统而不肯做出改变的做法，非但无法发挥荀子政治哲学的有益价值，反而会进一步扼杀其生命力，我们只有以一种开放包容的心态促使荀子政治哲学与其他文化思潮进行对话，才有可能解决荀子政治哲学的弊端，促进荀子政治哲学的完善与发展。具体来讲，我们可以从不同文化思潮的视域来对荀子政治哲学加以审视，以促成荀子政治哲学的现代转化，当然本书选取几个文化思潮来与荀子政治哲学进行比较只是一种初步尝试，其实还有其他更多不同的文化资源值得我们以后去进一步深入发掘，寻找其对荀子政治哲学的有益补充，荀子政治哲学只有不断适应时代的变化，与当下的各种文化思想进行互动交流，才有可能完成其现代转化，从而焕发出新的生机与活力，并对当今社会的发展产生积极影响。

结　语

　　荀子的政治哲学是围绕着"群居和一"这一目标展开的，可以说实现"群居和一"的社会秩序是荀子政治哲学的最终指向，"群居和一"是荀子的政治理想。荀子之所以如此关切地将"群居和一"作为其政治哲学的目标，主要原因在于当时社会战争频繁，处于一种极度混乱无序的状态，因而如何使社会从战争走向和平便成为荀子关注的焦点。与孟子的"性善说"相反，荀子提出了"性恶"的理论，荀子之所以主"性恶"，主要是因为他看到了现实中人们无休止的争斗，而这种争斗是孟子"性善说"所无法解决的，因此只有从恶的角度审视现实社会，才有可能改造现实之恶，其实荀子讲"性恶"也并非认为人性本恶，而是认为原本质朴的人性在现实中往往会顺从自己的欲望，从而造成人们的彼此争斗，产生一种现实之恶。

　　从某种意义来看，荀子主要是从社会效果来谈"性恶"，而非讲人性本恶。那么如何解决这种现实之恶呢，荀子给出的解决办法是"圣王制礼"，也就是通过"圣王"来制定出礼义，使社会中的每一个人都遵循这种"礼义"，从而做到"化性起伪"，最终实现"性伪合"，一旦每个人都实现了"性伪合"，能够自觉地遵守社会之礼，那么整个社会自然也就实现了"群居和一"，现实之恶于是得到了化解。最终，荀子理想中"群居和一"的社会呈现出一种"维齐非齐"的状态，也就是社会各阶层是一种有差异的存在，在荀子那里的社会阶层主要有君、臣和民，呈现为"君主、民本、臣辅"的社会构成。既然社会阶层是一种有差等的存在，不管君臣关系还是君民关系，在荀子政治哲学中君都处于一种绝对主导的地位，因为君决定着臣的任用和选拔，而民所遵守的礼仪规范在本质上讲也是由君制定的。当然，荀子也没有彻底否定臣和民的能动作用，尤其是他认识到了民的巨大力量，具有一种朴素的民本思想，认为君如果违反了民的最终意志的话，民就有权利推翻君的统治，然而荀子的民本思想其实没有动摇君的主导地位，因为在逻辑上讲，规约民的礼义是产生于取得"圣人"地位的君的，而民的不满与反抗则永远是滞后的。由此，我们可以较为清晰地认识到荀子政治哲学体系的概貌：以"群居和一"为最终的社会理想，以"性恶"作为人性假设，以"圣王制礼"作为实现社会"群居和一"的方式，以"维齐非齐"的君、臣和民的关系作为社会阶层关系的呈现。

然而，我们对荀子"群居和一"的政治哲学进行研究，并不仅仅在于把握荀子政治哲学的体系，而更在于认识到荀子政治哲学存在的理论弊端，发掘其当代意义，并进一步实现荀子的现代转化。由于社会与时代处在不停地变化发展之中，当今中国所处的历史环境较之荀子所处的时代环境已经发生了巨大的变化，因此荀子政治哲学要想对当前社会发挥积极作用，就面临着一个如何实现其现代转化的任务。也就是说，荀子政治哲学是在战国时代产生的，就必然带有那个时代的特点与局限，随着历史的发展，我们就必须对荀子政治哲学进行创造性转化与创新性发展，使其与当今的各种文化思想处于对话交流状态之中，从而汲取荀子政治哲学中的有益因素。西方政治哲学思潮中的自由主义、功利主义及社群主义对西方社会政治产生着极为深远的影响，同时这些思想自近代以来，也在很大程度上被我们了解和熟知，它们作为传入中国的外来文化与我们的传统文化一道影响着中国当今社会的进步与发展。荀子政治哲学在当今时代不应该是封闭的，而是应该以更加积极的态度参与到与各种文化的对话交流之中，只有这样才能充分认识荀子政治哲学不符合时代要求的部分，并积极促进其现代转化，吸收其中依然对当今社会发展有益的成分。也就是说，荀子政治哲学必须随着时代的变化予以重新的阐发，我们固然需要从荀子的文本出发，深入把握其思想的原旨，更要在此基础上赋予其崭新的时代内涵，否则的话，荀子政治哲学就会与现实相脱离，从而丧失其生机与活力，其实任何一种理论如果不能给予现实社会以关注，其必然就会走向衰落，荀子政治哲学固然具备超越时代的价值内涵，然而随着时代的变迁依然需要我们对其做出相应的调整，克服其不适应当今社会发展要求的部分。这就要求我们始终将荀子政治哲学视为一种随着时代变化而不断更新的思想体系加以探究，而这种更新的过程便是与其他不同文化进行交锋的过程，荀子政治哲学正是在这种进程中，可以有效地克服其固有的理论弊端，在充分汲取其他文化有益部分的基础上，激发出其古老理论的现代活力，为我们当前的社会进步与发展发挥出其应有的作用。

　　总之，本书之所以对荀子政治哲学进行研究，主要在于其"群居和一"的政治理想依然蕴含着丰富的现代智慧，需要我们进行深入的发掘。围绕着"群居和一"这一目标，荀子构建起了自己相对完善的政治哲学体系，相对于孔子和孟子而言，荀子的这一政治哲学体系更为缜密，具有一种严密的内在思维逻辑。可以这样讲，荀子"群居和一"的政治哲学是儒家政治哲学发展的高峰，是对儒家由"内圣"到"外王"的进一步展开，对荀子"群居和一"的政治哲学进行研究既具有深刻的理论价值，也具有丰富的现实意义。本书试图在探究荀子政治哲学体系的基础上，对荀子"群居和一"政治哲学的现代价值进行进一步的阐发，充分认识到荀子政治哲学的现代价值及其理论局限，争取在与其他文化交流的过程中克服荀子政治哲学的弊端，充分发挥出荀子政治哲学的当代意义，实现荀子政治哲学的现代转化。当然，本书所做的探讨还只是一种初步的尝试，随着世界文化交流的日益密切，我们需要吸收和借鉴更多外来文化的有益成果，从而进一步丰富荀子政治哲学的现实意义，使对荀子政治哲学的研究始终能保持在一种开放和发展的良性态势之中，同时也能使荀子政治哲学对当今社会的发展起到更好的推动作用。

参考文献

一 经典注疏

（汉）刘向撰：《说苑校正》，向宗鲁校正，中华书局 1987 年版。

（汉）司马迁：《史记》，岳麓书社 2012 年版。

（汉）刘向：《战国策》，上海古籍出版社 1998 年版。

（三国·魏）王肃编著：《孔子家语》，中州古籍出版社 1991 年版。

（魏）王弼注：《老子道德经注校释》，楼宇烈校释，中华书局 2008 年版。

（唐）杨倞注：《荀子》，上海古籍出版社 2010 年版。

（宋）朱熹：《四书章句集注》，中华书局 1983 年版。

（宋）洪迈：《容斋随笔》，中华书局 2005 年版。

（宋）程颢、程颐：《二程集》，王孝鱼点校，中华书局 1981 年版。

（清）王先谦撰：《荀子集解》，沈啸寰、王星贤点校，中华书局 2013 年版。

（清）郭庆藩：《庄子集释》，王孝鱼点校，中华书局 2012 年版。

《韩非子》校注组：《韩非子校注》，周勋初修订，凤凰出版社 2009 年版。

梁启雄：《荀子简释》，中华书局 1983 年版。

李涤生：《荀子集释》，台北：台湾中华书局 1979 年版。

黎翔凤：《管子校注》，中华书局 2004 年版。

石磊译注：《商君书》，中华书局 2011 年版。

吴毓江：《墨子校注》，孙启治点校，中华书局 1993 年版。

王天海：《荀子校释》，上海古籍出版社 2005 年版。

熊公哲注译：《荀子》，重庆出版社 2009 年版。

杨柳桥：《荀子诂译》，齐鲁书社 2009 年版。

杨伯峻：《论语译注》，中华书局 2006 年版。

杨伯峻：《孟子译注》，中华书局 2008 年版。

张觉：《荀子校注》，岳麓书社 2006 年版。

二　中文著作

白彤东：《旧邦新命——古今中西参照下的古典儒家政治哲学》，北京大学出版社 2009 年版。

蔡仁厚：《孔孟荀哲学》，台北：台湾学生书局 1984 年版。

陈登元：《荀子哲学》，上海三联书店 2014 年版。

陈飞龙：《孔孟荀礼学之研究》，文史哲出版社 1982 年版。

陈光连：《荀子"分"义研究》，东南大学出版社 2013 年版。

陈来：《回向传统——儒学的哲思》，北京师范大学出版社 2011 年版。

陈荣庆：《荀子与战国学术思潮》，中国社会科学出版社 2012 年版。

陈文洁：《荀子的辩说》，华夏出版社 2008 年版。

陈修武：《人性的批判：荀子》，中国友谊出版公司 2013 年版。

陈赟：《儒家思想与中国之道》，浙江大学出版社 2016 年版。

储昭华：《明分之道——从荀子看儒家文化与民主政道融通的可能性》，商务印书馆 2005 年版。

崔宜明：《先秦儒家哲学知识论体系研究》，上海人民出版社 2014 年版。

邓国光：《圣王之道——先秦诸子的经世思想》，中华书局 2010 年版。

东方朔：《合理性之寻求：荀子思想研究论集》，上海人民出版社 2007 年版。

杜维明：《二十一世纪的儒学》，中华书局 2014 年版。

方东美：《原始儒家道家哲学》，中华书局 2012 年版。

方尔加：《荀子新论》，中国和平出版社 1993 年版。

冯友兰：《新原道》，北京大学出版社 2014 年版。

冯友兰：《中国哲学史》，华东师范大学出版社 2000 年版。

傅佩荣：《儒家哲学新论》，中华书局 2010 年版。

高春花：《荀子礼学思想及其现代价值》，人民出版社 2004 年版。

高正：《荀子版本源流考》，中华书局 2010 年版。

郭沫若：《十批判书·荀子的批判》，人民出版社 2012 年版。

郭齐勇：《中国儒学之精神》，复旦大学出版社 2009 年版。

郭志坤：《荀子评传》，中国社会出版社 2010 年版。

韩德民：《荀子与儒家的社会理想》，齐鲁书社 2001 年版。

郝长墀：《政治与人：先秦政治哲学的三个维度》，中国政法大学出版社 2012 年版。

洪涛：《心术与治道》，上海人民出版社 2013 年版。

胡可涛：《"礼仪之统"：荀子政治哲学研究》，台北：花木兰文化出版社 2013 年版。

黄克剑：《由"命"而"道"——先秦诸子十讲》，中国人民大学出版社 2010 年版。

惠吉星：《荀子与中国文化》，贵州人民出版社 1996 年版。

江心力：《20 世纪前期的荀学研究》，中国社会科学出版社 2005 年版。

姜尚贤：《荀子思想体系》，复文出版社 1980 年版。

瞿同祖：《中国封建社会》，上海人民出版社 2012 年版。

康香阁、梁涛：《荀子思想研究》，人民出版社 2014 年版。

孔繁：《荀子评传》，南京大学出版社 1997 年版。

赖功欧：《"人文演进"观绎论》，中国社会科学出版社 2015 年版。

李桂民：《荀子思想与战国时期的礼学思潮》，中国社会科学出版社 2012 年版。

李辑：《中国远古及三代思想史》，人民出版社 1992 年版。

李零：《郭店楚简校读记》，中国人民大学出版社 2008 年版。

李明辉：《儒家视野下的政治思想》，北京大学出版社 2005 年版。

李亚彬：《道德哲学之维——孟子荀子人性论比较研究》，人民出版社 2007 年版。

李振纲：《中国古代哲学史论》，中国社会科学出版社 2004 年版。

梁启超：《儒家哲学》，北京大学出版社 2010 年版。

梁启超：《先秦政治思想史》，东方出版社 2012 年版。

梁漱溟：《东西文化及其哲学》，商务印书馆 2010 年版。

梁漱溟：《人心与人生》，上海人民出版社 2011 年版。

廖名春：《〈荀子〉新探》，中国人民大学出版社 2014 年版。

林存光：《政治的境界——中国古典政治哲学研究》，中国政法大学出版社 2014 年版。

林宏星：《〈荀子〉精读》，复旦大学出版社 2011 年版。

刘述先：《儒家思想的转型与展望》，河北人民出版社 2010 年版。

刘岳兵：《日本近代儒学研究》，商务印书馆 2003 年版。

刘泽华：《王权思想论》，天津人民出版社 2006 年版。

陆建华：《荀子礼学研究》，安徽大学出版社 2004 年版。

路德斌：《荀子与儒家哲学》，齐鲁书社 2010 年版。

吕思勉：《先秦学术概论》，东方出版中心 2008 年版。

马积高：《荀学源流》，上海古籍出版社 2000 年版。

牟宗三：《名家与荀子》，吉林出版集团有限责任公司 2010 年版。

潘光旦：《儒家的社会理想》，北京大学出版社 2010 年版。

钱穆：《晚学盲言》，广西师范大学出版社 2004 年版。

曲爱春：《孔孟荀的天人观及生态伦理》，吉林大学出版社 2007 年版。

任剑涛：《政治哲学讲演录》，广西师范大学出版社 2008 年版。

任强：《知识、信仰与超越——儒家礼法思想解读》，北京大学出版社 2007 年版。

孙伟：《重塑儒家之道——荀子思想再考察》，人民出版社 2010 年版。

谭绍江：《荀子政治哲学思想研究》，华中科技大学出版社 2014 年版。

谭嗣同：《仁学》，高等教育出版社 2010 年版。

汤一介：《儒学十论及外五篇》，北京大学出版社 2009 年版。

陶希圣：《中国政治思想史》（上），中国大百科全书出版社 2011 年版。

王博：《庄子哲学》，北京大学出版社 2013 年版。

王军：《荀子思想研究：礼乐重构的视角》，中国社会科学出版社 2010 年版。

王颖：《荀子伦理思想研究》，黑龙江人民出版社 2006 年版。

韦政通：《荀子与古代哲学》，台北：台湾商务印书馆 1977 年版。

魏义霞：《七子视界——先秦哲学研究》，中国社会科学出版社 2005 年版。

翁惠美：《荀子论人研究》，正中书局 1988 年版。

吴树勤：《礼学视野中的荀子人学以——"知通统类"为核心》，齐鲁书社 2007 年版。

向仍旦：《荀子通论》，福建教育出版社 1987 年版。

熊良智：《〈荀子〉与现代社会》，四川人民出版社 1995 年版。

徐复观：《中国人性论史·先秦篇》，九州出版社 2014 年版。

徐克谦：《荀子：治世的理想》，上海古籍出版社 2009 年版。

许建良：《先秦儒家的道德世界》，中国社会科学出版社 2008 年版。

杨高男：《原始儒家伦理政治引论》，湖南人民出版社 2007 年版。

杨国荣：《善的历程——儒家价值体系研究》，中国人民大学出版社 2012 年版。

杨金廷、范文华：《荀子史话》，人民出版社 2014 年版。

姚大志：《当代西方政治哲学》，北京大学出版社 2011 年版。

姚中秋：《重新发现儒家》，湖南人民出版社 2012 年版。

余家菊：《荀子教育学说》，首都师范大学出版社 2011 年版。

张千帆：《为了人的尊严——中国古典政治哲学批判与重构》，中国民主法制出版社 2012 年版。

章太炎：《诸子学略说》，广西师范大学出版社 2010 年版。

赵明：《先秦儒家政治哲学引论》，北京大学出版社 2004 年版。

赵又春：《我读荀子》，岳麓书社 2013 年版。

周炽成：《荀韩人性论与社会历史哲学》，中山大学出版社 2009 年版。

周德良：《荀子思想理论与实践》，台北：台湾学生书局 2011 年版。

周桂钿：《中国传统政治哲学》，河北人民出版社 2001 年版。

周绍贤：《荀子要义》，台北：台湾中华书局 1977 年版。

周振群：《荀子思想研究》，文津出版社 1987 年版。

朱志凯：《先秦诸子思想研究》，复旦大学出版社 2010 年版。

三 中译著作

［古希腊］亚里士多德：《政治学》，吴寿彭译，商务印书馆 1965 年版。

［德］黑格尔：《法哲学原理》，范扬、张企泰译，商务印书馆 1961 年版。

［德］鲍吾刚：《中国人的幸福观》，严蓓雯、韩雪临、吴德祖译，江苏人民出版社 2010 年版。

［德］马克斯·韦伯：《儒教与道教》，洪天富译，江苏人民出版社 2010 年版。

［美］约瑟夫·列文森：《儒教中国及其现代命运》，郑大华、任菁译，广西师范大学出版社 2009 年版

［美］孟旦：《早期中国"人"的观念》，丁栋、张兴东译，北京大学出版社 2009 年版。

［美］倪德卫：《儒家之道：中国哲学之探讨》，［美］万白安编，周炽成译，江苏人民出版社 2006 年版。

［美］安乐哲：《和而不同：中西哲学的会通》，温海明等译，北京大学出版社 2009 年版。

［美］本杰明·史华兹：《古代中国的思想世界》，程钢译，江苏人民出版社 2008 年版。

［美］狄百瑞：《儒家的困境》，黄水婴译，北京大学出版社 2009 年版。

［美］约翰·罗尔斯：《正义论》，何怀宏等译，中国社会科学出版社 2009 年版。

［美］约翰·罗尔斯：《政治自由主义》，万俊人译，译林出版社 2011 年版。

［美］列奥·施特劳斯：《什么是政治哲学》，李世祥等译，华夏出版社 2011 年版。

［美］迈克尔·桑德尔：《自由主义与正义的局限》，万俊人等译，译林出版社 2011 年版。

［美］菲利普·塞尔兹尼克：《社群主义的说服力》，马洪、李清伟译，上海人民出版社 2009 年版。

〔美〕罗伯特·诺奇克：《无政府、国家和乌托邦》，姚大志译，中国社会科学出版社 2008 年版。

〔美〕罗纳德·德沃金：《认真对待权利》，信春鹰、吴玉章译，上海三联书店 2008 年版。

〔美〕阿拉斯戴尔·麦金太尔：《谁之正义？何种合理性?》，万俊人等译，当代中国出版社 1996 年版。

〔美〕迈克尔·沃尔泽：《正义诸领域：为多元主义与平等一辩》，褚松燕译，译林出版社 2002 年版。

〔英〕霍布斯：《利维坦》，黎思复、黎廷弼译，商务印书馆 1985 年版。

〔英〕葛瑞汉：《论道者：中国古代哲学论辩》，张海晏译，中国社会科学出版社 2003 年版。

〔英〕杰弗里·托马斯：《政治哲学导论》，顾肃、刘雪梅译，中国人民大学出版社 2006 年版。

〔英〕约翰·穆勒：《功利主义》，徐大建译，上海人民出版社 2008 年版。

〔英〕洛克：《政府论·下篇》，叶启芳、瞿菊农译，商务印书馆 1964 年版。

〔英〕以赛亚·伯林：《自由论（修订版）》，胡传胜译，译林出版社 2011 年版。

〔法〕卢梭：《社会契约论》，何兆武译，商务印书馆 2003 年版。

〔日〕沟口熊三：《中国的思想》，赵士林译，中国财富出版社 2012 年版。

〔日〕涩泽荣一：《论语与算盘》，余贝译，九州出版社 2012 年版。

〔日〕加藤节：《政治与人》，唐士其译，北京大学出版社 2003 年版。

四　期刊论文

卞修全、朱腾：《荀子礼治思想的重新审视》，《哲学研究》2005 年第 8 期。

曹兴江：《荀子君道思想论纲》，《湖北社会科学》2015 年第 3 期。

晁福林：《试论战国时期宗法制度的发展和衍变》，《史学史研究》1999 年第 1 期。

陈光连：《论荀为性趋恶论者，而非性恶论者——兼论人性发展三境界》，《新疆社会科学》2010 年第 4 期。

陈健松：《荀子德法关系论》，《求是学刊》2010 年第 3 期。

陈来：《论"道德的政治"——儒家政治哲学的特质》，《天津社会科学》2010 年第 1 期。

陈林：《"化性起伪"何以可能——荀子工夫论探析》，《道德与文明》2012 年第 2 期。

陈迎年：《十年来荀子政治哲学研究的回顾和展望》，《华东理工大学学报》2011 年第 6 期。

陈雍：《"君本"抑或"民本"——荀子君民关系思想探源》，《学习与探索》2007 年第 11 期。

陈中浙：《和谐社会的儒家基础——以荀子"群居和一"的政治理想为中心》，《哲学研究》2007 年第 5 期。

成云雷：《先秦儒学圣人德化机制的逻辑重构——以社会秩序建构为中心》，《河南师范大学学报》（哲学社会科学版）2007 年第 6 期。

成中英、刘雪飞、赵谦：《荀子：统摄天人之道的系统哲学家》，《齐鲁学刊》2018 年第 1 期。

储昭华、张晓明：《落实还是消解？——荀子"君主——礼义"关系思想之政治哲学考量》，《邯郸学院学报》2014 年第 3 期。

崔宜明：《荀子"明于天人之分"之再考查》，《上海师范大学学报》（哲学社会科学版）2013 年第 1 期。

丁成际：《礼制的规范与人性的理解——荀子人性新论》，《中国哲学史》2012 年第 2 期。

丁为祥：《命与天命：儒家天人关系的双重视角》，《中国哲学史》2007 年第 4 期。

董平：《儒家德治思想及其价值的现代阐释》，《孔子研究》2004 年第 1 期。

杜维明：《文化多元、文化间对话与和谐：一种儒家视角》，《中外法学》2010 年第 3 期。

方尔加：《荀子修身论简析》，《北京社会科学》2003 年第 2 期。

傅绍良：《论儒家政治观念中的君权有限理论》，《社会科学评论》2009 年第 4 期。

干春松：《贤能政治：儒家政治哲学的一个面向——以〈荀子〉的论述为例》，《哲学研究》2013 年第 5 期。

高春海：《评荀子暴君论研究中的分歧》，《孔子研究》2014 年第 6 期。

高芳：《荀子解蔽与自我发现》，《内蒙古社会科学》（汉文版）2004 年第 3 期。

郭齐勇：《再论儒家的政治哲学及其正义论》，《孔子研究》2010 年第 6 期。

韩水法：《什么是政治哲学》，《中共中央党校学报》2009 年第 1 期。

何益鑫：《功利与道义之间——荀子关于道德动机的学说》，《道德与文明》2013 年第 4 期。

胡可涛：《国外荀子研究述评》，《社会科学评论》2008 年第 3 期。

姜元奎，张华松：《荀子修身养心论》，《东岳论丛》2006 年第 1 期。

可凌玮：《浅探荀子性"恶"伦理观的理论内核》，《道德与文明》2009 年第 4 期。

李晨阳：《荀子哲学中"善"之起源一解》，《中国哲学史》2007 年第 4 期。

李福建：《〈荀子〉之"子弓"为"仲弓"而非"馯臂子弓"新证——兼谈儒学之弓荀学派与思孟学派的分歧》，《孔子研究》2013 年第 3 期。

李桂民：《荀子法思想的内涵辨析与理论来源》，《孔子研究》2010 年第 2 期。

李建华、金妍妍：《论荀子的"裕民"思想及现代启示》，《江西社会科学》2012 年第 6 期。

李峻岭：《"性朴"论与荀子思想》，《东岳论丛》2014 年第 2 期。

李凯：《荀子修养论新解》，《社会科学家》2014 年第 2 期。

李贤中：《〈荀子〉尚贤与管理思想探析》，《孔子研究》2014 第 1 期。

李效武：《荀子礼治思想与韩非法治思想之比较》，《湖北社会科学》2012 年第 6 期。

梁涛：《荀子对"孟子"性善论的批判》，《中国哲学史》2013 年第 4 期。

廖名春：《论荀子的君民关系说》，《湖南大学学报》（社会科学版）1996 年第 4 期。

林桂榛：《论荀子性朴论的思想体系及其意义》，《现代哲学》2012 年第 6 期。

刘亮：《荀子"性朴""性恶"续辩》，《道德与文明》2018 年第 1 期。

刘玉明：《论荀子政治思想的两重性》，《管子学刊》1991 年第 4 期。

陆建华：《荀子礼学之价值论》，《学术月刊》2002 年第 7 期。

路德斌：《性朴与性恶：荀子言"性"之维度与理路——由"性朴"与"性恶"争论的反思说起》，《孔子研究》2014 年第 1 期。

罗贵秋：《我国政治哲学研究的现状》，《哲学动态》2002 年第 6 期。

马珺：《略论先秦时期儒家与法家对法的认识》，《中州学刊》2004 年第 6 期。

潘勇：《荀子"礼"背后的合理性原则及其局限》，《道德与文明》2014 年第 2 期。

庞金友：《从人性伦理到社会秩序：荀子政治哲学的内在逻辑》，《齐鲁学刊》2013 年第 5 期。

强中华：《荀子法伦理思想及其现代启示》，《河北师范大学学报》（哲学社会科学版）2012 年第 5 期。

上官节：《圣人化性起伪与圣王专制——荀子政治理论释析》，《学习与探索》1989 年第 2 期。

沈顺福：《荀子的政治哲学》，《山东社会科学》1995 年第 2 期。

石洪波：《论荀子的性情观》，《管子学刊》2006 年第 2 期。

时显群：《论法家"务实功利"的价值观》，《社会科学家》2010 年第 1 期。

宋志明：《荀子的政治哲学》，《中国人民大学学报》1999 年第 3 期。

孙静：《荀子人性观之再检讨——兼论其人性理论对当代的启示》，《安徽大学学报》（哲学社会科学版）2013 年第 1 期。

孙晓春：《先秦儒家王道理想论述》，《政治学研究》2007 年第 4 期。

孙秀民、楚双志：《中国古代封建君权制约述略》，《中共中央党校学报》2006 年第 5 期。

谭绍江：《论荀子的"民本"政治哲学》，《武汉大学学报》（人文科学版）2011 年第 5 期。

唐琳：《荀子心论辨析》，《江汉论坛》2012 年第 5 期。

汪世锦：《论解蔽——关于荀子与海德格尔的一个比较》，《江汉论坛》2000 年第 4 期。

王光松：《朱熹与孔子"有德无位"事件》，《现代哲学》2012 年第 6 期。

王国良：《从忠君到天下为公——儒家君臣关系的演变》，《孔子研究》2000 年第 5 期。

王杰：《荀子政治哲学的理论诠释》，《理论学刊》2000 年第 5 期。

王进：《孟子之罪——荀子"性恶"论的政治哲学研究》，《深圳大学学报》（社会科学版）2014 年第 5 期。

王君柏：《荀子的"解蔽"思想及其社会学方法论意义》，《宁夏社会科学》2007 年第 3 期。

王天海、宋汉瑞：《荀子富民强国思想阐释》，《现代哲学》2014 年第 1 期。

卫建国：《探寻"积"的伦理学意蕴——荀子论道德之"积"》，《伦理学研究》2012 年第 5 期。

温海明：《荀子心"合"物论发微》，《中国哲学史》2008 年第 2 期。

吴根友：《儒学的批判性与批判儒学》，《孔子研究》2013 年第 2 期。

吴树勤：《知通统类——从礼学视野透视荀子的圣人人格》，《甘肃社会科学》2005 年第 5 期。

吴祖刚：《荀子人性论新探》，《道德与文明》2011 年第 6 期。

奚社新、赵国付：《论荀子的人学思想及其当代价值》，《东南大学学报》（社会科学版）2012 年第 3 期。

谢树放：《试论荀子礼治思想对孔孟德治思想的继承与超越》，《人文杂志》2011 年第 1 期。

许建良：《荀子性论的二维世界》，《湖南科技大学学报》（社会科学版）2005 年第 2 期。

严火其、王中越：《必要的张力：在天官和天君之间——荀子认识思想新论》，《东岳论丛》2004 年第 2 期。

颜炳罡：《郭店楚简〈性自命出〉与荀子的性情学说》，《中国哲学史》2009 年第 1 期。

颜世安：《肯定情欲：荀子人性观在儒家思想史上的意义》，《南京大学学报》（哲学·人文科学·社会科学）2015 年第 1 期。

杨少涵：《荀子性恶论之谜及其破解》，《福建论坛》（人文社会科学版）2010 年第 9 期。

杨阳：《荀子政治思维及其对君权合理性的构建》，《政治学研究》2003 年第 3 期。

杨英法：《荀子"性恶论"与孟子"性善论"比较研究》，《北方论丛》2012 年第 6 期。

杨铮铮、胡可涛：《荀子的"臣道"思想探析》，《求索》2009 年第 4 期。

曾雪灵：《荀子正义战争理论初探——兼论孟荀正义战争理论的差异及其原因》，《道德与文明》2013 年第 2 期。

张炳尉：《荀子"性恶"说重估》，《孔子研究》2011 年第 1 期。

张春林：《荀子礼治思想解析及其当代启示意义》，《兰州学刊》2015 年第 10 期。

张会芸：《父权与同意：洛克的政治人类学与国家建构》，《华中科技大学学报》（社会科学版）2014 年第 1 期。

张杰：《荀子"法先王""法后王"思想新探》，《陕西师范大学学报》（哲学社会科学版）1996 年第 3 期。

张奇伟：《论"礼义"范畴在荀子思想中的形成——兼论儒学由玄远走向切近》，《北京师范大学学报》（人文社会科学版）2001 年第 2 期。

张树业：《礼乐政教的心性论奠基——孟子礼乐论及其思想史效应》，《中国哲学史》2012 年第 3 期。

张旺源：《荀子乐论与儒家乐论传统》，《孔子研究》2011 年第 6 期。

张再林:《西方社群主义与儒家政治哲学》,《陕西师范大学学报》(哲学社会科学版)2004 年第 1 期。

赵法生:《荀子天论与先秦儒家天人观的转折》,《清华大学学报》(哲学社会科学版)2015 年第 2 期。

郑炳硕:《从天生到人成——荀子的天生人成与尊群体思想论析》,《孔子研究》2014 年第 1 期。

周炽成:《逆性与顺性——荀子人性论的内在紧张》,《孔子研究》2003 年第 1 期。

周桂钿:《政治哲学是中国传统哲学的中心》,《哲学研究》2000 年第 11 期。

周静:《荀子的治国理政思想探析》,《东岳论丛》2015 年第 8 期。

朱锋华:《荀子政治伦理思想解读》,《学术界》2006 年第 4 期。

朱学恩:《"隆礼至法"还是"隆礼""重法"——荀子政治哲学观探讨》,《社会科学家》2009 年第 3 期。

〔韩〕张炫根:《荀子思想中"解蔽""正名"的政治意义》,《社会科学战线》2004 年第 1 期。

〔韩〕张静互:《从荀子礼论看"礼教"的三个层次——试论"执礼""知礼"和"行礼"的教育内涵》,《孔子研究》2001 年第 1 期。

〔日〕佐藤将之:《〈荀子〉"礼治论"的思想特质暨历史定位》,《邯郸学院学报》2012 年第 4 期。

后　记

　　本书是在自己博士论文的基础上修改完善而成的，其中需要说明的是：本书第二章第一节是在本人参加第九届寒山寺文化论坛提交的论文《如何"群居和一"——荀子社会理想解读》的基础上完善而成的；第二章第三节第一部分是在本人参加第二届"中国传统智慧与现代管理"国际论坛提交的论文《荀子"尚贤使能"的社会管理思想探析》的基础上完善而成的；第四章第三节第四部分是基于本人发表于《重庆三峡学院学报》2019年第4期的论文《荀子与韩非"法"之比较及其当代启示》的基础上修改而成的；第六章第二节第四部分则是基于本人发表于《船山学刊》2019年第2期的论文《荀子和合思想及其现代价值》的基础上修改而成的。当回头再看这部拙作之时，似乎又让我重温了在东南大学求学的那段美好时光，勾起了我与荀子"相遇"的那份独特的学术回忆。荀子似乎是儒家学派中的一个"另类"，即便在儒家学派内部也存在着对荀子褒贬不一的评价。作为儒家思想集大成者的荀子，其影响力丝毫不逊色于孔孟，然而由于儒家"道统"观念的影响，在相当长的一段时期内荀子思想有意无意地被忽略，一个重要的原因是荀子言"性恶"与孟子言"性善"对立。当"性善"被认为是儒家学派的正统主流之后，荀子自然在有意无意间被排除在儒学正统之外。当荀子激烈批评孟子"性善"理论不完善的时候，给人造成了"性善"与"性恶"对峙的固化印象，这为后来儒者进行非此即彼的选择，将荀子排除在儒家正统之外提供了口实，这不能不说是学术史上对荀子的一次重大"误读"。

　　然而，正是在荀子备受指责的"性恶"背后，我们却可以感受到荀子思想强烈的经世致用的品格，其批判孟子"性善"并不是否定善的可能性，而是"性善"对于治理社会的效果差。荀子注重的是效果，是要由"内圣"开出"外王"的救世药方，这其实正是对儒家思想的一次极大的创新发展，在某种意义上讲荀子成就了一种完善的政治哲学。于是我选择荀子政治哲学作为我的研究对象，并选择"群居和一"作为研究的切入点，"群居和一"作为一种理想的社会状态正是荀子所追求的最高政治目标。暂定了这样的一个研究题目之后，自我感觉这个题目有点大，研究的进程中肯定有许多问题需要厘清并加以解决，当时信心也稍显不足。

庆幸的是，我的博士研究生导师魏福明先生给了我很大的鼓励与支持，使我有机会将这个研究题目得以持续下来，并将这番研究的结果呈现在读者面前。本书所努力实现的创新之处在于，改变以往研究只关注荀子政治思想某一方面的研究方式，从更为宏观的视野出发，以政治哲学的视角将荀子思想的各个部分融合在一起，使之成为一个相对完备的哲学体系，当然我认为这个体系本质上是政治哲学的体系，进而在此基础上，发掘出荀子政治哲学的现代价值。当然，我也深知本书仍有许多需要改进完善的地方，例如将荀子政治哲学放入西方政治哲学流派的视域中进行比较研究时，由于本人对西方政治哲学的研究尚不精深，仍然有很大的改进空间，这只能寄希望于以后慢慢加以完善。由于水平所限，本书中存在的不足之处恳请广大读者批评指正。

荀学研究在未来应该有很大的发展空间，这不仅仅是因为荀子是儒家思想的重要代表人物，更重要的是因为荀子思想是儒家由"内圣"到"外王"的关键节点，其代表着儒学思想的另一个面向，而这个面向却为我们长期所忽略，但是越是被忽略的，其隐藏的价值也就可能越大。荀子思想从本质来看从来就不在儒学的"道统"之外，其对君子人格的关注，对和谐社会的追求，与孔孟本质是一致的，难道能够仅仅因为其言说"性恶"，就将其排除在儒家"道统"之外吗？这种只重表象而不重本质的做法显然是不可取的，也是错误的。因而，儒家的"道统"观念也应该进行一次"重估"，通过"重估"才能更加明确儒学的当代使命，也才能发现荀子思想对于当今社会的积极意义。愿与所有致力于荀学研究的朋友共勉！

我要感恩在我求学过程中遇到的诸位良师，尤其是我的硕士研究生导师赖功欧先生、博士研究生导师魏福明先生，他们不仅教我做学问的方法，也以人格魅力深深影响着我做人处事的方式。

感谢我的家人对我从事学术研究工作的无私支持。

感谢西安石油大学优秀学术著作出版基金的资助，感谢西安石油大学马克思主义学院领导及各位同事的帮助支持。

同时我也要感谢中国社会科学出版社郝玉明编辑为本书出版所做出的辛苦工作。

孙旭鹏

2020 年 7 月 7 日于西安游心斋